法预期与法权利

谢 晖 ◎ 著

知识产权出版社
全国百佳图书出版单位
—北京—

图书在版编目（CIP）数据

法预期与法权利／谢晖著． -- 北京：知识产权出版社，2025.3． -- ISBN 978-7-5130-9707-9

Ⅰ．D9

中国国家版本馆 CIP 数据核字第 20249YG319 号

责任编辑：刘　雪　　　　　　　责任校对：王　岩
封面设计：杰意飞扬·张悦　　　　责任印制：孙婷婷

法预期与法权利

谢　晖　著

出版发行：	知识产权出版社 有限责任公司	网　　址：	http://www.ipph.cn
社　　址：	北京市海淀区气象路 50 号院	邮　　编：	100081
责编电话：	010-82000860 转 8112	责编邮箱：	jsql2009@163.com
发行电话：	010-82000860 转 8101/8102	发行传真：	010-82000893/82005070/82000270
印　　刷：	北京建宏印刷有限公司	经　　销：	新华书店、各大网上书店及相关专业书店
开　　本：	720mm×1000mm 1/16	印　　张：	19
版　　次：	2025 年 3 月第 1 版	印　　次：	2025 年 3 月第 1 次印刷
字　　数：	300 千字	定　　价：	88.00 元

ISBN 978-7-5130-9707-9

出版权专有　侵权必究

如有印装质量问题，本社负责调换。

代序：预期成就权利

众所周知，对未知事物的恐惧，是经常导致人类神魂不定、忐忑不安（心理），进而引发人类畏首畏尾、裹足不前（行为）的主要原因。而所谓未知，一言以蔽之，就是人们在交往行为时，对未来的事物缺乏基本预期。古人云："凡事预则立，不预则废。言前定则不跲，事前定则不困，行前定则不疚，道前定则不穷。"① 这说明了预期在人类交往行为中的极端重要性。当预期与否直接决定人们交往行为成功与否时，预期本身的价值无论怎么评价都不为过。

那么，什么是预期？要言之，预期就是人们对其行为必然导向其所希望看到或得到的结果的事先判断和把握。有了这种判断和把握，人们才能做好行为或不行为，以及倘若行为则如何行为的物质、精神和行动准备。所谓"不打无把握之仗，不打无准备之仗"，说的正是这个道理。可见，有无预期，是有无把握、有无准备的基本前提。

如果把预期置诸人们交往行为的一般规范——法律领域，则可以认为，人类史上的所有法律，都肩负着给法律调整下的人们的交往行为，甚至思想言论创造预期的职能。换言之，法律调整的特点，就是给人们以一般、普遍、统一和平等的预期，这是其作为一般调整区别于个别调整的基本特点。说到个别调整，人们不禁会想到春秋战国之际，叔向和子产的一场争论：

---

① 《礼记·中庸》。

昔先王议事以制，不为刑辟，惧民之有争心也。犹不可禁御，是故闲之以义，纠之以政，行之以礼，守之以信，奉之以仁，制为禄位以劝其从，严断刑罚以威其淫。惧其未也，故诲之以忠，耸之以行，教之以务，使之以和，临之以敬，莅之以强，断之以刚。犹求圣哲之上，明察之官，忠信之长，慈惠之师，民于是乎可任使也，而不生祸乱。民知有辟，则不忌于上，并有争心，以征于书，而徼幸以成之，弗可为矣。①

叔向在致子产信中的上述观点，人们尽管可能在多个视角加以阐述，如有人说叔向所追求的是实质正义（公正），从而不同于成文法对形式正义的特别追求。不过在笔者看来，叔向的上述观点，与实质正义之追求，毫无关联。他不过是在主张更有利于主事者的前提下，强调"具体问题具体分析"，让普罗大众不要因为成文法统一标准的公布而获得预期，并根据这种预期给主事者"找麻烦"而已。再如，有人认为叔向的观点，有点类似于判例法。诚然，叔向的时代，我国尚处在"判例法时代"，且叔向在信中也确实描述了这种"类案异判"、议事以制的情形。可这种类似的、一以贯之的实践机制，至今在我国仍未引导出一种判例法来，因此毋宁说他所奉行的，是赤裸裸的权力至上、方便权力、个别调整，进而允许当权者随心所欲罢了。叔向的观点，与实质理性，与判例法，都毫无关系。还有人认为，叔向在此明显倾向于秘密刑法（罚）观，反对刑法（罚）的统一公开，以免为人们据理力争留下口实。这一观点，笔者是赞同的，但学者们所关注的，是叔向观点的实践功能，并未引出一个学理性的结论。因此，笔者愿在此适度展开对叔向观点的看法。

笔者认为，叔向所陈述的情形，在法学理论上观察，可谓典型的个别调整。个别调整就是一事一议，"议事以制，不为刑辟"。一切统一的、公开的成文法，都必然倡导普遍调整、一般调整、统一调整。在实践中，这种调整虽有利于公平地保护当事人的合法权益，但对当权者"任使"民众而言，显

---

① 《左传·昭公六年》。

然添加了负担。只有在人们普遍"法律蒙昧"的状态下，一事一议地解决问题，才能方便地落实、实践当权者所倡导的那种"案结事了"，避免人们"刀锥之末，尽将争之"。因为，这不但会导致高昂的成本支出，而且一旦裁判不符合成文法的规定，引致上诉，势必会给有司增加物质上和名誉上的负担——把其所负责的案件，没有一锤定音般地裁判、执行下去，对有司而言，总不是一件光荣的事。

然而，这种个别调整无论在公权（特别是司法权）还是私权行使上的代价都是巨大的。具体表现为：

第一，预期不能，意味着秘密用权（公权）。从而所有公务行为，尤其司法裁判行为都是秘密的，因此，对当下进入司法的纠纷，究竟如何裁处，当事人一片混沌，即使主事者，也没有十足的把握，很难做到胸有成竹。

第二，预期不能，意味着只会有司法专横。司法者没有可坚守的法律一般标准，因此，裁判只能跟着感觉走。表面看来，它赋予司法以主动性、能动性和积极性，实际上，却让双方当事人成为法（判）官任意吆三喝四的对象。

第三，预期不能，意味着法官的"类案异判"。法官不可能采取类案类判，更不可能实现类案同判的司法正义。其裁判只能根据权力之间的角力、博弈行事，从而权力的"脸色"，往往就是法官裁判的最高"法律"。

第四，预期不能，意味着人们交往行为的混乱。因为缺乏标准，交往行为也就无所适从。其进一步的结果，自然是社会的失序。社会一旦失序，无论于公于私，都面临着社会风险陡增的结果。

因此，个别调整的成本是事倍功半的，代价是劳而无功的，结果也是扑朔迷离的，原因就在于它不能给人们创造预期，除了行为选择的左右为难、无所适从，更有内心判断的狐疑不定、忐忑不安。试想，当人们在心理和行为两方面都受困于不确定的干扰时，如何能放松身心、一往无前地追求其理想的事情——无论生活，还是工作？所以，只有确定，才能让主体获得权利感，让主体能够心无旁骛、专心致志、胜任愉快地投入其想做的事，追求其想过的生活。

这样看来，预期性必然意味着与个别调整相对的普遍调整。法律就是一种普遍调整机制，也是最有代表性的普遍调整机制，从而也是最有效的预期机制。诚如马克思所言：

> 法律是肯定的、明确的、普遍的规范，在这些规范中自由获得了一种与个人无关的、理论的、不取决于个别人的任性的存在。法典就是人民自由的圣经。①

法律的如上属性，正是确保其预期性的内在决定因素。在一定意义上，法律的普遍调整机制和其预期性之间，是前提预设与运行—后果归结的关系，从而是调整规范与调整过程及其结果之间的关系。只要具有普遍调整功能的法律得以运行、贯彻和落实，就必然意味着其预期性如影随形般地展开。不但如此，法律预期还成就着法治，特别是它成就着人们的法权利。何以法预期成就法权利？对此，笔者将从如下五方面稍加展开：

第一，法预期决定主体权利选择的能力。权利的本质是选择，从而其价值必然通向自由。选择的空间有多大，自由的空间也就有多大。但选择本身，却并非一蹴而就的，反而越是自由选择，越考验着选择者的选择能力。没有预期的选择，更是劳神劳心的事。法律作为人类交往行为的规范，作为人类最重要的预期方案，对包括权利和义务、权力和责任在内的所有人类行为的选择，都通过规范方式明确了预期机制，但由于义务、权力以及责任在法律上选择的空间很小，甚至大体上是严格法定的（所以才有"权力不得推定""义务应当履行""责任必须落实"的禁止或强制要求），因此，人们面对这些规范，要依法选择，并不是什么困难的事。可权利即便是法定的，它的规范性质也决定了其只能在选择中予以行使。可见，法定权利的背后，必然是事实权利的意定。法律能够更加精准地赋予人们以预期，且人们能够娴熟地掌握法律的预期，意味着其权利选择能力因为"预期准据"的明确而增强和

---

① 《马克思恩格斯全集》（第1卷），人民出版社1995年版，第176页。

提升。这无论对作为权利运用者的公民、法人而言，还是对作为社会管理者的政府、非政府组织而言，都意味着行为选择能力，特别是权利选择能力的提升；意味着法律的普遍调整和普遍预期，对主体选择行动能力的加持。

第二，法预期保障主体权利选择的正确。这一点，应是前一点的实践性展开，即人们权利选择的正确程度，与其权利选择能力的高度成正比。就一般情形而言，权利选择的能力越高，则其选择的正确程度越大；权利选择的能力越低，则其选择的正确程度越小。虽然法律预期绝不意味着人们的权利选择就一定准确无误，也不排除即便在有法律预期的情形下，人们在权利选择上的重大失误。但即使如此，法律预期的存在，可保障人们在权利选择时不至于太过离谱，避免或者把本不属于权利的事项，当作权利来行使，例如，父母在子女婚姻缔结中所行使的"父母之命"的"权利"；或者把本来属于权利的事项，当作义务来履行。由此可见，法律预期保障了人们权利选择的正确。古人云："天不生仲尼，万古如长夜。"① 倘若套用这一结论，则对人们权利选择的正确程度而言，完全可以说："天不生法律，选择即迷宫。"法律预期的基本作用，就是指示人们行为的选择方向，无论是行使权利的选择还是履行义务的选择，尽量保障人们行为选择的正确性。如前所述，其中对保障主体行使权利的选择的正确性而言，其尤为重要且必要的。

第三，法预期提升主体权利运用的效率。这一点是上述第二点的逻辑延伸。法律预期是通过法律的规范性以及规范的普遍性来实现的。在技术理性视角，法律就是一种逻辑化、一般化，进而具有可普遍化的规范（操作）体系。在实质上，它是因应人的规范性而制定的一种制度事实。人的本质问题，是一切社会学科逻辑展开的前提，与规范性相关的人的本质论，就有符号本质论、文化本质论②等。在笔者看来，上述人的本质理论，在实质上可以归

---

① 《朱子语类》（卷九十三）。
② 德国宗教哲学家卡西尔认为："人是符号的动物"，参见［德］恩斯特·卡西尔：《人论》，甘阳译，上海译文出版社1985年版，第37页。法学家梁治平在阐述这一理念时，把"人是符号的动物"进一步引申为"人是文化的动物"。他指出："说人是文化的动物，差不多就等于说人是符号的动物。"参见梁治平：《法律的文化解释》，三联书店1994年版，第10页。

结为人的规范本质论，因为无论文化，还是符号，都是规范性的载体。人类因为循守文化—符号这样的规范，进而创造了文明，并使自身成为能够经由文化—符号而思考和行动的文明主体。站在效率的视角，依循文化—符号的结果，使人类行为能够取得事半功倍的效果。倘若说文化—符号本来就具有规范性，甚至它就是人们交往行为的规范的话，那么，建立在文化—符号基础上的法律，就是对规范的进一步提纯，可谓是规范的规范。这种规范，和文化—符号相比，给人们以更高、更准确和更稳定的预期。因此，人们按照法律预期的权利选择，在其按照文化—符号行为时事半功倍的基础上，可进一步强化权利选择的效率，节约权利行使的成本。

第四，法预期强化主体权利行使的边界。尽管权利意味着人们的自由选择，但正像自由是有边界的一样，作为自由的规范设置，权利也是有边界的。在一定意义上，权利就是自由的规范边界。或以为，义务是权利的边界，决定了义务才是自由的边界。因此，权利只是自由的规范内容，而不是其规范边界。初看之，确实如此，但作为自由的内容，权利范围内的自由，都是合法且受法律保护的，跨越权利边界的"自由"，是非法且逻辑上必将被法律所取缔的。因此，这并不意味着权利不能充当自由的边界——尽管义务是权利、自由的最终的和不可逾越的边界。可以说，权利既是自由的规范内容，但同时作为一种规范事实，它本身就意味着边界，因为规范就是边界。法定的权利规范，不但确定了主体交往行为的自由内容，也因此使得自由"固定化"。所谓"固定化"，就是边界的意思。正是权利本身之于自由的边界规定性，决定了人们根据法律预期行使权利时，就必然意味着对自由，也是对权利边界的循守，只有在法律预期内的权利行使，才符合法定的权利边界，并受法律保护，从而是利益的取得方式。超越法律预期的"权利"行使，不但跨越权利和自由的边界，而且是其利益被剥夺的法定事由。不难得见，预期是如何强化主体权利行使的边界的。

第五，法预期促进国家对权利的公共保障。任何法律预期，不仅是规定给普罗大众的，而且照例是规定给公权主体的。所有公权的产生及存在的合理性，取决于具体的个人总是难以愉快地解决人们所面对的复杂社会事实，从而需要强有力的第三方出面予以解决。例如，调解的出现，就是纠纷主体之间不能自我解决纠纷，人们希望由第三方出面帮助解决纠纷的需求结果。司法的出现，就是即便有普通的第三方出面，仍然不能解决主体间的纠纷，从而人们希望国家公权主体出面予以解决的需求结果。行政的出现，则是当主体面对自然灾害、国家战争等不可抗力以及诸多社会管理和公共服务方面的难题，不能自主地解决时，希望更权威的公共主体出面予以解决这一需求结果。所以，国家权力来到世间，服务于普罗大众的权利需要，满足对公共利益和秩序的强有力的保护，是其天经地义的使命。而在对法律预期的把握上，一方面，公权主体比私权主体更具有信息、知识、智慧以及公共设施方面的优先性。另一方面，公权主体的法律预期获知，其目的在于对私权主体提供权利选择和行使的公共保障——当私权主体的权利行使溢出法律边界时，及时提供提醒义务（职责），并对那些业已给他人、社会和国家带来损失的权利行使行为，予以处置并提供公共救济。这样一来，法律预期被国家公权主体所掌握，其重要目的之一，就是要对权利行使提供公共保障——无论是公权根据法预期对其提醒、警告还是制裁。

综上所述，预期成就权利，进而法预期与法权利之间具有紧密的、内在的逻辑关联。本书内容，是笔者近些年来就相关问题探讨成果的结集。尽管其内容不是专门探究法预期与法权利之间的内在逻辑关系，但全书结集后客观上呈现的样貌，突出了人们对两者关联关系的印象。因此，特作此序，就是为了方便读者们对法预期与法权利之间的内在逻辑关联，有一个大概的、框架性的认识。

是为序。

谢　晖

作于清远小居

2024 年 12 月 4 日

目　录

论法律预期性

一、法律预期性的概念 …………………………………………… 002
　（一）法律预期性的一般概念 ………………………………… 002
　（二）法律预期性的相邻概念 ………………………………… 004
二、法律普遍调整的预期要求 …………………………………… 007
　（一）普遍调整时间指向的时间预期性 ……………………… 008
　（二）普遍调整空间指向的空间预期性 ……………………… 010
　（三）普遍调整关系指向的关系预期性 ……………………… 012
三、法律预期的拟制设置 ………………………………………… 014
　（一）类型化的规范，拟制预期的内容 ……………………… 016
　（二）类型化的调整，拟制预期的技术 ……………………… 018
　（三）类型化的归责，拟制预期的结果 ……………………… 019
四、运行中的法律预期：经验预期和逻辑预期 ………………… 021
　（一）法律经验预期 …………………………………………… 021
　（二）法律逻辑预期 …………………………………………… 024

论法律预期能力的立法预设

一、何谓法律预期能力 …………………………………………… 027
二、通过一阶立法方法赋予法律预期能力 ……………………… 032
　（一）立法中的间接经验与直接经验 ………………………… 032

（二）一阶立法方法及其任务 ································· 037
三、通过二阶立法方法设计法律预期能力 ························· 040
　　（一）二阶立法方法及其任务 ································· 040
　　（二）宽容原则与价值（事实）兼顾 ··························· 043
　　（三）优先原则与价值（事实）识别 ··························· 046
　　（四）排除原则与价值（事实）否定 ··························· 049
四、通过三阶立法方法补强法律预期能力 ························· 052
　　（一）立法后法律预期冲突与三阶立法方法 ····················· 052
　　（二）立法（前）后法律预期冲突的救济 ······················· 054
五、通过立法的法律预期真、善、美 ····························· 059

论法律预期目的及其规范预设

一、法律预期目的 ··· 063
二、免于恐惧的人类秩序预期及其规范预设 ······················· 066
　　（一）人类秩序预期的基本要求 ······························· 067
　　（二）秩序预期的义务规范预设 ······························· 070
三、向往自主的人类自由预期及其规范预设 ······················· 073
　　（一）自由预期的基本追求 ··································· 074
　　（二）自由预期的权利规范预设 ······························· 077
四、寻求公道的人类正义预期及其规范预设 ······················· 081
　　（一）正义预期的基本追求 ··································· 082
　　（二）正义预期的权力及责任（消极义务）预设 ················· 084
五、结论 ··· 089

论法律预期目的冲突司法救济的默会维度
——一个默会正义的思考

一、明述的法律和默会的法律 ··································· 092

（一）逻辑系统架构的法律明述之维 ………………………… 093
  （二）修辞预设架构的法律默会之维 ………………………… 095
  （三）法律预期目的之明述与默会 …………………………… 098
二、法律预期目的冲突及其司法救济中的默会知识 ……………… 101
  （一）法律预期目的冲突的强默会性质 ……………………… 101
  （二）法律预期目的冲突中司法的两种面向：法律的和事实的 …… 104
  （三）司法救济法律预期目的冲突的方法默会 ……………… 108
三、再申法律预期目的冲突下经由默会通向司法正义 …………… 112
  （一）运送正义的方式：司法的基本宗旨 …………………… 112
  （二）司法的正义——"一张普罗透斯似的脸" …………… 116
  （三）司法正义是明述的，还是默会的 ……………………… 119
四、正视司法救济法律预期目的冲突的默会正义 ………………… 123

论新型权利的基础理念

一、新兴权利和新型权利 ……………………………………… 127
  （一）自发的和自觉的 ………………………………………… 127
  （二）自然的和法定的 ………………………………………… 129
  （三）流变（多元）的和成型（统一）的 …………………… 132
二、新型权利概念的内在视角——教义学基础 …………………… 134
  （一）内在视角与法律教义学 ………………………………… 135
  （二）内在视角1：法律——立法吸纳 ……………………… 137
  （三）内在视角2：裁判基础——司法吸纳 ………………… 140
三、新型权利概念的外在视角——社会学基础 …………………… 144
  （一）新型权利创生的事实根据 ……………………………… 144
  （二）新型权利的可接受性 …………………………………… 147
  （三）规范（新型权利）的普遍化与再社会化 ……………… 150
四、新型权利与司法关怀 ………………………………………… 152

论新兴权利的一般理论

- 一、新兴权利是"权利"吗 …………………………………… 156
  - （一）权利研究的法律藩篱 ……………………………… 156
  - （二）如何界定新兴权利 ………………………………… 158
  - （三）新兴权利的"权利"属性 ………………………… 162
- 二、新兴权利是何种意义的"权利" ……………………… 163
  - （一）新兴权利是与法律相关的概念 …………………… 163
  - （二）新兴权利是法律未规定的概念 …………………… 165
  - （三）新兴权利是可普遍化的概念 ……………………… 168
- 三、新兴权利的生成根据是什么 …………………………… 170
  - （一）法律遗漏与新兴权利之生成 ……………………… 171
  - （二）法律排斥与新兴权利之生成 ……………………… 173
  - （三）社会变迁与新兴权利之生成 ……………………… 175
- 四、新兴权利如何得以保障 ………………………………… 177
  - （一）新兴权利的法律保障——权利推定 ……………… 177
  - （二）新兴权利的社会保障——民间规范 ……………… 179
  - （三）新兴权利的运行保障——纠纷解决 ……………… 181

数字社会的"人权例外"及法律决断

- 一、主体性、现代社会与人权的法理 ……………………… 185
- 二、数字（机器）宰制、主体离场与传统人权法理之殇 … 190
  - （一）数字宰制、精神离场与人类思想之稀释 ………… 190
  - （二）数字宰制、行动离场与人类自由的失落 ………… 194
  - （三）数字宰制、身体离场与人类尊严的沦丧 ………… 198
- 三、数字奴役、主体性危机与"人权例外" ……………… 202
  - （一）主体之争 …………………………………………… 202

- （二）主体竞争与人类主体性之黄昏 …… 204
- （三）数字奴役与"人权例外" …… 207

四、智能社会中"人权例外"的法律决断 …… 211
- （一）智能社会中人权的双重倾向 …… 211
- （二）"人权例外"：法律保护人权的难题 …… 212
- （三）"人权例外"：法律救济人权的限度 …… 215
- （四）"人权例外"：保护和救济之外的法律决断 …… 218

论紧急状态中的权利扩展

一、紧急状态之类型与权利之克减和扩展 …… 223
- （一）外力救济的紧急状态及权利克减 …… 223
- （二）自力救济的紧急状态及权利扩展 …… 225
- （三）混合救济的紧急状态及权力和权利的平衡 …… 227

二、紧急状态中权利扩展的场域 …… 229
- （一）因紧急状态中的政府失灵——救济不能 …… 230
- （二）因紧急状态中的权力失当——救济不当 …… 232
- （三）因紧急状态中的权力不及——救助无力 …… 233

三、紧急状态中权利扩展的内容 …… 236
- （一）紧急自救权——积极自救与消极自救 …… 236
- （二）紧急避难权——个体避难与集体避难 …… 238
- （三）紧急救助权——紧急助他与紧急互助 …… 241
- （四）紧急抗辩权——紧急请求与紧急抗拒 …… 243

四、紧急状态中权利扩展的方式 …… 245
- （一）依法扩展——法律授权 …… 245
- （二）推定扩展——法律默许 …… 247
- （三）责任扩展——道义迫使 …… 251

论权利推定的类型和方法

一、"剩余事实"与权利推定的方法之维 ·········· 255

二、权利推定：不仅是理念 ·········· 258

 （一）面对事实的行动 ·········· 258

 （二）义务推定的不能 ·········· 260

 （三）推定道德义务：自设义务即权利 ·········· 262

 （四）"剩余事实"的权利推定 ·········· 265

三、权利推定的两大类型 ·········· 266

 （一）日常生活中的权利推定 ·········· 267

 （二）纠纷解决中的权利推定 ·········· 271

四、权利推定的逻辑方法 ·········· 276

 （一）通过演绎的权利推定 ·········· 277

 （二）通过归纳的权利推定 ·········· 280

五、权利推定对法治之法的补救 ·········· 285

论法律预期性*

  法律是用以规范人际交往、构造社会秩序、解决社会纠纷、实现安定生活的规范预期机制。对此，凡是关注法律生活，或生活在法治社会的人们，大致都能从感性层面有所了解。但感觉的东西，人们未必能够理性地叙述之、总结之。并且，事实上，对于这样一个重要的学术话题，法学界罕有系统论证者——尽管在不少教科书中，当谈及法律的作用或功能时，其预测作用每每被人们提起，不少学者在行文中不时出现"法律预期性"这样的说法。① 当然，人们还可以看到当世活跃的现实主义法学家、批判主义法学家等对法律预期性的怀疑。② 不过上述种种，都没有解决法律预期性的基本问题——无论法律预期性的一般含义、属性，其具体作用和实现的方式，还是法律预期性的内在因由、事实限度等，都未能得到学者们专门、系统的论述。故此，笔者在本文中把预期性作为法律的基本属性，并从其概念、需要、设置方式以及目标等方面，对法律预期性予以专门论述。

---

* 本文原载于《浙江社会科学》2022年第8期。

① 在我国法学界，除了教科书按部就班的介绍之外，对相关问题的专门研究并不多见。不过在学者们的论著中，不时会看到法律预期、法律预期性这样的说法。

② 如卢埃林，就对"确定性""可预测性""可估量性"等概念，以英美普通法为例，作出了一位现实主义法学家的深刻的批判性分析。参见［美］卡尔·N. 卢埃林：《普通法传统》，陈绪纲等译，中国政法大学出版社2002年版，第16～17页。对现实（代）主义法学的批判性剖析，还可参见［美］戴维·鲁本：《法律现代主义》，苏亦工译，中国政法大学出版社2004年版，第470～485页。

一、法律预期性的概念

古人云："凡事预则立，不预则废。"① 这表明，事物预期性不仅是我们这个身心关系更显紧张、群己关系日益复杂、天人关系渐趋对立的时代人们所关注的话题，即使在身心、群己、天人关系相对简单的古代社会，人们也已经开始关注行动的预期机制问题。例如，在初民社会，形形色色的巫术的存在，业已在昭示人们对事物未来走向作出预期的必要性和重要性，② 甚至这种预期，成为人们具体行为选择的某种规范向导和凭据。而我们所处的当代社会，更是一个因为技术的高度发达、社会需要的无比多元而导致的人们行为方式格外复杂的社会。在这样的时代，宏观到国际社会和国家，中观到社会组织，微观到公民个人，对其行为作出预案、对策、设计和规划，是再正常不过的事了。而法律作为国家和国际组织规范并应对当下和未来一定时空范围内的人们（包括自然人、法人、非法人社团以及国家、国际组织等）交往行为的基本对策和根据，其在本质上就是一种预期机制。因此，预期性就是法律的基本属性，也理应是法学研究的重要的、核心的概念。那么，究竟何谓法律预期性？其基本特征是什么？如何理解、辨别它与相邻概念的关系？

（一）法律预期性的一般概念

法律预期性，又被学者称为法律预测性，③ 它是指法律所内蕴的满足人

---

① 《礼记·中庸第三十一》，载杨天宇译注：《礼记译注》（下），上海古籍出版社2004年版，第702页。
② 一部周易，可谓一部占卜之学，"……其目的在于以五行六位的卦象图式来求解事物本末，预测祸福吉凶的发展规律"。参见刘大钧：《纳甲筮法》，齐鲁书社1995年版，第13页。公认为我国的甲骨文，就是古人占卜之记载，参见宋镇豪：《殷墟甲骨占卜程式的追索》，载《文物》2000年底4期。李泽厚在论及中国的"巫史传统"时指出："尽管有各种专职的巫史卜祝，最终也最重要的，仍然是由政治领袖的'王'作为最大的'巫'，来沟通神界与人世，以最终作出决断，指导行动。"参见李泽厚：《历史本体论·已卯五说》，生活·读书·新知三联书店2003年版，第159页。
③ 笔者之所以选择"预期性"，而不是"预测性"，是因为相比较而言，预期性这个词更具有某种必然性——无论行为的肯定结果，还是否定结果，在法律上都是肯定的、必然的，是不能模棱两可的。而预测性则不是如此。它不排斥预测结果的或然性，也容忍模棱两可情形的存在。对此，笔者将在后文展开分析。

们对其行为及其后果进行预估、预测并按照此种预估和预测选择行为的属性。从中不难发现，法律预期性在内涵上可以一分为二：其一是法律所内蕴的。其二是这种内蕴被人们利用来预估、预测一种行为及其后果，并进而安排其具体行为，准备担负其行为后果。

法律预期性内涵的第一点，涉及立法及法律体系的建立。在此，法律预期性乃是以立法者对事物的本质[①]、社会关系的规定性和人们价值及利益需要走向的预期、把握为前提的。这就是立法的科学性和客观性。可以说，立法就是以立法者对人们需要的预估，用规范来安排全社会预期性的工作。尽管不同法系的立法，是并不完全相同的事业，如大陆法系基本奉行议会立法模式，而英美法系除了议会立法之外，更强调、关注或尊重司法判例，即"法官立法"[②]。但即使判例法，也不意味着对古已有之的个别调整之延续，反之，其通过司法"遵循先例"的基本原则，型构了一种对于司法裁判的普遍预期。[③] 所以，归根结底，全部立法活动是对法律生效后人们日常交往行为事务的预期性安排，是要赋予法律以预期性。不内蕴预期性，而只具有当下性，则意味着它不是法律，而只是某种个别调整机制。

法律预期性内涵的第二点，是说法律内蕴的预期机制，能够被其调整范围内的所有主体所运用，即人们按照法律规定判断自己将要做的行为是否合法，从而是否给其带来利益。甚至预测其违法行为，即根据法律，预先判断其违法的程度以及其违法后所应承担的相应的责任。这样，法律预期性就从法律的内蕴、规定实际地作用于人们的行为选择，并进而经由人们的行为选择，型构社会秩序。这表明，法律预期性不仅表现在法律规范中，而且存在于法律主体的主观判断及客观行为中。所以，如果说法律内蕴是法律预期性

[①] "事物的本质"是法的基础之一。相关论述，参见［德］H. 科殷：《法哲学》，林荣远译，华夏出版社2002年版，第147～153页。

[②] See Jerzy Wróblewski, "The Ideology of Free Judicial Decision‐Making", in Bańkowski Z., MacCormick N. eds., *The Judicial Application of Law*, Dordrecht: Springer, 1992, pp. 284–304.

[③] See Antonios Karampatzos, Georgios Malos, "The Role of Case Law and the Prospective Overruling in the Greek Legal System", in Eva Steiner ed., *Comparing the Prospective Effect of Judicial Rulings Across Jurisdictions*, Dordrecht: Springer, 2015, pp. 163–184.

的内在的、静态的方面的话,那么,主体预判及其行为是法律预期性外在的、动态的方面。

法律预期性的外延,在不同视角可以作出不同的总结。就其最现实的视角——法律对人们行为的调整后果视角看,可二分为肯定预期和否定预期。顾名思义,肯定预期是指法律预期性对人们行为的肯定。人们据之所作的预判,自然是对其行为作肯定的后果归结。这种肯定,又包括两方面,即其一,根据法律预判,某一行为将给行为人带来预期的利益。其二,根据法律预判,某一行为不会给行为人带来不利的后果,即行为人不会因此而负额外的法律责任。利得是肯定性预期的"高级"表现,肯定利得,自然意味着肯定人们的行为。而不受罚是肯定性预期的"基本"表现。一种行为不受罚,也就意味着法律对该行为的肯定,或者放任。①

相较而言,否定预期则是法律预期性对人们行为的否定。人们据之所作的预判,是对其行为作否定的后果归结。否定的后果归结,在宏观上只有一种,那便是其行为要接受法律的制裁。但在微观的具体规定上,众所周知,又可细分为民事制裁、行政制裁、刑事制裁以及国际制裁等。在一定意义上,法律肯定预期,并不能典型地反映法律强制性,因为它表现的是法律在人们行为合法状态下的日常规范问题,这种日常行为及其状态不需要特别强调并感知。但法律否定预期却不同,它所针对的是人们违背法律的"非常状态",其结果归结需要专门机构强制落实。

笔者有关法律预期性内涵和外延的论述,表明预期性之于法律,既取决于法律的内在规定性,也取决于人们面对法律的安定期待。故法律预期性既是客观的,也具有主观性。

(二)法律预期性的相邻概念

法律预期性这一概念,和法律预测性、法律期待可能性、法律确定性

---

① 放任是法律调整的重要方式,它是法律权利的基本调整方式。笔者把法律调整方式分为四类,即基于权利规范的放任型调整,基于义务规范的导向性调整,基于道义规范的奖励性调整和基于越轨(违法)行为的强制(制裁)性调整。这里的法律权利,包括了法定权利(强权利)和推定权利(弱权利)。参见谢晖:《法理学》,北京师范大学出版社2010年版,第200~205页。

（安定性）等概念之间，具有明显的近似性或相关性。但毫无疑问，它们之间又非等同的、可以相互替代的概念。因此，对法律预期性与相邻概念的厘清，是在法律概念认知基础上进一步理解法律预期性的必要作业。笔者就前文所列举的相邻概念与法律预期性的关系，稍作梳理。

如前所述，法律预测（性）和法律预期（性）之间，具有明显关联，甚至稍不留意，可能会认为两者是一而二、二而一，从而是同一概念或意义重合概念，两者之间似乎不是相邻关系。[①] 确实，两个概念如此密切，乃至于若刻意区分并作为相邻概念处理，似乎多此一举。但笔者坚持认为，它两者之间是相邻关系，而不是同一关系。作为相邻关系，两者的明显相同之处在于都在概念形式上存在"预"，以及由"预"所代表的事先准备工夫；但两者的不同，也恰恰体现在两个概念各自特有的形式符号——文字上。

预期的"期"，明显具有某种确定性，即人们依照法律规范做准备，并进而按照此种准备而行为时，其行为后果，无论是肯定的，还是否定的，都是确定的。这种确定与民谚所谓"种瓜得瓜，种豆得豆"类似，合法行为不能在法律上产出否定后果，同样，违法行为不能在法律上产出肯定后果。否则，法将不法。

但预测的"测"则不具有这种确定性。"测"虽然在表达测量、尺量时具有确定性，但在表达预测时，只具有或然性。因此，虽然可以运用法律预测这样的词汇，但笔者不主张运用之。预测确实是法律的作用之一，但并不是法律属性。预期却不同，作为肯定、明确和普遍的规范，法律预期性是法律的题中应有之义。

期待可能性的基本理念，虽在英国人霍布斯那里已被关注，[②] 但这一概念在法学上的流行和运用，主要是在德国、日本等刑法学界。[③] 在最近的十

[①] 例如，有人就专门以法律的预测性为题，撰写过硕士学位论文，参见马麟：《论法的可预测性》，北方工业大学2007年硕士学位论文。

[②] 霍布斯强调："如果一个人是由于眼前丧生的恐惧而被迫做出违法的事情，他便可以完全获得恕宥。因为任何法律都不能约束一个人放弃自我保全。"参见［英］霍布斯：《利维坦》，黎思复等译，商务印书馆1985年版，第234页。

[③] 张明楷：《期待可能性理论的梳理》，载《法学研究》2009年第1期；肖晚祥：《期待可能性理论研究》，上海人民出版社2012年版，第69～95页。

数年里，随着我国学者对相关理论的系统引进、消化和阐释，也成为现下我国刑法犯罪论的重要学说之一。这种学说，坚持意志自由相对论的哲学理念，强调人们承担刑事责任的形式规范标准和要求（规范责任论）。我国台湾地区学者对此的阐述是："所谓期待可能性者，乃对于某一定之行为，欲认定其刑事责任，必须对于该行为人能期待其不为该行为，而为其他适法行为之情形也。亦即依行为当时之具体的情况，如能期待行为人不实施犯罪行为，而为其他适法行为，其竟违反此种期待，实施犯罪行为者，即发生刑事责任之谓也。故若缺乏此种期待可能性，则为期待不可能性，而成为阻却责任之事由，即不能使该行为人负刑事责任。"①

可见，期待可能性理论虽有预期性的意蕴，但其理论和实务的适用范围，明显窄于法律预期性。后者是法律的必然要求，前者是刑法的或然规定。这意味着，后者是所有法律应当具备的基本品性，也是法理上对法律的基本要求。而前者只适用于刑法，是刑法理论上有关行为阻却（或抗辩）犯罪的理由。这种理由，即使在刑法理论上被强调，但在各国刑法的具体规定中，未必就一定能得以体现。可见，两者虽有一定联系，但其区别也颇为明显。

至于法律确定性以及与此相关的法律安定性，②笔者认为，确定性是一个更注重法律制定的、因此也是起点性的概念，而安定性则是一个更为注重法律运行的、因此也是过程性的概念。确定性是安定性的逻辑前提，安定性须以此为前提而展开。二者虽与法律预期性之间具有紧密的勾连，但它并不代表法律预期性。这个判断，包含如下两方面的内容：

一方面，法律确定性为法律预期性奠基。在这一点上，法律预期性与法律安定性更为接近，两者都需要以法律确定性为前提。但不同之处是：其一，

---

① 高仰止：《刑法总则之理论与实用》，五南图书出版公司1983年版，第282页。
② 法律安定性，或称"法的安定性"，是一个来自德国法学界，特别是拉德布鲁赫及其弟子考夫曼的概念。拉德布鲁赫认为正义性、合目的性与安定性，是构成法律理念的三个基本要素。参见［德］古斯塔夫·拉德布鲁赫：《法哲学》，王朴译，法律出版社2005年版，第73页。考夫曼则进一步主张并阐释了安定性的三种元素，即实证、实用和不变。它包含了法律本身的安定性，以及经由法律达成的安定性（这类似于本文对法律预期性的论述——法律本身的预期性和经由法律的预期性）。参见［德］阿图尔·考夫曼：《法律哲学》，刘幸义等译，法律出版社2004年版，第274～276页。

在一定意义上，法律确定性是其安定性的有机构成，是法律安定性的规范内容和基础，即安定性中必然内含着法律之确定的、在效力范围内不变的特征。其二，预期性是法律着眼于事先的安排，人们根据法律的确定性进行预判，可以是行动的，也可以是心理的。但安定性则及于事中，人们的交往行为及法律关系，只要依法展开，则因为法律的确定性而自始至终皆处于安定中。

另一方面，法律安定性为法律预期性证成。既然法律预期性是事先的，而法律安定性是事中的，则必然意味着事中的法律安定性是对事先的法律预期性之检验与验证，因之，法律安定性乃是法律预期性的一种验证机制。在这一点上，法律预期性又与法律确定性更为接近，都是事先的。但不同之处在于，法律确定性更强调立法的、规则的、静态的事先；而法律预期性在此基础上，还强调实践的、运用的、动态的事先。

如上，法律预期性与其相邻关系的厘清，既表明法律预期性之独特之处，亦说明其是法律的内在属性，而不仅是一般作用（作用本身只有在属性基础上才能展示为实践）。它如同法律肯定性、明确性、普遍性、规范性、权威性、强制性、可诉性等一样，被法学理论和法律实践所关注，以便深化人们对法律的学理认知，强化法律的实践运用。那么，法律何以具有预期性？作为人为的交往规范体系，立法者通过何种机制赋予法律预期性？法律运行的实践主体又为何要确保法律预期性？预期性的实践形态表现是什么？如下笔者将分别就这些问题展开讨论。

二、法律普遍调整的预期要求

在法定的时空范围和条件下，对人们的交往行为具有普遍的调整作用，这是法律最基本的特征。众所周知，法律是区别于个别调整机制的一般调整机制，它不刻意追求一事一议的那种实质公正，反之，它把如何保障人们在公开的法律面前实现形式公正作为最重要的事体。因此，有关同案同判、类案类判、据法裁判、遵循先例等形式标准，就是面对法律纠纷时，人们处置它的基本原则。尽管这种一般调整机制有时候会伤及实质公正，从而自古至今都遭到人们的质疑和反对。①但法律统治如果抛却普遍调整的形式标准，则无异于挂羊头、卖狗肉，以法治之名，害法治之实。普遍调整对法治的此种意义，必然要求法律预期性。由于普遍调整至少涉及时间、空间、关系（人）状态三个方面，因此，笔者也从这三个方面对这一判断予以说明。

（一）普遍调整时间指向的时间预期性

法律普遍性的时间指向，即法律的时间效力，它一般是单向度的。这表明，以法律制定的当下作为时间原（起）点，法律的普遍性只指向其时间效力所及的当下和未来，而不指向过去。这就是现代法律所公认的不溯及既往原则。当然，在人类法律史的长河中，并不是任何时代法律的时间指向都是单向的。一方面，在法律史的很长时段内，法律的时间指向，相对更具有普遍性——既指向过去，也指向当下，还指向时间效力所及的未来。②另一方面，即使在现代法律上，对那些公然违背人类良知的行为在法律上溯及既往亦是正常。特别是随着人类科学技术的迅猛发展、行为范围的明显扩大以及交往方式的日趋复杂，稳定性的法律很难面面俱到地及时调整形形色色的社会关系，因此，为了能更好地保护公民权益，对涉及公民、法人重要权利和利益的事项进行事后调整，规定溯及力，就并非没有必要。③但即使如此，

---

① 如在我国春秋末年，郑国子产制定形式标准的、公开的成文法，晋国政治家叔向就去信予以猛烈批评，强调"昔先王议事以制，不为刑辟……终子之世，郑其败乎！"《左传·昭公六年》，载宋元人注：《四书五经》（下），中国书店1985年版，第426页。而当下在法律的形式理性（实质理性寓于形式理性中）得到普遍认可的时候，也有学者在探讨"合法性命题的情境性和可争性"，参见何海波：《实质法治——寻求行政判决的合法性》，法律出版社2009年版，第166页以下。尽管这些见解都有一定道理，但打破了形式理性保障的实质理性，在逻辑上只存在个别正义，而不存在普遍正义。普遍正义只能是形式理性背景下的正义，其中实质理性被装置在程序化的形式理性框架中。相关具体论述，参见季卫东：《程序比较论》，载《比较法研究》1993年第1期。

② 即使被恩格斯誉为"商品生产者社会的第一个世界性法律""简单商品生产即资本主义前的商品生产的完善的法"的罗马法，在罗马晚期，也提出法不溯及既往的原则，但一方面，由于其时间跨度过长，空间跨度太大，法律变迁太繁，故不可避免地存在着私法与刑法上的溯及既往问题；另一方面，从其对待基督教教徒的态度上，也可推论其法律的溯及既往性。参见［意］朱塞佩·格罗索：《罗马法史》，黄风译，中国政法大学出版社1994年版，第104~108页。

③ 我国《立法法》（2023修正）第104条规定："法律、行政法规、地方性法规、自治条例和单行条例、规章不溯及既往，但为了更好地保护公民、法人和其他组织的权利和利益而作的特别规定除外。"

现代法律普遍性的时间指向，一般仅针对当下和法律时间效力所及的未来，而尽量不溯及既往——不对法律生效前的既往社会关系作反向调整。

这意味着，法律的时间视域，不仅及于当下，还必须及于未来。也意味着法律不但要具有对当下行为的预期性，而且要具有对未来行为的预期性——当然，就法律不溯及既往这一原则本身的规定性而言，法律也应包含人们对过去行为不溯及的预期。[①] 从一定意义上讲，预期的本意，主要是个时间概念，当然，在法律视野中，又不唯时间指向。法律时间向度的这些特征，决定了法律对其时间效力范围内的所有交往行为和社会关系，要通过肯定的、明确的规范统一定性。唯其对时效范围内的所有相同或相类的社会关系予以统一定性，使规范内容与相关社会关系的规定性之间产生内在的勾连，才能赋予人们在从事或缔结相关社会关系时，对其行为后果的准确预期。这种预期，不仅是对自我行为及其结果的预期，还是通过其行为，对与其他主体缔结何种社会关系的预期；不仅是纯粹的行为预期，而且经由此预期，让人们产生心理的安定感，并激发人们的法律信赖，甚至进而形塑人们的法律信仰。

针对时间效力范围内的预期，可称为法律时间预期性。这种预期性以法定的时间效力为界，决定着人们能做什么、不能做什么。在时间边界之内，能做的，就产生预期的肯定形式及结果，不能做的，则产生预期的否定形式及结果。当然，一旦跨越时间边界，则与边界内的肯定或否定之间或许维持统一，或许产生变化，因为毕竟法律除了稳定性之外，在必要的时候，还会有一定变通性。古人云："……当时而立法，因事而制礼，礼法以时而定，制令各顺其宜。"[②] "观时而制法，因事而制礼，法度制令，各顺其宜。"[③] 不过法律的变通，绝对不是否定其稳定和预期，反而是为了弥补或者重新安排

[①] See Neil Duxbury, "Ex Post Facto Law," *American Journal of Jurisprudence*, 2013, 58 (2), pp. 135–161.
[②] 《商君书·更法第一》，载《商君书注译》，高亨注译，中华书局1974年版，第13页。
[③] （汉）刘向集录：《战国策·赵策二·武灵王平昼闲居》（中册），上海古籍出版社1985年版，第663页。

其稳定和预期。它最多只是改变了曾经的预期，但并不否定预期本身。不但如此，法律的改、废、立等变化形式，只是法律预期性的延续甚至强化，即便它可能会带来法律预期内容的断裂，但并不会导致法律预期性这一法律内在属性的断裂。

法律在其时间效力范围内的普遍性及其所致的时间预期性，在其细节上是法律给人们提供了时间预期之条件。人们的交往行为，只要在时间上具备了法定的条件，就或者被肯定，或者被否定。因此，时间条件是法律时间预期性的细化和深化——因为这些条件，法律才获得、产生并践行预期性；这些条件的丧失，则意味着法律预期性之丧失。

（二）普遍调整空间指向的空间预期性

法律普遍性的空间指向，是以国家为界的。虽然预期性本身意味着法律的普适性，但这种普适性，除了绝大多数法律原则和一部分法律规则之外，在部分法律原则和更多的法律规则领域，它不是一种放之四海而皆准的普适性，而毋宁是一个国家立法选择范围内的普适性。或认为，随着全球化的发展，以及国际法体系、国际冲突法体系的形成，法律越来越具有人类共通性，并从原则到规则都有趋同性（化）倾向，[①] 因此，上述结论不合时宜。

诚然，在过去相当长的一段时间里，很多人，特别是法学者对全球化以及法律的全球趋同性乐观其成。但与此同时，人们缺乏对问题的进一步追问：何种全球化？压制的、强行的全球化，还是对话的、合作的全球化？正是对这些问题的追问不够，因之，当人们从过于乐观的全球化迷梦中惊醒的时候，连全球化时代的引领者美国也对全球化猛踩刹车。[②] 大量事实表明，以国家为主体的国际交往，仍然奉行的是国家利益本位，而不是人类整体利益本位。这既是一种事实，也是法律这种利益表达规范的基本特征和现状——即除了

[①] 在我国法学界，这种观点比较多见，参见李双元：《法律趋同化问题的哲学考察及其他》，湖南人民出版社 2006 年版，第 236~250 页；刘益灯等：《法律趋同：法制现代化的必然选择——兼论法的国际化和本土化》，载《浙江社会科学》2000 年第 3 期。

[②] See Joseph E. Stiglitz, *Globalization and Its Discontents Revisited: Anti-Globalization in the Era of Trump*, New York: W. W. Norton & Company, 2018, pp. 5 – 16.

国际法之外，各国法律在空间效力上，仍以主权国家的领土及其延伸（领海、领空等）边界为空间范围。即使个别国家不时向他国施加其内国法，搞令人反感并警惕的"长臂管辖"，①但这也并没有导致国家主权原则的作废。

可见，法律普遍性在空间上不是没有边界，而是主要以国家主权边界（领土、领海、领空等）为边界。法律普遍性的空间指向，就是要把法律空间效力所及范围内的社会关系及其规定性，安排在法律规范中，从而对凡是在该空间内从事人际交往、缔结社会关系的人而言，都有预期性。即便一个国家幅员广大、人口众多、国情复杂，法律在其空间范围内也要大体保持对同类社会关系，以同样的法律规范进行调整，这就是所谓的"类案类判"。如果一个国家的不同地方，总是类案异判，就意味着法治统一原则遭到破坏，社会秩序构造成本昂贵，法律预期性不再。②显然，这样的国家不是法律主治的国家，而是由人（掌握权力者）主治。应强调的是，法律普遍性对法律预期性的要求，不但在司法上导致类案类判的预期结果，而且在行政和民事交往中，都能够因之而呈现类似事物类似对待的预期。

由法律普遍性空间效力指向的这种预期性，是法律空间预期性。它意味着在法律的空间效力范围内，法律预期的结果只能是类事类处、类案类判，一般不能有例外。除非法律因特殊条件而有特殊规定，如紧急避险行为、正当防卫行为、期待不可能行为、外交豁免行为等。要强调的是，尽管法律上会有一些例外规定，但这些例外规定并非法律预期性之例外，反之，由于例外规定的明确性和普遍性，它本身也要求有预期性。所以，法律例外规定对法律预期性而言，仍是常态的——只要相关规定在法律空间效力范围内是普遍有效的，就意味着其在空间效力内的预期性要求。法律普遍性的空间范围有多大，其空间预期性就有多广，除非一种行为已然溢出这一空间。或以为，

---

① 参见［法］弗雷德里克·皮耶鲁齐等：《美国陷阱》，法意译，中信出版社2019年版，第126~192页；戚凯：《霸权羁缚：美国在国际经济领域的"长臂管辖"》，中国社会科学出版社2021年版，第13~94页。

② 类案异判结果是既影响人们对司法和法律公正的期待和预期，导致人们对法律的不信任；也直接影响到司法的社会声誉。

法律空间预期性并非万变不离其宗。以犯罪为例，行为国不认为是犯罪的行为，在国籍国即便被规定是犯罪，也不能以犯罪处理。这看似有理，不过该例证仍不是什么例外，毋宁说它对同样情境下的行为人具有通适性，因而具有预期性。

法律在其空间范围内的有效性，以及由此所致的空间预期性，照例需要有细节支撑。这些细节就是法律空间预期的种种空间条件。只有如此，才能使这种一般性预期化为具体的可操作的预期；才能使人们在法律的空间效力范围内，优雅、自由、无后顾之忧地循法律而预期，循预期而行为，并使行为从心所欲且不逾矩。

（三）普遍调整关系指向的关系预期性

公认为，法律是社会关系的调整器。[①] 法律效力归根结底要辐射向具体的社会关系。形形色色的社会关系，一旦在一定时空范围内被法律所辐射或调整到，并形成法律上的权利义务关系，就被称为法律关系。所以，社会关系是法律调整的对象，而以权利义务为内容的法律关系，则是法律对社会关系调整的具体结果，是社会关系的法律状态。法律的普遍性，除了指向其时间效力的普遍性、空间效力的普遍性之外，还对其时空范围内交往行为的人及其交往关系，在效力上具有普遍性。在这三者之中，时空效力相对而言是静态的效力边界，而人以及由人的交往行为所缔结的社会关系的普遍性，才是真正动态的、具体的、意义指向明确的普遍性。如果说法律普遍性的时空效力必然要求法律预期性的话，那么，法律普遍性对人的效力之预期性的要求，就更为迫切。

说其迫切，是因为，首先，人是时空中真正的活跃因素。法律的基本初衷，就是让人们在自由有序的状态中生活，从而在法定的秩序体系中调整人们的交往行为。法律只有具体作用于形形色色、五花八门的社会关系中时，法律的时空效力才是有意义的，同样，法律本身才有用且有效。反之，尽管法律规定了明确的时空效力范围，但不能具体地作用于人们交往的社会关系，

[①] 参见罗玉中等编：《法律：社会关系的调整器》，时事出版社1985年版，第78页以下。

那么，毋宁说这样的法律耗时费工、大而无当。

其次，法律普遍性对人的效力指向，之所以迫切地要求法律预期性，还在于法律归根结底是用来调整人的交往关系的。人们交往关系的秩序化，不能借助因果报应之类的观念去解决，毕竟这种近乎"神性"的观念，对人而言，"天道远，人道迩"①。法律更在意于解决近在眼前的人道。我们知道，在西方法学史上，有一以贯之的自然法观念，但作用于人际交往中的自然法，并非规定自然现象之间关系的大自然的规定性，反而或者是人类在交往行为中理应遵循这种自然的规定性，或者是国家立法理应遵从人的自然规定性。②所以归根结底，法律的制定，就是要把现实的社会（群己）关系，甚至和社会关系息息相关的天人关系、身心关系，投射或代入规定的法律中去，从而使人们的交往关系依赖法律预期获得普遍调整，使冗杂的社会关系，能够表现在整齐的法律秩序中。

最后，这种迫切性，还体现在人及其交往关系的复杂性上。如果说法律普遍性的时、空效力取向相对简单、原则、抽象的话，那么，其对人的效力取向却与此大致相反。由于在这个时空中，人的活跃性、交往关系的多元性、利益需要和取向的多样性，导致人及其社会关系的极端复杂性。对这种复杂性的社会关系，在调整时常常面临两难选择：个别调整虽然容易实现实质公正，但也会面临两个方面的疑虑，即过高的成本和类案异判，其结果反倒容易导致不公正——因为在个别调整中人们没有预期，没有预期，则面对当下情形，不得不在心理上处于惶惶不可终日中。那么，替代的办法是什么？

---

① 《左传·昭公十八年》，载宋元人注：《四书五经》（下），中国书店1985年版，第454页。
② 自古希腊以来，自然法观念就是贯通西方古今的一种法律价值理念，在本质上，它是据以框定人定法价值的一种理念，因此，并不是在人们交往的实践中就存在一种可实证的自然法，而是人定法必须体现、反映或表达自然法的价值追求，体现人类良知、正义和道德善，参见梁治平：《自然法今昔：法律中的价值追求》，载《学习与探索》1988年第2期。此种情形，恰如古代中国法律动辄强调德，从而在法律上应贯彻德之追求一样，如"明德慎罚"，参见《尚书·康诰》，载宋元人注：《四书五经》（下），中国书店1985年版，第87页。"德礼为政教之本，刑罚为政教之用"，参见（唐）长孙无忌等：《唐律疏议·名例》，刘俊文点校，中华书局1983年版，第3页。

其基本方法就是经由对社会关系的类型化处理,[①] 实现对同类社会关系的类案类判。这是现代法律处理人及其交往关系的基本方式,法律普遍性对人的效力,也因此得到技术上的呈现,进而使同类事物获得法律结果上的同类预期。毫无疑问,此种处理也会面临种种质疑,并且会在实践中出现诸如规范的僵化、法律的滞后等情形,但由于类型化处理对预期性的保障,使法律至少获得了形式正义(公正)的标准,获得了在预期性基础之上的"心安理得"。在这里,法律内容的肯定、法律调整的可反复、法律正义的形式化以及法律运作的稳定等,使法律预期性就寓于其中。不如此,就无以回应法律普遍调整关系指向对预期性的要求。法律调整关系指向的预期性,可以简称为法律关系预期性。

法律时间预期性、空间预期性和关系预期性,在事实上是三位一体的。其中时间预期性、空间预期性为关系预期性提供条件、服务和保障,而关系预期性则是时间预期性、空间预期性的实际内容和服务对象。类型化处理既表明关系预期性在法律时间预期性、空间效力范围内的有效性,也表明法律预期性的实践可能和实践意义。这也是笔者在下文中拟继续讨论的话题。

三、法律预期的拟制设置

法律普遍性,决定了法律对其时间效力、空间效力和对人效力所及范围内人们交往行为的必然预期性要求。但是,如何具体满足这种要求?"有需要就有供给"这个经济学的原理在这里是否适用?作为人造的社会事实,法律对于其时空效力范围内人们交往关系的有效调整,在技术上来自一种修辞活动。作为修辞活动,首先,它要把纷繁复杂的社会关系尽量通过类型化手段来简化,从而能够被法律规范所涵摄、调整,也能够获得社会接受。其次,

---

[①] 笔者认为,在法律上,类型化的本质,是通过类比的方法赋予特征和性质接近的事物以相同或类似的规范性格。因此,类型化的基本方式是类比和拟制。有关类比内容,参见[德]亚图·考夫曼:《类推与"事物本质"——兼论类型理论》,吴从周译,学林文化事业有限公司1999年版,第11~59页;雷磊:《类比法律论证——以德国学说为出发点》,中国政法大学出版社2011年版,第98~178页。

对于在性质上完全反对的社会事实，它必须要有取舍，肯定符合大多数人利益和幸福要求的社会事实和主体行为，否定大多数人利益和幸福所反对的社会事实和主体行为。这或许就是边沁所谓的"最大幸福或最大福乐原理"①。最后，它要以此种肯定和否定的拟制，形成一种对社会事务的预期与决断机制。②这种修辞活动，一言以蔽之，即法律拟制。那么，何谓法律拟制？立法者法律拟制的目的是什么？法律拟制如何满足法律预期性要求？

学术界较早地对法律拟制及其功能在法学理论上予以探讨的，是英国人梅因。他针对法律总要面对的两大张力（或难题）：时间张力——常与变、旧与新，空间张力——多与一、繁与简，主张通过拟制这种独特的方式在立法和法律运行中予以决断。③与其说梅因的这种论述是一种主张，不如说这是其对人类法律发展史的一种学术概括和总结。人类的法律发展，就是通过法律拟制手段来解决其时间上常与变、旧与新，空间上多与一、繁与简的张力的。特别在普通法的发展史上，不仅存在着立法拟制，而且由于判例法主导的司法实践，还产生了司法和法官的法律拟制，当然，这种拟制究竟能否实现司法对社会生活的普遍规范和预期另当别论。④那么，究竟什么是法律拟制？笔者就此曾论述道，法律拟制，在广义上是指人们在立法或司法中，运用有限的人类语言对多样、复杂的社会关系、交往对象和社会事实以同一规范或词汇来命名的活动。这意味着，凡是立法或司法者在法律上的集

---

① 边沁强调："功利原理承认这一被支配地位，把它当作在依靠理性和法律之手建造福乐大厦的制度基础。"参见［英］边沁：《道德与立法原理导论》，时弘毅译，商务印书馆2000年版，第57页。"最大幸福或最大福乐原理"是边沁根据近代以来法律的发展趋势，所做的对法律的一种功利主义价值判准。或许它并不适宜概纳人类史上的所有法律，但毫无疑问，它是国家法律的重要价值标尺。

② 在施密特那里，"决定模式"或"决断论"，是法学思维的三种模式之一。"对信奉决断论的法学家而言，诸'法'……的源头并非诫命本身，而是与诫命一同出现的、作出最终决定的权威……或最高权力……"参见［德］卡尔·施密特：《论法学思维的三种模式》，苏慧婕译，中国法制出版社2012年版，第65页。

③ 梅因写道："我现在应用'法律拟制'这一个用语，是要用以表示掩盖或目的在掩盖一条法律规定已经发生变化这事实的任何假定，其时法律的文字并没有被改变，但其运用则已经发生了变化。"参见［英］梅因：《古代法》，沈景一译，商务印书馆1984年版，第15页。

④ 参见李红海：《普通法的历史解读——从梅特兰开始》，清华大学出版社2003年版，第279页。对普通法法律拟制的较为系统的研究，还可参见汪倪杰：《"法律拟制"与"法律形式主义"的互动关系》，复旦大学2012年硕士学位论文。

合的、抽象的命名行为，都是法律拟制行为。在狭义上，法律拟制则仅指在立法或法律中以"视为"这一引导词作为规范词，所引出的把两个或两个以上虽然类似、但又有区别的事实纳入同一法律概念或规范（作参照）而处理的立法方式（"视为肯定"）；或把其中一个事实排除出特定法律概念或规范而处理的立法方式（"视为否定"）。司法中，把实践中虽有存在，但在法律中未曾呈现的事实，"视为"法律上既定的类似事实，以处理案件，构造裁判规则的活动（类推）。[①]

这里要探讨的重点不是法律拟制，而是法律拟制的宗旨。或许人们对其宗旨会有多视角的观点，但在笔者看来，归根结底，法律拟制的宗旨在于通过分析归类、删繁就简的类型化，给人们提供稳定预期，即法律拟制的基本功能，就是拟制预期。所谓拟制预期，一言以蔽之，是指通过法律拟制，使法律在时间上和空间上的张力得以缓和，并经由这种缓和，使交往行动中的主体，能够对其行为过程和结果有确定预期，以便既安定其心理，又引导其行为。既稳定社会秩序，又增进社会效益。拟制预期及其功能的实现，与社会关系类型化（简称类型化）这种技术手段息息相关。具体来说，类型化对拟制预期的作用，主要表现为类型化规范、类型化调整和类型化归责三方面，以下笔者将详细阐述。

（一）类型化的规范，拟制预期的内容

什么是类型化？类型化，也称为类别化。最简单地说，类型化就是对事物的分类。那么，什么是分类？对此，涂尔干和莫斯曾阐述："分类，是指人们把事物、事件以及有关世界的事实划分成类和种，使之各有归属，并确定它们的包含关系或排斥关系的过程……""分类不仅仅是进行归类，而且还意味着依据特定的关系对这些类别加以安排……每一种分类都包含着一套等级秩序，而对于这种等级秩序，无论是这个可感世界，还是我们的心灵本身，都未曾给予我们它的原型。因此，我们有必要追问：这种等级秩序到底是从哪里找到的？从我们用来划定类别的那些术语来看，我们可以

[①] 谢晖：《制度修辞论》，法律出版社2017年版，第252页。

推测所有这些逻辑观念都具有逻辑之外的起源。"①

涂尔干和莫斯的论述，对我们具体分析类型化颇有帮助。类型化，就是指即通过分类，把个性的事物，以其相似性程度（共性程度）为标准，归类（包含）或别异（排斥）的思维方式、研究方法和工作技巧。以此为标准，则个性事物之间的相似度高（多）于其差异，则可归于同一类型；反之，个性事物之间的差异性高（多）于其相似性，则无法归于同一类型。类型化有层次之分，有类型极大的概念，如主体、客体、行为这样的概念，所涵摄的个性事物（人）实在太多。尽管如此，它们也能在法律上被类型化为法律概念。在主体、客体、行为等之下，还可继续类型化为种，作为较小类型的法律概念。所有类型化，都必须有共同的特点，即类型化一方面会牺牲一定的个性，类型化就是对不合群的过度个性的打磨、抑制和规训。另一方面，类型化的结果，必须表达或展现同一类型中该类型项下所有个体的共性，否则，类型就不具有对其项下的所有个体之普遍适用性。在法律上，就无以保障类型化的规范对所有相关社会交往行为的有效，从而难以既保障实现社会秩序，也保障个体自由之预期。

作为在法律三维（时间、空间和人）效力范围内普遍有效的法律规范，在实质上就是类型化的结果：一方面，法律规范是类型化事实的规范表达；另一方面，所有法律规范都是类型化的；再一方面，正是类型化的法律规范，给人们的交往行为供给拟制预期的具体内容。

进言之，前者意味着所有类型化的法律规范，都是对社会交往事实类型化的规范结果。这表明，类型化的法律规范，须以社会事实的类型化为前提。因此，如果说司法活动是在作为前提的法律规范与案件事实之间的目光流盼的话，那么，立法活动则是在社会事实（关系）和规范决断之间的左右考量、权衡斟酌。例如，性交易是不是法律上的买卖行为？在有些国家肯定之（卖淫行为合法化），但在有些国家否定之（卖淫行为非法化），显然，这是

---

① ［法］爱弥尔·涂尔干、［法］马塞尔·莫斯：《原始分类》，汲喆译，上海人民出版社2000年版，第4~8页。

立法者对于社会事实——文化传统、接受心理、社会影响等综合考量后所作的规范类型化选择。中者意味着一旦社会事实经由类型化之后所产生的所有法律规范，都是类型化的。每种法律规范（或每个法律条文），在其时效和空间范围内，针对个别主体、个别行为和个别案件，都有预期的普适性。法律规范就是通过类型化的权利（权力）赋予和义务（责任）约束，来规定拟制预期的具体内容。后者意味着以权利和义务为内容的类型化的法律规范，经由对社会事实的类型化而产生后，在其效力时空中，人们的所有相关行为，都能根据法律的权利义务规定而进行预判，产生预期——无论政治行为、行政行为、司法行为、用法和守法行为，皆是如此。因为类型化的法律规范，已经赋予法律拟制预期的内容。

（二）类型化的调整，拟制预期的技术

法律规范的产生，不仅是为展示人类的规范拟制能力，而且是在展示这种拟制能力的同时，透过规范形成类型化的调整机制，并进而给拟制预期以动力和技术。如果说规范在拟制法律预期之内容的话，那么，调整则在拟制法律预期之技术。类型化的法律规范只是静态的规范前提，只有当其形成对社会关系的类型化的调整能力时，才能从静态的规范前提，进入动态的规范运行。所谓类型化的调整，其实就是类型化的规范之动态展示。

何谓法律调整？由于实践中法律的不断变化，价值观不同的学者观察法律调整之视角的差异，因此，关于法律调整的界定多有分歧。笔者曾经这样界定："所谓法律调整是指国家（国际组织）或经过国家（国际组织）认可的法律规范，在主体法律意识或者国家（国际组织）强制力量的保障下，自发地或强制地作用于主体间以及主体与客体间交往关系的过程。"[1]

现在看来，这一界定中虽然存在不太准确的地方，例如只谈"认可"，不讲"创制"，把主体与客体之间的关系界定为"交往关系"等，都值得检讨，但其所表达的有关法律调整的基本意思，笔者至今仍然坚持。一言以蔽之，法律调整就是要把类型化的、静态的法律规范，同样类型化，并转为动

---

[1] 谢晖：《法理学》，北京师范大学出版社2010年版，第190页。

态的法律运作，就是要把可预期的法律规范，动态化为具有实效性的、"既预期"的法律行为及后果归结。所以，法律调整本身是技术性、实践性的。

类型化的法律调整，来自类型化的法律规范。它意味着在法律调整过程中，无论是放任性调整、导向性调整、奖励性调整，还是强制（制裁）性调整，都根据类事类办、类案类判的类型化方案予以处理。尽管在类事或类案中，每件个别事物（社会关系）、每个具体案例之间，仍是千差万别（因此，有些学者就强调不存在同案，也不存在同判，而只存在类案类判[①]），但这并不否定对类事和类案作类似处理甚至相同处理的类型化调整原则——买卖关系只能签订买卖合同，而不能签订借贷合同；行政违法只能承担行政处罚的后果，而不能承担刑事处罚之后果……只有这样，法律的普遍有效、一般调整等特征才能彰显。否则，过分执着于类事或类案之间的区别而类事异处、类案异判，就必然退回到个别调整的不可预期时代了；类型化调整的技术特征（拟制预期的技术）也会因此而失灵。

（三）类型化的归责，拟制预期的结果

法律作为人们交往行为的权利义务配置机制和具体责任归结机制，其预期性的最终指向是行为的结果归结，即通过预期，人们行为能够获得什么权利，需要履行什么义务，以及权利运用和义务履行的后果归结是什么，等等。说其是结果归结，并不意味着权利、义务、责任等只能在人们的行为终了时才呈现。事实上，由于人们交往行为的过程，就是类型化的法律规范发挥其类型化调整作用的过程，因此，这种权利、义务和责任的结果归结，也存在于法律行为（法律调整）过程中。故所谓类型化责任的拟制预期结果，既是对人们行为在过程中的法律权利义务状态之预期，也是对人们行为在结果上法律权利义务分配、责任归结之预期。

类型化的归责，其实也是类型化规范的题中应有之义。可以说所有法律

[①] 在最高人民法院 2020 年 7 月规定的《最高人民法院关于统一法律适用加强类案检索的指导意见（试行）》中，已经明确了类案概念，基本放弃了"同案"这个并不准确的表述。参见张骐：《论类似案件的判断》，载《中外法学》2014 年第 2 期；张骐：《论类似案件应当类似审判》，载《环球法律评论》2014 年第 3 期。

规范，在内容上无不是要么权利或者义务，要么权力或者责任。在此意义上，大体可以说法律规范就是责任（广义上）归结的规范。这使得当我们谈及类型化的责任这样的概念时，似乎与类型化的规范之间有些同义反复，显得多此一举。但笔者要强调的是：对于通过类型化来拟制预期而言，这一分类不但是必要的，而且是必需的。因为该分类指向的是与拟制预期的内容、拟制预期的技术并不相同的拟制预期之结果。

拟制预期之结果，直接指向拟制预期所要预期的具体目标。这种目标对法律本身而言，是通过权利义务的分配以及具体责任之归结，预备或安排一种统一的、可反复的、可动态化的、有效的秩序体系。对具体运用法律的主体而言，则是通过预期，预知并安排其以权利和义务为内容的行为，并最终完成和收获相关预期。可以说，拟制预期中如果不包含权利义务的分配、权力责任的分担、违法（约）责任的追加这些结果，其他所有的拟制预期就归于无效。在这层意义上，拟制预期结果，乃是所有拟制预期中最值得关注的内容。

这从另一视角说明类型化归责的意义。这里所谓类型化归责，是一个在相当广泛的意义上使用的概念。无论权利和义务之安排和分配，权力与责任的规定与分担，还是违法（约）责任的具体归结，都以类型化的方式展开。责任类型化与主体类型化、行为类型化、条件类型化等息息相关，后几方面，是责任类型化的前置条件。没有后几者，责任类型化就失去了前提、基础。

责任类型化之于法律预期的重要性，在于任何法律的行动者在交往行为时所最关注的问题，就是其结果。不寻求结果的人类行为，是无目的的盲动。而在规范体系中只要寻求结果，就需要对结果的拟制预期，以便行为人作出理性算计，判断其行为有利还是无利、值得还是不值得、应该还是不应该、可以还是不可以。一旦法律没有对责任的类型化拟制，那么，人们在交往行为之前的这种理性算计、预期安排等就失去了基本准据。

前述类型化规范的拟制预期内容，类型化调整的拟制预期技术以及类型化归责的拟制预期结果，都是通过法律拟制的技术手段，使得法律在整体上不但获得预期性，而且使这种预期性能够操作、具体可行。因此，三者在法律上不是割裂关系，反之，对法律拟制预期而言，三者构成一个既相互衔接与协调，又相互作用与检视的有机整体。

四、运行中的法律预期：经验预期和逻辑预期

现在，可以回过头来再申法律预期性。当然，这种再申，并不是重温法律预期性的一般含义，而是在外延或分类视角进一步扩展法律预期性。在外延上，法律预期性可从多视角进行分类。如（立法）赋予的预期性和（法律）运行的预期性，规范预期性和行为预期性，内在预期性和外在预期性，肯定预期性和否定预期性（前文已有论及）等。本书不准备系统地在外延视角对法律预期性作分类研究，而是着眼于法律运行的角度，从法律预期性外延的日常之维和专业之维进行分类，从而把法律预期性二分为经验预期和逻辑预期。

（一）法律经验预期

法律是理性的结晶，但没有经验支撑的理性，终究是令人怀疑的。它可以是时空世界永恒的存在以及思维对这种永恒存在的想象、模拟，但很难说是现实世界的事实，因为这种所谓"理性"，既不能以经验验证，事实上也就难以实现逻辑证成。所以，与其说法律是理性，不如说法律是经验的理性，是可经验验证、逻辑证成的理性。我们知道，在欧洲哲学史上，有所谓经验进化主义和理性建构主义的学术分野。[①] 但经验进化主义不但不排斥理性，反而形成一种蔚为大观的经验理性主义，以区别于理性建构主义。

特别在法律领域，由于判例法所秉有的经验进化理性精神，[②] 经由制度型构，极大地丰富了人类经验积累的智慧价值。判例法体系就是在遵循先例和先例识别的重叠累积、扩展丰富基础上，进化成蔚为大观的法律体系和智

[①] 参见陈修斋主编：《欧洲哲学史上的经验主义和理性主义》，人民出版社2007年版，第111~315页。

[②] 相关论述，参见谢晖：《判例法与经验主义哲学》，载《中国法学》2000年第3期；谢晖：《经验哲学之兴衰与中国判例法的命运》，载《法律科学》2000年第4期。

慧的。在这个意义上，法律本身秉有经验预期的属性。尤其判例法，本质上就是把不断积累的、可反复呈现的经验，赋权给法律，从而使法律本身获得经验预期。这或许正是霍姆斯法官以下这段名言所给予我们的应有启示："法律的生命不是逻辑，而是经验。一个时代人们所感受到的需求、主流道德和政治理论、对公共政策的直觉——无论是公开宣布的还是下意识的，甚至是法官与其同胞们共有的偏见，在决定赖以治理人们的规则方面的作用都比三段论推理大得多。法律蕴含着一个国家数个世纪发展的故事，我们不能像对待仅仅包含定理和推论的数学教科书一样对待它。"①

当然，这不是说成文法就排斥经验预期。尽管在对经验的关注程度上，成文法远不如判例法更贴近于经验，但所有成文法，既不是神启的，也不是任何超验或先验理性所作的预先安排。哪怕是宗教教法，也是根据经验意义上人的需要而创制的。法律不但不能悖乎人的需要，反而必须摹状、迎合、表达人的需要。所以，因循理性建构原则的成文法，是把经验世界中获得的社会关系之规定性，创制为人造的规范，并进而生成法律的经验预期。

前文所述，乃是经验预期的法律之维。法律经验预期，不仅应表现在规范体系中，更要表现在规范体系的法律运行中。人们按照法律所从事的交往行为，如果不能产生那种"行必果"的预期效果，说明法律规范体系和其实践运行间是两张皮，说明法律在实然层面就没有带来预期的构建秩序、确保自由、实现正义的实客观效果。那样，人们面对法律，只有更多的怀疑，甚至不可能根据法律规定，预期其行为后果，选择并安排其行为。

法律经验预期的运行，或者法律经验预期的实践运用，对于绝大多数人而言，是种"日用而不知"的事体。一方面，人们在选择交往行为时，总要琢磨、考量行为的后果。有些人，或在有些时候，会把这种后果考量和法律勾连起来，但更多人，或在更多时候，人们只是根据常识、常理和常情进行判断，其并不预先考虑法律因素，但其行为预判结果和法律预期并不暌违，

---

① [美] 小奥利弗·温德尔·霍姆斯：《普通法》，冉昊等译，中国政法大学出版社2006年版，第1页。

这恰恰表明法律预期本身的经验性质。另一方面，也表明在交往实践中，人们对行为的结果预期，即使压根就未曾考虑法律的规定，但并不是与法律脱节，而只是在无意识地运用、实现并感受法律预期。当然，对于法律的有效运行，以及法律预期的实践效果而言，培养公民及其他社会主体对法律的心理信赖、生活依赖和交往仰赖，自能更好地在实践中推进法律经验预期，进而推进从理念到行动、从规则到秩序、从法律到法治、从预期到事实的转化。换言之，法律运行中的法律经验预期，就产生于人们对法律的依赖。

法律经验预期，在法律运行中主要体现为大众法律预期，或者非专业法律预期，也是"初级（基本）法律预期"。因此，它不需要精确的推论或论证——哪怕遇到疑难、棘手的"问题情境"。对于绝大多数人而言，根据对法律的直觉就能判断出其行为后果的子丑寅卯、甲乙丙丁来。对此，卢埃林曾写道："……心理学家……关心的问题是：当遇到一个来自生活的'问题情境'时，人们究竟如何作出决定？大致上，如果他们面临的是一个真正的'问题情境'，也就是说，如果这个问题是一个真正的难题，那么，他们的实际决定很少是通过某种正式而精确的演绎推理方式实际作出的。而更为一般的方式则可能是瞬间的直觉——跳跃性地直接得出解决问题的结论，或者是一种对于各种可能的决定展开和经过想象的连续心理实验过程，直到发现某个或几个可能的决定具有吸引力为止。在一般情形下，得出结论总要伴随着为其寻找合理理由的工作，检验该结论是否合乎经验以及可被接受，以支持他并使其对自己和他人具有充分的说服力。"[1]

尽管卢埃林的话并非专指人们对法律的经验预期，但其某些判断，完全可以适用于普罗大众日常生活交往中遇到法律的"问题情境"时，其思维的基本特征。普罗大众之于法律及法治的重要性，可以引申为其法律经验预期的重要性。运行中的法律经验预期究竟与规范中的法律经验预期是否吻合，不但意味着法律调整的秩序状态如何，而且直接影响普罗大众的法律感。当

---

[1] ［美］卡尔·N. 卢埃林：《普通法传统》，陈绪纲等译，中国政法大学出版社2002年版，第9页。

实践中经验法律预期频频失灵，人们依法而为反倒失去自由、失去利益时，不但表明法律越多、秩序越坏，而且只能教人们怀疑法律、规避法律，最终否定法律的行为预期。反之，当实践中经验法律预期无不奏效，人们则选择法律，避免违法，从而自然会在交往行为中强化法律感。在一个国家，只有大众在思维和行动中能坚持以法律经验预期为其行为预期时，才表明法治的大众基础是牢靠的。否则，对法治而言，则基础不牢，地动山摇。

（二）法律逻辑预期

和法律经验预期的经验属性相比较，法律逻辑预期相形更具有理性特征。我们知道，法律——无论判例法还是成文法，无论法律规定还是法律实践，其虽然表达经验，并接受经验检验，但它并非经验本身，而是经验的高层次升华。处于纯粹经验状态的社会事实，并非规则，只有某种经验状态被人们不断重复、模仿而成定制时，才是规则——但也只是包含了一定理性选择的经验法则。法律则是表达着经验，又必须超越经验的理性法则。法律预期，无论是经验预期，还是逻辑预期，作为法律本有的主要属性或者特征，都是出乎经验，又超越经验的理性，它们接受经验之检验，但不能被经验所取代。法律预期只有在法律运用中，才真正存在经验与理性（逻辑）的分野。这是必须预先交代的问题。

法律逻辑预期，自然首先是指法律本身是一套被赋予了预期性的逻辑体系。这套体系在经验上乃是人类社会生活（天人关系、群己关系、身心关系）规定性的规范表述，正因如此，人们能够拿着这套体系以及其中的具体规范，一方面验证日常的生活交往世界，检验人们交往行为的方方面面；另一方面校正日常生活交往世界，即当人们的日常生活交往世界与规范世界产生轩轾时，以法律为校准器予以校正；再一方面，型塑日常生活交往世界。既然法律出自经验但又高于经验，就必然意味着法律并非对生活交往的经验世界之亦步亦趋，与此同时，高于日常生活的法律，在预期上还必须塑造高于日常生活经验的交往状态，这种情形，就是法律对日常社会生活经验的规训、重塑。

把法律的这种预期带入法律运行的实践中，固然可以靠依赖法律感而产生的经验预期——日常生活中的法律预期，或者大众法律预期——来实现，人们的日常生活和交往，有了这种经验预期，一般就足以应对。但人们的生活和交往，不止有日常的，还有非日常的，或者例外的。因之，法律的运行，除了日常生活预期或大众预期这种经验预期，在涉及社会重大事务的问题上，在涉及人们权利与义务的纠纷裁决问题上，在涉及定罪与量刑等对公民权利具有重大影响的问题上……仅仅依赖日常生活预期、大众预期等经验预期，明显远远不够，如专家意见与证人证言，不仅对于事实发现而且在确定法律的内容方面都具有不可替代的作用，这反过来进一步强化了法律的模糊性和专业性。[1] 可见，有效法律的运行需要专业预期、精英预期等高级法律预期，这种预期就是理性的逻辑预期。

在很大程度上讲，尽管法律调整人们的日常生活，但诚如前文所言，法律的这种调整百姓日用而不知，因此，并非典型的法律预期作用之领域。典型的法律预期，每每发生并作用于社会生活的例外状态——如宏观上的社会或国家紧急状态，微观上的法律关系紊乱（处于纠纷）状态等。因为，这样的状态反映了社会的剧烈冲突，这种冲突形同于一出戏剧的高潮，不但跌宕起伏，引人入胜，而且引发智慧，启发深远。因此，对宏观上或微观上例外状态的法律理性预期，才能真正彰显法律调整和法律预期的魅力，也能真正突出法律用以校正日常生活冲突、恢复法律秩序的作用。自然，对这些问题的实践应对，仅靠经验预期是不管用的，必须关注理性的逻辑预期。

理性的逻辑预期，在法律运用的实践中，特别在纠纷解决的实践中，就是以法律预期作为前提，以基于规则的"偏好"[2] 来审视并处理当下案（事）

---

[1] See Damiano Canale, "The Opacity of Law: On the Hidden Impact of Experts' Opinion on Legal Decision-making," *Law and Philosophy*, 2021, 40 (5), pp. 509–543.

[2] 其实，在这里法律推理者之所以有规则偏好，就是因为规则提供了预期，满足了推理大前提的基本要求。萨尔托尔在书中还提到冲突难以决断时的"优先性信念"。在笔者看来，这种"优先性信念"，与其说是法官的主观决断，不如说是在法律（规则）的多个冲突的预期选项中，法官斟酌考量，优先选择了与案情关联最紧密的那个预期。因此，它不是什么预期失灵，而是一种"预期裁量"。参见［意］乔瓦尼·萨尔托尔：《法律推理——法律的认知路径》，汪习根等译，武汉大学出版社2011年版，第218页以下。

件事实的逻辑推理活动。这种预期的关键,不是经验预期的那种"心里有数",而是必须对案(事)件的处理给出理由。且这种理由是于法有据的。麦考密克在谈及相关问题时指出:"就出台法案、作出行动、提出主张和予以反驳这些活动而言,公众都需要就他们的所作所为提出法律上的理由。对于法官而言尤其如此,他们只能通过说明理由的推理活动来作出符合法律规定的判决。在法庭上,他们必须审慎思考,以确定在一个案件中当事各方中哪一方的主张更加可取。因为法官必须就他们所作出的判决说明理由,所以他们不能仅仅将结果列出,还必须对支持判决结论的相关理由予以明确阐释。"①

可见,法律逻辑预期,既需要法律规范为推理和阐明理由的逻辑大前提,也需要把这一大前提严谨地代入冲突的社会(案件)事实中。法律运用中的逻辑预期,其功能不仅是做到心中有数,避免因心中没底而人心惶惶,而且更在于"以事实为根据,以法律为准绳"来说明理由,作出决定或判决。显然,法律逻辑预期不是普罗大众的日常预期、经验预期,而是法律精英的专业预期、理性预期。在一定意义上,这种预期典型地代表了法律及其运行中的预期,从而不仅使法律是理性的命令,不仅依照这种理性的命令,经由经验预期安排日常生活交往,而且把对社会复杂事件的处置、权利义务纠纷的解决、对严重违法犯罪的制裁等,都置于法律逻辑预期之内(中),使法律无论在其内蕴上,还是在其实践中,都获得某种"料事如神"的神(圣)性。

---

① [英]尼尔·麦考密克:《法律推理与法律理论》,姜峰译,法律出版社2018年版,第19页。

论法律预期能力的立法预设[*]

一、何谓法律预期能力

古希腊学者认为："三位神祇（即分别代表了力量、仁慈和智慧的阿波罗、宙斯和雅典娜——笔者注）代表着神圣的三位一体，他们无可避免地为法律负责。由于这个原因，对于法律管理部门的领导者来说，三种之类似的才能注定必不可少。而且由于在建立法律时，必须让这些完美的才能共同工作，而人类能力无法达到这样，因此，为了建立极其精准的法律，神圣的帮助必不可少。"① 无独有偶，轴心时代中国的伟大思想家们，也在不遗余力地寻求播其善于众的"仁者"，且"惟仁者宜在高位"② 才能进而实现"道之以德，齐之以礼，有耻且格"③ 的善良统治。何以如此？因为法律规定的是众人之事，是要规范人们复杂交往关系中柔顺、和谐、有序、有利及正义的交往关系和交往秩序。

为什么法律会在一定时空内持久、普遍、一般、平等地调整人们的交往行为，并反复、长远、公正、有效地获得社会交往的公共秩序？显然，在现代这个科技昌明发达的时代，再要用古希腊人那种宗教般神明启示的说辞，是难以说服人心的。但要用三言两语来回答这一问题，也确实是有些困难。

---

* 本文原载于《四川大学学报》（哲学社会科学版）2023年第1期。
① ［意］斐奇诺：《神圣立法与德性教诲》，张清江译，载林志猛编：《立法与德性：柏拉图〈法义〉发微》，华夏出版社2019年版，第107~116页。
② 《孟子·娄离章句上》。
③ 《论语·为政》。

不过如下的论断,对回答这一问题而言是必须的:这既有赖于人们对法律的需要和服从,也有赖于法律自身具备满足人们交往行为有序和谐的制度预期。

这一论断这意味着:法律对社会交往的调整,是其作为规范体系反射到人们心理和行为上时,对它的心理接受和行为遵从来实现的。其普遍性和一般性,则取决于长此以往法律规范在人们心理所形成的预期。由此,便自然涉及法律的预期性和预期能力问题。在一定意义上,法律之于交往秩序,只有从其自身的规定性,内化为人们的心理认同和接受,从而形成稳定的经验或理性的预期时,才会发生,才会对人们产生实际的规范价值,形成实际的规范效力,构织实际的社会交往秩序。一言以蔽之,人们普遍地对法律规定性的心理接受和行为遵从,是法律的预期性的基本成因,人们相信,只要接受并遵从法律,就会兑现法律所赋予的权利和义务,这就是法律预期性。因此,法律预期这一概念,包含客观因和主观因两个方面。[①] 法律规范的规定性,是法律预期性的客观因;主体对法律规定性的感知、接受及其习惯化,是法律预期性的主观因。在此意义上,法律预期性乃是法律的客观规定性与人们对法律的主观接受性或服从性的统一。

仅有客观规定性,则预示着法律具有可预期性。可预期性,顾名思义,是对预期性提供一种必要和可能,它是法律预期性的必要条件,而非充要条件。它意味着,法律只有具备客观规定性——规范(文字)意义明确、肯定,规范内容具体、现实,规范手段能行,必行,规范目的可信、有益……才具有可预期性。但是,要将这种可预期性转换为实然的预期性,还须人们对业已认识到了的法律的这些规定性之内心认可和行为服从。从而避免法律的规定性仅具有理论上的效力,而不具有实践的效力(实效)。在更强意义上讲,人们——无论私权主体,还是公权主体,也无论以自然人身份出现的主体,还是以法人身份出现的主体,他们对法律的心理认同和行为服从,端在于法律本身言必信、行必果的表现。倘若法律制定后,仅有形式性、象征

[①] 有学者认为,为了保持立法稳定性的优点,立法者必须在立法过程中保持一定程度的"立法习惯",以此来寻求最佳的立法决策。See Mirit Eyal‑Cohen, "Unintended Legislative Inertia," *Georgia Law Review*, 2021, 55 (3), pp. 1193–1276.

性和宣告性，而不表现为实际执行，使规范内容变为人们交往行为的实践行为，例如，法律尽管规定了依法治国，但实践中更凸显的是人们的行为不是依照法律，而是依照单位领导的指示；尽管法律规定了不同国家机关的编制、职能和权力范围，但实践中国家机关另起炉灶、各行其是，编制之外追加临聘，职能之外自设职能，权力之外滥用权力……那么，可以想见，谁会真正把法律放在眼里？法律不过是一种摆设，即便它有客观规定性，有可预期性，但其可预期性尚不是充要条件，故未必一定有预期性。这就凸显了法律预期性主观因的现实意义。法律预期客观因只有借着法律预期主观因，才能使法律预期现实化、实然化。

法律预期性的主观因，如前所述，即指向人们对法律的心理接受，如法情感的需要，法功能感的有用，法利益感的有效，法价值感的良善，法目的感的公正，等等。这些，都在不从层次或层面上构成人们接受法律的主观基础。一般而言，心理接受是人们行为服从的前提，[1] 也是法律预期主观因的内在方面。进而在此基础上，将产生法律预期主观因的第二个方面：行为服从，即人们自觉地服从法律规定——运用法律权利，履行法律义务，遵守法律秩序，维护法律尊严，等等。这是法律预期主观因的外在方面。[2]

显然，这对法律运行而言，是种低成本、高效益的行为。事实上，人们所有的心理接受和行为服从，都有其利益的深切考量，"指引人类决策的所

---

[1] 当然，人们的行为服从不仅以心理接受为基础，在法律实践中，很多时候，行为对法律的行为服从，直接原因不是对法律的心理接受，而是法律的必行性——违反法律，必然会接受法律的强制制裁，符合法律，必然会得到法律的利益保护。即便在法律没有明令或明确规范的领域，人们也可以按照"不禁止即自由"的原理，按权利推定的原则自主行为，法律照例对之以放任性的默许。不过进一步的检讨则是：当人们因为法律的这种言必信、行必果而遵从它时，业已表明人们在心理上形成了对它的规定性认知。反之，如果尽管有法律规定，但实践中违法行为反受庇护，合法行为反受制裁，放任行为不被允许，那么，人们在实践中所遵从的，大半是察言观色、走一步看一步的恣肆和任性，而不是服从于法律。在此意义上，大致可以说人们还是形成了对法律言必信、行必果的心理认同，故其服从行为是建立在心理认同基础上的。

[2] 准确而言，人们的行为总是客观与主管相间的存在。一种法律行为，既遵循法律规定性，也服从人们主观上对这种规定性的认知以及接受程度。对法律认知越到位、接受程度越深，意味着行为服从法律的自觉性越高；反之，则意味着行为服从法律的自觉性较低，甚至行为与法律之间形成反差。法律是种意义目标。人类的行为就应以这一拟制的目标为预期。有关目标与行为的关系，参见[奥] 阿尔弗雷德·阿德勒：《自卑与超越》，马晓娜译，吉林出版集团2015年版，第46～55页。

有法则都指向利益，不可能存在独立于'手段符合目标'的公平法则，否则就乱套了"①。尽管这一结论中把利益和公平多少有些对立的观点走得有些过，但只有在利益基础上的公平，才是实在的，才能满足人们接受法律规定的内在动机——两害相权取其轻，两利相权取其重的人类"好利恶害"本性。② 由于人们普遍的心理接受，以及在心理接受基础上的行为服从，导致了法律整体性的成本节约——本来，法律制定，特别是法律维护本身是成本昂贵的事体。如果法律成为人人自觉接受、遵循、运用和维护的对象，则维护法律的成本自然会大为降低。

既然法律预期性对法律秩序的构造如此重要，那么，法律预期性的源头究竟何在？如何确定？这自然涉及立法理论，同时衍生性地指向法律预期能力这一概念。法律能力一词，给人的直观印象是：它是一个和主体相关的词汇，即只有人——无论自然人，还是拟制人（法人）才有能力可言。法律作为人造的规范，尽管出自人的智虑，但毕竟从人的智虑外化为人们的交往行为规范，就已然是对象化、客体化的。一种对象化、客体化的存在，本质上不具有什么能力，如果其真存在什么能力，那也只能是主体所赋予的。

诚然如此。法律作为人造的交往行为规范，其预期能力是人——立法者所赋予的。准确言之，所谓法律预期能力，就是立法者在立法时，赋予法律这一通过立法所产出的对象以明确、稳定、公正、有序地规范和调整人们交往行为水平的综合表现。自表面上看，法律预期能力与前文所讲的可预期性——法律的规定性似乎是同一事物。确实，两者间具有密切关联，但并非一码事。相较于法律预期能力，可预期性是法律更为一般的概念，是对法律

---

① 桑本谦：《法律简史：人类制度文明的深层逻辑》，生活·读书·新知三联书店2022年版，第51页。

② 这是先秦时期我国不少思想家所秉持的观念。"民之性：饥而求食，劳而求佚，苦则索乐，辱则求荣，此民之情也。"（《商君书·算地》）；"饥而欲食，寒而欲暖，劳而欲息，好利而恶害，是人之所生而有也。"（《荀子·荣辱》）；"好利恶害，夫人之所有也。"（《韩非子·难二》）；"凡治天下者，必因人情，人情者有好恶，故赏罚可用。赏罚可用，则禁令可立而治道具矣。"（《韩非子·八经》）。这也是贝卡利亚论述其犯罪与刑罚观念的基础理论，更是现代法治展开权利义务分配的基础理论，参见［意］贝卡里亚：《论犯罪与刑罚》，黄风译，中国法制出版社2022年版，第5～11页。

的一般要求，因此，它不强调可预期水平的高低——尽管不同的法律，其可预期水平确实存在差异，在不同国家和不同时代，这种差异可谓天壤之别。但法律预期能力却必然指向法律可预期的水平问题。

例如，相较判例法，成文法具有更高的预期能力，因为成文法的形式理性特征更为明显。判例法在遵循先例的原则下，其预期能力毋庸置疑，但它更多地体现为程序上的可预期性。其实质的可预期性因为法官以及陪审团掌握着对实质合理的决断权，因此，相关的可预期每每从对法律的依赖，转向对法官的依赖。这或许是弗兰克强调法律"不是固定的规则，而是官员，特别是法官的行为；不是一个规则体系，而是一批事实"；"法律或者是（1）实际的法律，即关于这一情况已作出的判决；或者是（2）大概的法律，即一个判决的预测"。而卢埃林也强调："那些负责做这些事的人，无论是法官、警长、书记官、监察人员或律师，都是官员。这些官员关于纠纷的事，在我看来就是法律本身。"[①] 而芒罗·史密斯对判例法规则的总结，更是鞭辟入里地揭示了其预期能力的局限："在以规则和原则的形式清晰表述社会正义感的努力中，发现法律的专家们所用的方法一般都是试验性的，判例法的规则和原则从来没有被当作终极真理，而只作为可资用的假说，它们在那些重大的法律试验室——司法法院——中被不断重复检测。每个新案件都是一个试验。如果人们感到某个看上去可以适用的、已被接受的规则所产生的结果不公正，就会重新考虑这个规则。也许不是立刻就修改，因为试图使每个案件都达到绝对的公正就不可能保持和发展一般规则；但是如果一个规则不断造成不公正的结果，那么它就最终被重新塑造。"[②]

尽管这些学者对判例法预期性的论述有些极端，似乎在一定意义上否定了判例法的预期性，但他们的论述，也恰当地揭示了成文法预期能力较之于判例法预期能力更强的特征。因为成文法更多地依赖于稳定、尽管不乏机械的规则，而判例法除了遵循先例之外，更多地依赖于处事"神明"的法官。

---

① 沈宗灵：《现代西方法理学》，北京大学出版社1997年版，第314~335页。
② ［美］本杰明·卡多佐：《司法过程的性质》，苏力译，商务印书馆1998年版，第10页。

如上对成文法与判例法预期能力的简要比较，顺理成章地引出更依赖于成文立法和立法机关的成文法，其预期能力与立法本身的关系。①

可在一般意义上说，法律的预期能力，就是由立法主体赋予的，无论立法主体是专门的国家立法机关，还是判例法的创制主体。自然，在成文法国家，法律的预期能力大致取决于专门立法机关对法律预期的预设。所谓法律预期预设，就是立法主体通过文字以总结、模拟、反映和表达事物关系的规定性的活动。无疑，法律文字贴近事物关系规定性的程度越高，法律预期能力越强；反之，法律文字贴近事物关系规定性的程度较低，法律的预期能力也相应较低。而法律化的文字不反应，甚至与事物关系的规定性背道而驰，法律就丧失预期能力。那么，立法者究竟是如何预设法律预期的？这涉及立法方法问题，下文笔者将以立法者如何预设或设定法律预期为主题，探究一阶立法方法、二阶立法方法、三阶立法方法及其各自对法律预期"赋能"的根据及赋能方向。

二、通过一阶立法方法赋予法律预期能力

（一）立法中的间接经验与直接经验

立法是立法主体运用文字对特殊事物的一般化表达过程。"在立法中，必须始终寻求合理立法的科学要求的最佳表达，反映社会当前的社会需求。"② 众所周知，法律是社会关系的调节者。法律预期性，尽管表现在一套文字规整、逻辑严谨、规范明晰的具体条款上，但归根结底，它只是法律的

---

① 当然，判例法照例存在立法问题，不过它把立法活动和司法活动巧妙地结合起来了，从而在一定意义上司法者就是立法者，形成所谓即"司法立法"——"法院参考了预先存在的习惯，然后进行司法立法"。参见［英］约翰·奥斯丁：《法理学的范围》，刘星译，中国法制出版社2002年版，第186页。所以，在杨兆龙先生看来，英美法系的判例法体系，司法者与立法者的界限并没有那么严格的区分。参见杨兆龙：《大陆法与英美法的区别究竟在哪里？》，载《杨兆龙法学文选》，中国政法大学出版社2000年版，第171~216页。

② J. Svak; B. Balog, "Legislative Culture," *Pravny Obzor: Teoreticky Casopis Pre Otazky Statu a Prava*, 2018, 101 (4), p. 345.

预期可能，是法律预期的必要条件，而非充要条件。只有当这一必要条件恰切地对接了它所调整的对象——社会关系时，这种必要条件才能准备好充要条件。那么，立法如何让文字表达符合社会关系？进而更好地设定法律预期能力？

这涉及立法主体对法律所要调整的对象的观察、总结和规范提炼问题。用人们熟知的话说，立法的这一过程，是典型的"从群众中来，到群众中去"[①]的活动。

所谓"从群众中来"，是指立法者要深入实际，认真调研，以发现"事物关系的规定性"，并把其总结、概括、抽象为规范文字的过程。对立法者而言，这一过程未必一定是直接的，即立法者未必一定要亲自深入具体的事实中去。在很多时候，立法者对相关规定性的分析、了解和把握，反倒来自间接经验。这取决于立法者作为立法专家，其知识范围和认知能力的局限——尽管在现代代议制立法体制下，立法机关的构成者，每个人都有自己独特的知识素养，因之，立法机关作为由个体组成的整体，在知识结构上可以因每个主体知识素养的不同，而实现整体性的知识互补，从而产生"一加一大于二"的效果。不过即使如此，立法专家毕竟不能包办技术专家、人文专家以及其他社会学科的专家对事物关系规定性更为深刻的了解，更不能对主体交往中所有的自然依赖关系、社会依赖关系以及身心支持关系中的所有知识了如指掌，他们甚至"没有足够的知识在任何情况下都能很好地起草草案，在许多情况下，他们必须依靠机构的投入才能使立法语言发挥作用"。[②]因此，在尽量寻求直接经验，掌握一手知识的基础上，不断关注间接经验，认真咨询并听取专家论证，是其学习、认知和了解事物关系规定性的终南捷径。

但是，"从群众中来"自然不排除立法者亲自调研，深入实际，观察了

[①] 这是我们熟知的群众路线。毛泽东曾强调："从群众中集中起来又到群众中坚持下去，以形成正确的领导意见，这是基本的领导方法。"参见《毛泽东选集》（第3卷），人民出版社1991年版，第900页。后来，《关于建国以来党的若干历史问题的决议》将其归纳总结为："群众路线，就是一切为了群众，一切依靠群众，从群众中来，到群众中去。"参见《三中全会以来重要文献选编》（下），人民出版社1982年版，第834页。

[②] Jarrod Shobe, "Agency Legislative History," *Emory Law Journal*, 2018, 68 (2), p.283.

解事物关系的规定性。所谓"纸上得来终觉浅,绝知此事要躬行"①,对立法者而言或许尤为适用。因为立法者不仅要做到自己知,更要以这种知为基础,为法律管辖时空内的所有人立约。在宗教世界中,这种角色,是由神才能扮演的。而在世俗世界,这一角色却位移给立法者担任。这要求世俗世界的立法者,至少应具有一定的圣贤人格(品德)和先知水平(知识)②。但是,知识的来源,不仅需要苦思冥想,更重要的是,它来自人们的实践参与、躬行精神和逻辑反思。特别对和人相关的事实——天人关系、群己关系和身心关系的观察、了解、提炼而言,纯粹苦思冥想的精神历练远不能深入其堂奥。所以,立法者如何深入实际,直接获取事物关系的规定性,就显得尤为重要和必要。

在这方面,我国清末民初立法者的实践可资借鉴。一方面,在清末准备预备立宪中,当局不但邀请立宪国家的学者前来指导,曾两次派出一些朝内大臣出洋考察,其中第一次历半年之久,对西方欧美八国及日本的宪制经验进行实地、认真、严谨的考察,③ 也撬动了实行帝制逾两千年之久的古老国家的现代变革。另一方面,在清末民初民法典的起草制定中,众所周知,当局在全国范围内组织展开了声势浩大且卓有成效的民事习惯调查。④ 这些调查及其成果,至今仍是对我国民事习惯和现代民事法律进行比较研究时不可或缺的重要材料,更是对近代以来我国制度变迁中乡村变迁进行研究的不可多得的参考。⑤

---

① 陆游:《冬夜读书示子聿》。
② 参见[加]普兰尼克:《神立法还是人立法》,载林志猛编:《立法与德性:柏拉图〈法义〉发微》,华夏出版社2019年版,第117~136页。
③ 参见夏新华等整理:《近代中国宪政历程:史料荟萃》,中国政法大学出版社2004年版,第36页以下。
④ 参见前南京国民政府司法行政部编:《民事习惯调查报告录》,胡旭晟等点校,中国政法大学出版社2005年版,第3~1066页;眭鸿明:《清末民初民商事习惯调查之研究》,法律出版社2003年版,第32~240页。
⑤ 笔者指导的硕士研究生朱政(现任湖北民族大学教授)和韩莉丽两位曾以相关报告中所载山东威海营村的习惯为据,考察了彼时和现在相较,该村民事习惯的变与不变。参见朱政:《文登营村传统秩序变迁研究》,山东大学2009年硕士学位论文;韩莉丽:《文登营的秩序与规则——对一位老人的采访》,山东大学2009年硕士学位论文。

可见，不经过或不关注间接经验，就很难做到集思广益，冶于一炉，去观察、总结和提炼事物关系的规定性；同样，不经过深入其中、切身感受的直接经验，则对间接经验的领会就难以深中肯綮、实事求是，并更有效地通过文字表达和提升事物关系的规定性。这两个方面，共同表明立法和法律需要"从群众中来"的基本意指。

而"到群众中去"，则是指一旦立法产出法律之后，就不属于立法者自身，立法者固然要作茧自缚地接受自身立法的规范和安排，但同时，法律更应被运用于规范人们交往行为——保障主体权利、落实主体义务、科以主体责任，并进而构造交往秩序的社会实践中。

后一过程，只有在前一过程落实得扎实、得当、规范与事实吻合的前提下才能更好兑现。在此意义上，"到群众中去"，乃是法律预期能力的检验机制。法律在实践（群众）中被运用、遵守的程度越高，也证明其预期能力越强；反之，法律在实践（群众）中不被运用，也不被遵守，从而被束之高阁，这样，即使其书写得再好，也缺乏实行、必行以及在此基础上使规范与秩序相睦的预期能力。显然，这是一种基于法律运行的后果主义的考量。[①]但这种考量对立法本身而言，并非可有可无。反之，它是立法、法律与实践互动，从而进一步改进、提升法律预期能力的必要举措。

"到群众中去"，显然不是说法律产出后，立法者就可以完全置身事外。法律产出后，立法者有时候固然要置身事外，不能过于纠结于自己的心智成果，从而深度参与其中，导致立法权与执行权、司法权及监督权的混同。但必要的置身事中，却是法律继续得以完善的前提条件。那么，在此情形下如

---

① 参见［英］尼尔·麦考密克：《修辞与法治：一种法律推理理论》，程朝阳等译，北京大学出版社2014年版，第136～163页；王彬：《司法裁决中的"顺推法"与"逆推法"》，载《法制与社会发展》2014年第1期；王彬：《逻辑涵摄与后果考量：法律论证的二阶构造》，载《南开学报（哲学社会科学版）》2020年第2期；王彬：《司法决策中的效用考量及其偏差控制》，载《暨南学报（哲学社会科学版）》2020年第8期；杨知文：《司法裁决的后果主义论证》，载《法律科学》2009年第3期；杨知文：《基于后果评价的法律适用方法》，载《现代法学》2014年第4期；杨知文：《后果取向法律解释的运用及其方法》，载《法制与社会发展》2016年第3期；孙海波：《通过裁判后果论证裁判——法律推理新论》，载《法律科学》2015年第3期；孙海波：《"后果考量"与"法条主义"的较量——穿行于法律方法的噩梦与美梦之间》，载《法制与社会发展》2015年第2期。

何保障立法者在法律反馈中观察法律的预期效果，改进立法和法律呢？这其实也用得着前述间接经验的理念（当然，绝不排除立法者通过直接监督和相关调研活动而置身其中）。

一方面，基于权力分工的近、现代法治理念，立法者不能直接组织法律的运行；另一方面，基于公民和法人等其他社会主体依法自治的原则，立法者不能替公民与法人包办法律的运用和遵守。即使立法者侥幸获得这种至高无上的权力，也会面临立法专家推动法律运行、运用和遵守的知识局限，因此，其对行政、司法、法律监督以及其他公权行为中，法律有没有、能不能规范相关行为的具体情形予以间接观察、了解，对公民、法人在日常交往行为中有没有、能不能运用、遵守法律的情形予以间接关注、研判，就是其了解、掌握、判断法律与事实规定性吻合程度的重要手段，也是进一步设法矫正、补强法律预期性的重要实践基础和根据。可见，立法的结果必须投放到国家机关落实法律的实践中去，必须具体化为公民交往行为的指南，即必须"到群众中去"，才使法律可预期性实然化。这并不意味着立法主体的离场，反之，只要立法者以身在此山外的目光，关注其他主体在执行、运用和遵守法律中的现实境况，就可被看作是对相关实践的间接参与，从而获得了相关的间接经验。并且这些经验足以为立法者更理性地对待既定的法律，检修法律运行中出现的问题，提供有效可靠的参照。即使立法者所掌握的相关信息是残缺的、片面的，甚至失真的，也能促动立法者进而更全面地积累、了解、掌握、补强相关信息。换言之，应允许立法者了解残缺的、片面的，甚至失真的信息，但是不能允许立法者面对法律运行的种种信息而置身事外。否则，法律预期性在法律运行实践中所面临的种种问题，就不可能被发现并修正。

当然，立法者或者以权力制约者的身份（"三权分立"体制下），或者以法律监督者的身份（"议行合一"体制下）直接参与到法律的运行，履行其法律使命，并从中直接参与、观察、发现法律预期存在的问题。如我国全国人大及其常委会和地方各级人大及其常委会以宪法和法律监督者的身份，定期或不定期（专项）地展开的执法大检查，以及对执法活动和司法活动中的特定事件所展开的质询等；再如西方推行三权分立的国家，作为立法主体的议会对政府行政行为和法院司法行为的分权制约等，[①] 都是通过直接参与来观察、了解、把握法律运作的实践，并反馈到其进一步完善法律预期的活动中。

可见，立法者"到群众中去"，既是其法律制定后，从纯粹的规范，转换为规范事实——人们依据法律交往行为的活动，也是立法者直接或间接地参与法律的执行、运用、遵守的活动，以观察法律预期的实践效果，发现法律预期缺陷，并检修法律预期的活动。在此，立法者对间接经验的参照、汲取和其直接经验一样，都是观察法律预期缺陷，检修并完善法律预期，提高法律预期能力的必要举措。立法中的间接经验和直接经验，只是立法者创设、修正、补强或完善法律预期的前提。在此前提下，立法者还必须遵循一定的价值和技术标准，才可能更为妥帖地预设、修订、完善和补强法律预期。

（二）一阶立法方法及其任务

综上所述，立法首先面对的问题，是要在纷繁复杂的社会事实中发现并提取事物关系的规定性，并进而将相关规定性提升为法律的内容。这一过程，需要立法技术发挥作用于其中。笔者对其权且命名为"规定性归纳技术"，即立法者通过深入调研、搜集材料、分析归纳、提升总结，最终发现法律所要调整的对象的规定性。这一技术，即一阶立法方法。

尽管法律调整的对象是纷乱芜杂、不一而足的，但其所调整的每种事物，不是无章可循的，反之，任何一种对象，一种社会关系都有其独特的内在规定性。例如，买卖关系的内在规定性是：双方主体、平等自愿、等价有偿、互通有无、各取所需。赠与关系的内在规定性则与此大异其趣：虽然也是双方主体，在一定意义上也以自愿为前提，但主体之间不存在等价有偿关系，反而必须无偿赠与；不存在物质上的互通有无和各取所需，只存在一方（赠与人）向另一方（被赠与人）的单向馈赠。掌握了这样的规定性，就意味着

---

① 参见［英］戴雪：《英宪精义》，雷宾南译，中国法制出版社2009年版，第115~420页；程汉大：《英国政治制度史》，中国社会科学出版社1995版，第177~298页；马岭：《论议会权力》，载《海峡法学》2010年第6期；李栋：《英国宪政的精髓：议会主权与司法独立相结合的宪政体制》，载《法学论坛》2012年第2期。

掌握了把相关社会关系纳入法律调整的前提。易言之，只要某种对象、某种社会关系已被纳入法律麾下，成为法律调整的对象，那也就意味着立法者大致掌握了其内在规定性，立法者寻找、发现相关事物关系的规定性的任务就告完成。

表面看去，事物关系的规定性就放在那里，不增不减，不多不少；事物关系的规定性也不以人们的好恶为前提，不以人喜，不因物悲，从而它是客观的，是不随人们的意识和意志而转移的，是相对确定的。既然如此，则只要人们遵循事物关系的规定性，按照普遍的趋利避害意识和原则来选择自己的行为就足矣，那为何还要立法者耗时费工、多此一举地专门去发现和提取什么事物关系的规定性，并把其升华为人们交往行为的法律呢？

诚然如此，事物关系的规定性是客观存在的，但客观存在的规定性，只有被人们发现、认知，并由自在事实、经验事实而升华为理性事实之后，才能通过人们自觉的，而不是自发的力量把握、驾驭、利用事物关系的规定性。否则，人们对事物关系的规定性的依从，就只能是感觉的、摸着石头过河的自发力量的结果，就是那种"法自然"的自然命令的结果，而不是在对对象规定性理性认知基础上的"自然法"[①]观念，更不是用这种观念去关照、约束实在法。所以，仅仅依从事物关系的规定性，不过是福来顺享、逆来顺受，它否定了在自然规定性面前的主体能动和反思的精神力量。

这样一来，究竟以顺世论的观念得过且过地接受和服从事物关系的规定性，还是以能动论的理念认真观察、研究、辨识、选择、利用、引导事物关

[①] 诚如老子所言，"法自然"乃是"人法地、地法天、天法道、道法自然"的活动，是"天人感应"这种自然与人灵性互动的经验式的、神秘主义的表达，它虽然缔造了一种顺势而为、听任自然的理念，但模糊了先验世界和经验世界、神灵世界和世俗世界、理性世界和感性世界的区别，这导致"法自然"不是、也不可能是实在法正义与否的衡量标准，反而混淆了自然规定性和实在法的内在关系。而"自然法"则不同，它自始强调与实在法的相对性，从而使实在法尽量趋近于理性、正义和主体权利，进而，自然法是实在法的制约因素，人类的法律，不应是"因任自然"，而是以自然法所内涵的权利与正义，衡量实在法趋近于正义的程度。参见梁治平：《"法自然"与"自然法"》，载《中国社会科学》1989年第2期；薄振峰：《中国法自然观与西方自然法思想论析》，载《江淮论坛》2000年第1期；陈晓枫等：《"自然法"与"法自然"的文化分析》，载《法学评论》2002年第6期。

系的规定性？在一定意义上，这既是一种具有认识论意义的事体，也是一种具有人类整体价值观意义的事体。固然，人们的价值观是多样的，但立法者面对事物关系的规定性，不是无原则地顺从之，而必须理性地观察、认知并通过法律而表达之。因为立法者要"为生民立命"，为交往立规，为合作立矩。显然，这只能是取向于能动论的认识活动，它要求立法者面对法律所要调整（需要法律调整）的事物时，只能在有效观察、认知、总结其规定性的基础上，来升华规则。

立法者对事物关系规定性的这种观察、认知和总结活动，是一阶立法方法的重要方面。在这方面，立法者是多面手，是具有一定意义的全能的人物。因此，在神学家笔下，为人类立法的，是上帝、神灵；[1] 在哲学家笔下，立法者是哲学王、理性者；[2] 当然，现时代的人们，更为熟悉的是法律的契约特征[3]或权威命令属性[4]。当然，作为个体的立法者，无论他是君王，还是学者，都不可能是全能的。因此，近代以来，代议制立法以及代表来源的多元性，导致立法者的知识素养也越来越多样——科学家、艺术家、社会活动家、政治家、人文学者、社会学者等。立法机关的代表知识素养的多元性，整体性地提升了立法者的素质，使立法者在历史的某个横切面上，具有一定的全能性。

指出立法者的这种全能性，仍然是为了说明一阶立法方法的基本使命，就在借助立法主体整体上全能的知识素养，使事物关系的规定性尽量全面地、准确地、从而有效地呈现于法律规定中。立法机关的代表中，自然科学家对

---

[1] 不仅不同宗教世界的教法学家们强调法律乃神灵为人们所造，人不能为自己立法，即使探究世俗世界权威与秩序的伟大思想家们，也每每把其对法律的论述，尤其有关权威的论述，付诸神灵。参见林志猛编：《立法者的神学——柏拉图〈法义〉卷十绎读》，华夏出版社2013年版，第117页。

[2] 如德沃金就把立法者的任务交给哲学家，一如柏拉图主张哲学家当国王。参见[美]德沃金：《法律帝国》，李常青译，中国大百科全书出版社1996年版；再如阿列克西就强调法律是理性的制度化之呈现。参见[德]罗伯特·阿列克西：《法：作为理性的制度化》，雷磊译，中国法制出版社2012年版，第1~28页。

[3] 参见[英]霍布斯：《利维坦》，黎思复等译，商务印书馆1985年版，第102~292页；[法]卢梭：《社会契约论》，何兆武译，商务印书馆1963年版，第21~25页。

[4] 参见[英]约翰·奥斯丁：《法理学的范围》，刘星译，中国法制出版社2002年版，第2~41页。

于天人关系规定性的揭示与阐释，经济学家对于经济人本质以及相关的成本效益关系的揭示与阐释，社会学家对于人类交往模式、合作方式和秩序模式的相关揭示与阐释，心理学家以及人文学者对于人类身心关系的揭示与阐释，历史学家对于社会发展规定性的揭示与阐释，伦理学家和法律学家对于社会规范以及基于规范基础上的纠纷解决的揭示与阐释等，虽然在某一视角上参与对具体问题的分析，但它们的加总，最终形成立法者的全能。当然，这种全能是相对的、有限的，但只要作为组织的立法主体存在，就意味着立法者由单个主体充任的那种恣情任性得到制约，立法者整体性地对事物关系的规定性的调研、探析和揭示得到强化。这种情形，兼之立法者对间接经验或知识的甄别、吸收和运用，完整地展示了一阶立法方法所指向的基本任务和内容，同时也展示着"规定性归纳技术"这个一阶立法方法的基本要义。

三、通过二阶立法方法设计法律预期能力

（一）二阶立法方法及其任务

然而，作为规定性归纳技术的一阶立法方法，只能发现事物关系的规定性，尽管在此基础上，立法者有可能将其直接升华为法律的规定性，但并不总是如此。如果总是如此，那立法者毋宁是以事物关系的规定性替代了法律的规定性。可不得不说的是，事物关系的规定性，有些是直线型的，对此，直接升华为法律的规定性，并无不可。但问题在于，事物关系的规定性，每每不是单面的、直线型的。很多时候反倒是多方面、多层面和交互性的。尤其当我们突出事物关系的规定性，而不是事物规定性时，业已表明所观察的重点是关系本身。所谓关系，就意味着两个或两个以上事物间的交往、互动、互助与互足。这一过程，乃是以主体——个体的独立为前提的，然而，独立的自我很难照例能够独立地自给自足。因此，关系性、相互性的互助就甚为必要。[①]

[①] 参见江山：《互助与自足——法与经济的历史逻辑通论》，中国政法大学出版社2002年版，第245~374页。

剖析事物关系的规定性中"关系"的重要性，进一步引申的是"关系"的复杂性。即"关系"的规定性常常会呈现出多面性、多层性和冲突性。具体到自然对象的规定性，尽管具有唯一性，但只要这种唯一性投射到主体需要的领域，展现为"天人关系"，并转进为"群己关系"时，就必然会呈现出复杂、多面和冲突的情形——因为它们被结构在复杂的价值需要体系中。如人类的同性繁殖在技术规定性上已不存在困难，人类业已掌握了该技术。但一旦涉及这种规定性和人类需要规定性之间的关系时，技术规定的单面性，就变为需要规定的多元和复杂局面。这正是经由同性繁殖的"多利羊"成功诞生后，在世界不同国家的法律上引发种种不同规定的缘由；① 也是贺建奎运用"基因编辑技术"产生的三维孩子来到这个世上时，不但引致全球性的学术伦理争议（法学界也积极参与），而且在法律上，依法判处贺建奎有期徒刑。② 这足以昭示单面性的自然事物的确定性，一旦与人们的需要遭遇所呈现的复杂性。

至于纯粹的社会关系，它自始就是与参与其中的人们的需要和价值休戚相关的领域。因此，"关系"就意味着价值和需要，以及由此而生的交往事实的多样、多元。多样和多元的价值与事实，可能是通过交换性的互补余缺而融洽相处的，也可能是针尖对麦芒、互不相让、你死我活、难以融洽地存在的。对立法者而言，前者好办，因为很容易找出它们之间的契合点，因此，

---

① 该"事件"于1997年发生后，不少国家通过法令作出了迅速回应，其中美国时任总统克林顿于当年3月4日下令禁止人体克隆试验；意大利时任卫生部长罗萨丽娅·宾迪于当年3月5日宣布，将暂时禁止任何形式的同人体或动物克隆有关的试验；"日本学术审议会于当年3月9日决定禁止用公款从事与人体相关的一切克隆试验"；当年3月6日，以色列犹太教前首席拉比以色列·芬按照犹太教律令禁止克隆人。另外法国、巴西、英国、丹麦、阿根廷、印尼以及欧盟和世界卫生组织等呼吁禁止人体克隆试验。

② 该事件前后，我国法学界发表的相关重要论文有十多篇，如郑戈：《迈向生命宪制——法律如何回应基因编辑技术应用中的风险》，载《法商研究》2019年第2期；朱振：《反对完美？——关于人类基因编辑的道德与法律哲学思考》，载《华东政法大学学报》2018年第1期；王康：《人类基因编辑多维风险的法律规制》，载《求索》2017年第11期；石晶：《人体基因科技风险规制路径的反思与完善——以宪法与部门法的协同规制为视角》，载《法制与社会发展》2022年第2期；赵鹏：《生物医学研究伦理规制的法治化》，载《中国法学》2021年第6期；贾曼等：《欧美基因编辑技术法律规制现状与借鉴》，载《世界农业》2017年第9期。

在规范预设上不存在什么难题。但后者却极为难办,因为立法者面对多元价值和事实时,必须从中作出取舍。因此,前述一阶立法方法再无法为这里的工作出力效劳,必须进入二阶立法方法。所谓二阶立法方法,就是在冲突的、难以共存的社会价值和社会事实面前,立法者进行价值选取和事实抉择的方法。由于这种选取和抉择,事关在相关法律管辖的时空范围内无数人的利害关系和行为选择,因此,立法者的选择,自然是一个战战兢兢、临渊履薄的活动,否则,立法不但无益于人们交往行为和社会秩序的建构,而是适得其反。

可见,二阶立法方法的基本使命,就是要面对事物关系规定性中价值与事实的对立性冲突予以抉择、选取,从而设法在冲突的价值和事实间作出妥善的抉择和安排,以尽量减少不加甄别、不予选择地直接根据事物关系的规定性来立法(把事物关系的规定性复写为法律)所不可避免地带来的法律预期冲突问题。立法者的相关选取和抉择,自然意味着其自身也被拖入冲突的价值和事实中。立法不但不置身事外,而就是冲突价值和事实的参与者,不过,与其他参与者相比,他具有一言九鼎的决策权力。他的选择,是特定时空内价值和事实冲突的最终选择,除非对相关选择(立法)进行再选择(法律修改)。立法者依赖二阶立法方法,就是要通过其价值和事实选择,不但更多地赋予、安排法律的预期能力,使法律更有效力,而且促进法律预期能力的现实化,使法律更有实效。

法律有没有实效以及实效究竟有多大?法律的实效究竟在多大程度上反映其效力[1]?这是法律预期性研究的重要话题。一般的原理是:法律实效与法律效力的吻合程度越高,意味着法律预期能力越强;反之,法律实效与法律效力的反差越大,则意味着法律预期能力越弱。在一定意义上,法律效力,就是立法者对法律的预期设定,即法律预期性;而法律实效,则是法律预期性的实践表达和展示。当然,这并不意味着法律效力概念就可以替代法律预

---

[1] 有关法律效力及法律实效的具体论述,参见张根大:《法律效力论》,法律出版社1999年版,第159~280页;谢晖等:《法理学》,高等教育出版社2005年版,第261页。

期性概念，也不意味着法律实效概念，就能够替代法律预期的实践表达。因为它们所表达的，毕竟有并不相同的实践范围和领域——法律效力和实效都具有法律对社会关系调整的"单面性"，而法律预期及法律预期实践则明显具有法律和其调整对象的互动性或相互性。

如前所述，预设法律预期，是立法活动通过一定的理念和技术，赋予法律对人们交往行为预期功能的活动。由于法律对于特定时空中的主体具有普遍规范性，因此，法律预期预设本身理应遵循一定价值理念，并对相关对立的事实（对立的事物关系的规定性）抱有明确的、不容含糊的态度。众所周知，人们社会需要的纷繁复杂及其内部的相互冲突，致使人们的行为选择很难做到完全融洽相处，反之，立法所面对的价值和事实，往往不但是多元冲突的，而且是难以共存的。但人们的行为在这种冲突面前必须有统一的遵循或判准，社会秩序才能建立并维系。这是全部立法的使命所在。如果社会价值和事实即便有冲突，但是能够自发地趋于和谐时，也就用不着立法的选择和二阶立法方法，因为一阶立法方法已然能够处理相关问题。但事实却并非如此。所以，为了突出法律的预期能力，面对难以共存的多元价值和事实，立法应遵循如下三种具有明显不同的基本理念，即或包容，或优先，或排除。

（二）宽容原则与价值（事实）兼顾

法律作为众人应当信守的交往规范体系，自然应表达众人的价值追求。然而，"萝卜白菜，各有所爱"。对众人而言，价值追求从来是言人人殊。所以，价值总是多元的，因之导致的事实照例是多元的。在学理上，价值多元论（主义）是与价值相对论相伴生的一个概念，这自然也意味着它与价值绝对论是相反对的概念。[1] 在价值和事实多元理念下，立法者究竟如何处理多元的、矛盾的，甚至有时对立的价值和事实？这显然是法律能否得到公众接受并提升其预期能力的重要话题。特别是，法律的特征之一是定于一尊的，且其一旦制定，就应保持安定性，以便人们的交往秩序得以保障，在此意

---

[1] 参见刘幸义主编：《多元价值、宽容主义与法律——亚图·考夫曼教授纪念集》，五南图书出版公司2004年版，第562页以下。

上，它是倾向于价值绝对论的。而价值与事实多元论及与其伴生的价值与事实相对论，尽管宽容多元价值和事实，但对价值与事实绝对论——这种不宽容的事体，并不能保持"伦理开放空间"①，即不能宽容不宽容者。这决定了法律宽容价值和事实多元的基本的度或界限。

然而，如果我们把法律当作国家或国际社会运作的一个整体，则法律对多元价值和事实能否宽容，从而在此宽容基础上能否增进法律的预期能力，在实质上不是宪法和法律之下（内）的问题，而是立宪和立法的问题——尽管在现代法治社会，所有立宪和立法活动都是依法展开的作业。即在宪法和法律尚未产生时，立法者就应抱有价值和事实宽容的一般理念，而不应受一种先于法律的"主流价值"或"正确事实"之左右，否则，就不但不能做到在立法中赋予法律以价值和事实宽容，而且还会因此形成法律的价值与事实专横，从而最终影响人们对法律的接受，影响法律的预期能力。

但是，毕竟价值和事实多元，可能意味着价值冲突与事实对立，或者至少存在着价值与事实不统一。可众所周知，法律与之相反，必须强调在一定时空内的统一。这样一来，法律统一与价值和事实多元，进而法律同一性与立法和法律的价值（事实）宽容性之间，势必存在冲突和对立。因此，立法要做到价值（事实）宽容，就不得不在社会价值和事实基础上，寻求通过规范的价值通约和事实通约。这对于法律调整的有些对象，如天人关系、身心关系而言，是好办的，因为这些事实的规定性是客观的，容易被立法者所把握。因之，立法只要遵循凡是符合，或者能够被天人关系及身心关系的规定性所容纳的价值和事实，都在立法者及其法律的宽容之列。反之，则不能被

---

① "伦理开放空间"，是笔者借用的一个概念。有学者以法律及其伦理内容为基点，把相关空间三分为法律伦理空间、伦理开放空间和法外空间："假使我们确定了包含伦理的法律秩序的范围的界限的话，那价值多元论在国家法律秩序内有何意义将是清楚的。此范围之外即是法律伦理的开放空间。在此空间内，伦理问题系透过社会道德、社群道德或是其他的道德审级来决定。法律伦理开放空间不可与法外空间的可能性混淆。"参见刘幸义主编：《多元价值、宽容主义与法律——亚图·考夫曼教授纪念集》，五南图书出版公司2004年版，第563页。笔者以为，作者把"法律伦理开放空间"安置在法律之外，交由其他社会规范调整的观点，事实上大大缩小了法律伦理自身的涵摄空间。只要我们认真对待权利，对待权利推定理论和理念，那么，"法律伦理开放空间"何尝不是"法律伦理空间"呢？

法律宽容。

之于群己关系，这种程式化的简单判断大体上也是有效的。但问题在于群己关系本身的规定性，在很大程度上是受文化和价值左右的事实——是客观事实、价值事实和主体精神事实的统一体，即便更加客观的天人关系和身心关系，一旦被群己关系所吸纳或结构，就不可避免地领有了精神价值的特质，因此，价值和事实多元性，在群己关系中更加彰显。多元价值和事实的矛盾、冲突，甚至对立，对立法宽容是个严肃且重大的挑战。立法者如何才能做到对冲突的价值和事实予以宽容，如何做到以统一的规范吸纳矛盾、冲突，甚至对立的价值和事实，并且心悦诚服地接受之？这诚然是一个重大的技术难题。

克服这一难题的钥匙，是在多元的价值和多元的事实中，寻求规范化的价值通约和事实通约，即法律能够通约性地表达、规范和实现多元价值，表达、规范和保护多元事实。法律规范是多元价值和事实的公约机制。以宗教信仰为例，有些宗教的教义和教徒崇尚偶像崇拜；有些宗教的教义和教徒则坚决反对偶像崇拜，唯一神灵之外，再无其他神圣；还有些宗教的教义和教徒虽然也尊崇非偶像崇拜，但崇拜对象不是唯一的，而是圣父、圣子和圣灵三位一体的。从而为偶像崇拜开了个口子。在修行上，有些宗教强调精神的轮回转世和生生不息；有些宗教却信奉只要修行到家，肉体和灵魂可以双不朽；还有些宗教则坚持神人两分，神是绝对的，人是相对的，人再修行，也做不到不朽，不朽的只能是神灵。

如面对不同的信仰和修行冲突，在法律上做不到宽容以待，只能招致无尽的社会冲突和人间灾难。应如何在法律上宽容其各自的价值信守和修行选择？只有法律规定其公约和共存机制，它才能被不同的宗教和教徒所接受，并产生预期效果。其公约和共存机制是什么？对此，我国《宪法》（2018修正）第36条规定："中华人民共和国公民有宗教信仰自由。任何国家机关、社会团体和个人不得强制公民信仰宗教或者不信仰宗教，不得歧视信仰宗教的公民和不信仰宗教的公民。国家保护正常的宗教活动。任何人不得利用宗教进行破坏社会秩序、损害公民身体健康、妨害国家教育制度的活动。宗教团体和宗教事务不受外国势力的支配。"

以上规定，形成两个视角的价值共识。第一，权利共识。即其一，信教或者不信教，信教者究竟信仰哪种宗教，是公民权利范畴，由公民自愿选择，公民可拒绝一切对合法宗教信仰的干预行为，哪怕这种干预来自国家机关。其二，自主管理宗教团体和宗教事务，属于国家主权范围内的事，国家有权拒绝外来势力的支配。第二，义务共识。即其一，不歧视义务，信教者和不信教者，信此教者和信彼教者相互之间都不得歧视对方。其二，不越轨义务，信教者不得借教而破坏社会秩序、影响社会（特别是族群）团结，损害他人健康，妨害国家教育。其三，保护义务，国家有义务保障公民的信教自由。此种权利共识和义务共识，基于自由和权利原则，兼顾了在信教问题上的不同价值，实现了不同宗教在法律框架内的和平共处、和谐交往、价值互补和事实通融。① 在规范明示的价值和事实可接受基础上，提升法律的预期能力。

（三）优先原则与价值（事实）识别

价值和事实多元，并不意味着不同的价值、事实之间是等值的、均布的、没有轻重缓急的。现实世界确实有等值、均布和轻重缓急不明显的价值及事实，但也存在与之不同的价值及事实。例如，社会弱者与强者相较，应坚持弱者优先原则，尽管法律对强者的价值主张和权利要求决不能听之任之。这就是何以有专门的《消费者权益保护法》，而对商品生产者和销售者制定明显加诸其更多义务的《产品质量法》的缘由——与生产者、销售者相较，消费者总是弱者。这也是国家何以专门制定《老年人权益保障法》《妇女权益保障法》《未成年人保护法》的缘由，因为这些受法律保护的主体，照例通常是社会的弱者。这明显体现着弱者利益优先的法律保障原则。

---

① 对此，笔者在青海的一次调研中深有感受。青海，特别是西宁，是一个多民族、多宗教荟萃之地。有一次，傍晚过后，东关清真大寺的灯光亮起，分外庄严又绚丽。三位穿着红色袈裟的佛教徒路过，一会儿抬头仰望，一会儿单膝跪地，举起照相机认真拍摄。那和谐的一幕，一直深深地留在我的脑海中。

因此，在价值和事实宽容原则的基础上，摒弃均布主义的立法旨趣，根据影响大小、轻重缓急，按照某种"比例主义"的权利义务分配原理，可动态地调整相关价值、事实及其社会关系，就是立法预期性安排中又一需要关注并遵守的原则。这一原则，即多元价值及事实在立法安排上的优先原则。具体来说，这一原则是指在多元价值和多元事实并存的背景下，立法者在遵循宽容原则的前提下，根据价值和事实的影响大小、范围、轻重来安排法律调整的优先顺位，从而使法律更具有可接受性，并增进法律的预期能力。

且以我国当代法律对历法的定制为例。众所周知，时间是法律的一个重要向度。法律不但运行在一定的时空中，而且对时空常有专门的规定。譬如计时问题，究竟以什么为标准。这是和历法相关的话题。而我国作为一个历史悠久、族群众多的大国，各民族中存在着多样的历法。除了人所共知的阳历（公元历）和阴历之外，尚有回历（来自阿拉伯，我国10个信仰伊斯兰教的民族在日常生活中多用这一历法）、藏历、傣历、水历、彝历（太阳历）、集圣历（白族）、苗历（古苗历）以及一些民族（如傈僳族、鄂伦春族、普米族等）使用的自然历等，可以说，在计时历法问题上，不同民族各具特色，各有千秋。其中如上绝大多数历法，仍在这些民族的日常生活中规范着人们的生产、生活和交往。① 特别是在涉及与节日、生日等相关的节庆活动中，不同历法在不同民族中的作用更形显著。

历法如此地多元并存，一方面，有利于彰显文化的丰富多彩，体现不同民族在生活和生产中的自治。另一方面，面对在市场经济熏陶下的陌生人交往模式，面对业已跨区域、跨国界的主体交往事实，如果在多元并存的历法面前，不能产生公用的一种历法作为一般交往时的计时定制，那么，人们交

---

① 有关我国少数民族天文学及历法的研究，参见陈久金：《中国古代天文历法》，青海人民出版社2022年版，第4~190页；黄明信、陈久金：《藏历的原理与实践》，民族出版社1987年版，第122~267页；陈久金等：《彝族天文学史》，云南人民出版社1984年版，第59~175页；陈久金等：《贵州少数民族天文学史研究》，贵州科技出版社1999年版，第25~327页；陈久金：《中国少数民族天文学史》，中国科学技术出版社2008年，第74~649页。

往的效率将大打折扣——人们不能指望不同族群、不同国家的人民在签订和履行合同的时间上，各自按照本族或本国固有的历法进行解释，那样，在形式上，不可能达成统一的交往标准；在实质上，则各行其是，而不是相互接受的合同行为；在效力上，更使法律丧失了基本的预期——预期本质上是直接关涉时间的概念，尽管在结果上，它也必然关涉权利、利益以及物质性的财产和精神性的非物质财产等；在实效上，不但无益于组织和构造人们交往的秩序，而且使得秩序愈加混乱。

因此，跨区域、跨国界的陌生人交往，需要不同的民族成员打破既有的族内交往的时间规则，寻取人们在相关交往中能够共同接受的交往规则，更需要立法者在法律制定中，斟酌、选取不同族群都能接受的历法，作为优先考虑的法定计时标准和工具，以便使法律具有更广泛、更持久、更容易被人们所接受的预期性，提高法律的预期能力。

那么，在如此多元的历法中，立法者究竟如何优先性地选择一种不同族群所共同接受的历法，作为公共的计时工具？这涉及对多元价值和事实的识别话题。在相关识别中，科学、普遍以及习以为常，都是立法者要深入考量的问题。为什么我国这样人口众多、历史悠久、历法也出众的国家，优先并最终选择了以公历作为计时的法律标准？这既取决于近代以来公历在全球范围内的普遍应用以及以公历所建构的世界时间秩序；也取决于公历和我国固有的其他历法相比较的科学性；还取决于工业、分工和商贸社会对时间的内在要求。

需强调的是，虽然立法赋予我国法律的计时标准是公历，从而公历被优先地作为我国的计时工具，但它并不排斥农历和其他民族的历法在族内行为中的效力。特别和民族传统相关的节庆纪念活动及假日规定的计时[①]，尽管在形式上不可避免地运用公历计时（如2022年的除夕在2023年1月22日），

---

① 我们知道，我国目前全国和全民性的法定节日，除五一国际劳动节、国庆节、元旦节三个是以公历计时外，其他诸如春节、元宵、端午、中秋、除夕都是以农历计时。而各少数民族的法定节日，大都以该民族的历法为计时根据和工具。对我国节庆起源的科学研究，参见陈久金等：《中国节庆及其起源》，上海科技教育出版社1989年版，第1~200页。

但在实质上，却以不同民族的历法作为节庆的实际计时标准。这样，优先原则并不否定与公历多元存在的其他历法，反而在强调公历优先时，明显坚持兼顾其他的理念。这种"优先—兼顾"模式，正是在法律预期预设中，立法者面对多元价值和多元事实时，为避免冲突、突出共识、强化法律预期能力所采用的基本技术，自然，也是立法者在进行价值识别和事实识别，为优先选择做准备时，理应坚持的态度。否则，就不是法律预期预设的优先原则，而是下文将要论述的排除原则了。

（四）排除原则与价值（事实）否定

上述优先原则，乃是宽容原则的一种变通形式，它不但不否定宽容，而且在坚持经过比较而选择的价值和事实优先的同时，对其他价值和事实保持兼顾、开放的精神。然而，在多元价值和事实中，不是说任何一种都值得宽容并能够宽容。自然界还有一个适者生存、优胜劣汰的问题。人类社会就更是如此。精神主体的特质之一在于他能区分善恶、是非。善恶主要针对价值问题，是非主要针对事实问题。善恶和是非是不能兼容的。特别在法律上，如果允许善恶、是非的兼容，无疑会使得法律丧失规范导向性，从而也丧失预期性。法律不但不能判断是非，裁决纠纷，反而成为是非和纠纷的根源之一与集大成者。这种法律，不但不具有构造主体交往秩序的能力，反而会成为社会交往秩序的解构者和破坏者。事实上，若法律奉行无界限的所谓"宽容"，不但等于没有法律，甚至还不如没有法律。一切皆可，意味着一切皆不可。如此，还要法律作甚？所以，有学者指出："宽容固然兼具德行、态度、理念……的性质，它作为伦理和理性的原则……之一，应无疑问。但该原则是否应有例外？或者宽容是否应该有其界限？无界限的宽容，就私的领域上，是否会形成纵容、自我扭曲、伪善、滥情甚至滥权的借口与装饰品？在公的领域上，是否会挑战纪律、秩序、权威甚至公平正义？特别是，应否对宽容有敌意的人或对视宽容为无物者（包括个人、团体、国家）予以宽容……或者是'自由的敌人没有自由'，从近代政治历史经验言，吾人已因无知、恣意或不善于处理此种宽容，已付出相当代价。"①

事实上，对任何价值和事实都能保持一种兼容并包，即便是神灵也无能为力。所以"神话所描述的神匠结合了全能和理智，在其统治下，不会丧失任何一'部分'。因为，他不需要牺牲或丧失任何'部分'。这个神能同时关心部分与整体，不用牺牲任何一个。尽管如此，这位神匠规定的私人和公共利益依然神秘，但合理地引出了所有这些问题"。②

什么是排除原则？笔者以为，它是指立法者在立法时，对多元价值和事实中不能与其他价值和事实共处的内容规定其非法性，并且其一旦出现，就通过相关法律强制制裁手段予以处置。只有如此，才能既张扬法律的价值导向，又凸显法律的行为规范，即法律获得对善恶、是非的判断能力，进而给人们的行为选择——做或不做、如何做提供一种行动预期。只要符合法律价值和事实的导向，其预期结果必然是得到法律的肯定和保护；反之，其违反法律的价值和事实导向，其预期结果必然是法律的否定和制裁。可见，失却对有些价值和事实在法律上的排除和否定，法律也就自觉地抛弃了预期性。所以，法律预期设定中的排除原则，本身是法律预期性的题中应有之义。

那么，法律所不能宽容的内容究竟是什么？对此，我们可以有个基本的结论，即对不宽容者不宽容。这一结论，至少可从如下两方面来理解：

第一，某种价值或事实客观上与更多、更大的价值和事实不兼容，从而成为法律否定的对象。排除原则所面对的价值和事实，并不是不存在，不是立法者的想象，相反，它是客观存在的。例如，男尊女卑的观念以及生女而弃之的事实，在客观上都是存在的。但这种观念和事实，与人们生而平等的价值以及人人都享有父母之爱（父母的抚养行为）的自然－伦理事实间明显不能兼容。如果允许这种价值和事实存在，那就意味着平等价值和父母慈养

---

① 李振山：《论宽容与宪法》，载刘幸义主编：《多元价值、宽容主义与法律——亚图·考夫曼教授纪念集》，五南图书出版公司2004年版，第409~410页。

② [美] 维特克：《不宽容之福》，马勇译，载林志猛编：《立法与德性：柏拉图〈法义〉发微》，华夏出版社2019年版，第202页。引文中"引出了所有这些问题"，是指雅典人对全能的神灵的一些异议，即神灵是否真会动怒，从而对有些价值和事物不宽容，并施以必要的惩罚。

事实的不复存在。就意味着女性成为男性的附属，抚养行为可以放弃变成常态。

第二，当两种价值或事实不可得兼时，也是最需要认真抉择和选取的。我们知道，"两利相权取其重，两害相权取其轻"，这是自古以来就奉行的利益权衡标准。立法者面对这种情形，只能决绝地选择能够和其他价值及事实包容的方面，坚决反对、否定、摒弃那种反人类、反自由、反道义的"价值"和事实。即通过法律安排其为非法行为，并规定惩罚、制裁机制。只有如此，法律才能给人们日常交往行为的选择取舍以指引。立法者正是通过放任（权利）、必为与必不为的肯定（义务）以及对违反必为与必不为的否定（违法与惩罚）来排除那些与公认的价值和事实不能兼容的方面的。

归根结底，面对社会价值和事实，立法者的任务，就是要最大限度地宽容所有能够共存的、可以并行不悖的价值和事实，从而使法律预期能力得以尽量扩展；在多元价值和事实面前，立法者应当分清轻重缓急，因此，即使对能够共存的、并行不悖的价值和事实，也要分清优先和随后的保护关系；而对那些与大众公认的价值和事实无法共存的内容，立法者必须采取断然的排除机制，安排相关行为为违法，甚至犯罪，并经由法律的强制处罚予以校正，进而通过法律给人们的行为选择及其后果以明确信号，从而法律规定就是人的行动预期。

那么，法律一旦设定预期，是不是就能一劳永逸地满足人们的行动预期呢？法律预期，特别是法律的不同预期目的①之间，是否会存在冲突呢？显然，前一问题不可能被肯定，后一问题不可能被否定。只要法律预期本身存在不同的方面，就一定会在不同的倾向上或价值上产生冲突，这就要求立法必须对可能出现的冲突有所预期，并预备救济工具或技术。只有这样，才能在前述一阶立法方法及其导致的法律预期性基础上，推出二阶立法方法，并

---

① 笔者撰文强调在价值或目的上，法律有三种预期，且分别由不同的法律规范调整这些预期，即"免于恐惧的人类秩序预期""向往自主的人类自由预期"和"寻求公道的人类正义预期"。它们的规范预设大体上分别是义务、权利和责任。参见谢晖：《论法律预期目的及其规范预设》，载《东方法学》2022年第5期。

在法律运行的动态冲突体系中，预设法律价值（预期目的）或事实冲突的救济技术，从而在立法上动态地、持久地提升法律的预期能力。这里涉及三阶立法方法。

四、通过三阶立法方法补强法律预期能力

（一）立法后法律预期冲突与三阶立法方法

立法为人们的交往行为下定义，供指引，定导航。一旦立法明令，则法律管辖内的所有主体，皆循立法的定义、指引、导航而行事。不如此，就不足以法治。即使立法者，照例如此。这就是立法者通过法律的作茧自缚效应。对所有主体而言，这种看似有些"异化"——人创造了法律，法律却反过来束缚、网罗人们的行为——的情形，笔者曾称之为"良性异化"。[①] 但如果深入到人的符号—规范本质视角，则把人们接受——无论是顺从内心的自觉接受、根据契约的互制接受还是来自压制的被迫接受——法律调整的行为大致视为人类符号—规范本质的一种现实反映，立法者不过是根据这种人性要求，作了法律上的擘画而已。

但是，立法者的擘画再周备，仍无法完全解决立法后无论在价值上还是事实上还存在的法律预期冲突。毕竟立法者是人，而不是神。即便是所谓神的律法，也存在着人类智慧在理解上不可避免的歧义。在人类认知的历史长河中，尽管"相信后人能够认识对于前人而言一直隐蔽着的事物，相信'时间使究明真理成为可能'，从而相信科学进步的可能性……"[②]，但这种可能性在实在法的世界是远水解不了近渴的事体。因此，立法之后，因为法律自身原因、社会变迁原因、实情复杂原因、立法者认知原因等所致的法律预期冲突，几乎是不可避免的。即便被人们普遍称道的《拿破仑法典》，也不能

[①] 参见谢晖：《法学范畴的矛盾辨思》，法律出版社2017年版，第357~403页。
[②] 参见［美］列奥·施特劳斯：《哲学与律法——论迈蒙尼德及其先驱》，黄瑞成译，华夏出版社2012年版，第75页。

解决此种立法预期冲突,① 所以,在不少学者看来,不是《法国民法典》改变了社会,而是社会改变了《法国民法典》。② 因此,立法者所面对的,不仅是立法过程中价值和事实的冲突,而且在立法之后,也可能出现法律预期的对立冲突。这既体现在预期价值的冲突上,也体现在预期行为的冲突上。

立法后法律预期的必然冲突,既取决于文字表达事物关系规定性的相当有限,也表现为立法者认知的有限——人类在特定时空中理智的不完美、有缺陷,还取决于法律运行过程中既定的滞后预期与新近的事实发展间的不睦。前者经常表现为法律体系中法律与法律、法条与法条对同一(类)事物的不同表达,从而呈现为法律文字意义的冲突。一旦冲突,人们的相关行为选择就无所适从,法律预期能力因此而大为降低。中者经常表现为法律对事物关系规定性的表达或者南辕北辙,或者顾此失彼。自然,这只能让法律规定不是所谓恢恢天网,疏而不漏,反而是一个漏斗,任法律预期流失。而后者,则是既定的、机械的法律面对人类历史的变幻无常、无限发展时,难以避免的事体。任何立法者,不可能不对法律设计预期,并且所有法律预期,都是取经过去、立基现在、面向未来的。但它之面向未来,不是,也不可能是面向遥遥无期,以致永远的未来,而只能面向基于特定的事物关系的规定性,

---

① 这正如有人所总结的那样:"随着100多年来法国政治、经济、社会情况的变化,该法典也经过100多次修改,以不断适应新的情况。其中较重要的有:1819年的法律废止了第726条、第912条两条,从而使外国人在继承法上和法国人处于完全平等的地位;1854年的法律废止了第22~33条的民事死亡制和第2059~2070条的民事拘留制;1855年的《登记法》改进了关于抵押权的规定。1871年开始的第三共和国得到巩固以后,进行了范围广泛的法典改革运动。该运动主要针对婚姻法和亲属法,结果,关于结婚的形式要件和实质要件的修改,特别是放松了对于父母同意的要求,对当事人较为方便。离婚制度一度于1816年废除,1884年得到恢复,但基于夫妻共同同意的离婚到1945年才得到恢复。关于亲权的行使,发展了加以控制的制度,并且在1889年、1910年、1921年的《受虐待或遗弃的未成年人保护法》中规定,亲权在一定条件下可予以剥夺或限制。由于战争的结果,1923年的法律曾对收养的规定作了重大修正,1966年的法律再次进行了修改。关于夫妻相互继承遗产的权利,由于1891年、1917年、1925年的法律补充规定了对配偶遗产的一部分享有用益权而有所扩大。1965年的法律根本变更了在丈夫单独控制下的夫妻共同财产制。废除了奁产制,并且许可妻子在不经其夫同意下开立银行账户,并管理其个人财产。1970年的法律废除了丈夫是一家之长的原则。最后,1972年的法律废除了婚生子女和非婚生子女的不平等地位。"参见《法国民法典——飞外》,载 http://www.feedwhy.com/ertongjiaoyu/2086453.html,2022年12月26日访问。

② 参见傅静坤:《〈法国民法典〉改变了什么》,载《外国法译评》1996年第1期。

即根据事物发展的历史脉络，面向大体可预见的当下事实和未来发展而赋予法律的预期价值和行为。这些，都决定了法律制定后存在或产生预期冲突，是必然的，难以避免的。

那么，当法律存在或产生预期冲突后究竟该如何救济？对此，一般的情形是司法者在处理个案时，借助法律（司法）方法解决。① 但这不是说立法在解决这些问题上就无能为力、无所事事。在成文法国家，即使司法运用法律方法对法律预期冲突救济，也是遵循立法授权的结果。因此，立法不但需要一阶立法方法以把握事物关系的规定性，以便使其升华为法律；不但需要二阶立法方法以识别事物关系规定性的冲突性质，并在不能共存的价值和事实间作出权衡，选择更有利于人们交往行为的价值和事实来设计法律预期，作为人们有预期地交往行为的准据，而且还需要三阶立法方法，解决既定法律的预期冲突问题。所以，所谓三阶立法方法，就是立法主体在法律预期出现冲突时，用立法来解决和消除相关冲突的方法。有了这一方法，立法便可能保持在动态运作中不断完善，不断增强法律预期能力。反之，抛弃这一方法，以为立法之后，立法主体就可以事不关己、高高挂起，就可以无所用心、置身事外，所有的法律事务全部交由执法者和司法者，像自动售货机那样，在事实和法律间不断交换就足矣，则只能使法律因应社会实践的需要而不断完善的要求日渐渺茫。三阶立法方法表明，立法者不仅在法律制定环节能参与法律和法治活动，而且在对法律解释、修改、废除、重新制定等法律运行环节中，立法者都是亲临者、参与者——当然，参与不是干预，而是为了供给更好的、预期能力更高的法律产品。三阶立法方法，完整地表达了立法过程中法律方法的特质，表明一方面，立法活动就是立法方法的运用活动；另一方面，三位阶的立法方法，共同构成立法方法和立法过程的逻辑闭环。那么，当法律预期出现冲突时，三阶立法方法究竟应如何出面予以救济？

（二）立法（前）后法律预期冲突的救济

立法后法律预期冲突的立法救济，大致可三分为立法试验、立法评估、

---

① 相关系统论述，参见谢晖：《法律哲学——司法方法的体系》，法律出版社2017年版，第151~270页。

立法监督、立法解释与修改以及立法授权诸方面。下面分别予以分析。

1. 试验立法

众所周知，在我国，有试验立法这一重要的立法机制。试验立法，乃是在涉及全国性的人们交往行为的相关领域，虽然有立法的明显需要，但立法者对相关事物关系的规定性尚未完全明了，不能轻率决定，从而授权委托国家行政机关或地方立法机关先行试验的立法举措。这是因为，一旦国家立法机关在相关领域直接制定法律，都易产生一定时空范围内其效力的覆水难收。其规范人们交往行为的强度，让相关事实领域过早地相对固化，缺乏必要的转圜空间，阻碍社会秩序的形成。一旦一种法律生效并作为社会秩序的调整机制，人们的交往行为自然会在其时效范围内，长期受其调整。法律已然制定，即使立法者发现问题并愿意矫正，也会因为严格立法程序的掣肘而很难一蹴而就。与其如此，还不如先交由行政机关或地方立法机关，就人们认识尚不成熟，但确有必要依法调整的事项作出试验性立法，以便既减少立法机关立法的社会影响，也维护立法机关作为代议机构，代表人民行使立法的应有权威，同时，也供国家立法主体在对试验性立法的观察、分析和总结中，及时发现问题，并在正式立法中予以关注和矫正。

试验立法，发生在立法机关制定相关法律之前，似乎和主要用来处理立法后法律预期冲突的三阶立法方法并无直接关联。但事实表明，立法者对其立法可能产生的法律预期冲突作出事先预估，并付诸试验立法方法，本身是避免立法后法律预期冲突的手段。换言之，能授权行政机关或地方立法机关先行试验立法，本身是立法主体为了避免立法设定的法律预期冲突，给社会带来不必要的混乱和麻烦，给法律主体带来举棋不定的行为选择困惑，也给立法主体造成不良声誉而采取的措施。因之，其可以被视为立法者在设定预期困难时，对可能出现的法律预期冲突在法律方法上所作的前置处理，是对避免或减少法律预期冲突之预期。因此，它尽管发生在立法之前，但立法者的未雨绸缪，使得其最终的实效却作用于法律制定之后。即立法者业已通过三阶立法方法，在事前处理了可能发生在立法事后的法律预期冲突。① 在此意义上，毫无疑问，它是立法者高明地运用三阶立法方法之举措。

2. 立法监督和立法后评估

立法监督是人们熟悉的一个概念，简言之，它是指法律制定后，立法主体通过直接（如质询、执法监督和检查等）或间接的方式，对法律预期的实践效果予以观察、分析、研判的活动，进而修正"立法至上"的观念。② 如前所述，法律制定后，立法者并非置身事外，淡出法律视界，而是以独特的方式仍然参与到法律活动中。这种参与，不是对其他国家权力的替代和包办，更不是径直处理公民权利与义务的具体纷争和事务，而是以观察者的身份，进入到法律运行中。虽然笔者在标题中用的是监督字样，但立法者的此种进入，不仅是对执法者、司法者执行和运用法律的监督，也是对其赋予法律的预期效果所作的检视性监督。显然，立法监督也是立法者的自我监督，是对立法时所预设的法律预期能力的监督。故而立法监督不仅是立法者对法律运行的参与，而且是通过参与对法律预期状况的具体检修。借此，立法者可以对其制定的法律作出必要的、准确的立法后评估。③

这导致立法者如何参与法律运行过程，不仅是其权力运行方式和态度问题，而且是权力运行的智慧和技巧问题。由于监督本身是立法者权力的一部分，但根据权力的人性原理——"一切有权力的人都容易滥用权力，这是万古不易的一条经验"④，立法者不能通过法律自我约束，并在法律上设定对其监督的外部约束机制，立法自身的专横将难以避免，那样，则只能用"播下的是龙种，收获的却是跳蚤"来形容。所以，笔者认为，尽管立法监督对其外部行为——执法和司法行为的监督是必要的，但从立法所肩负的对全社会

---

① 在一定意义上，一般发生在立法之前或立法过程中的立法听证，与实验立法一样，在对未来可能发生的法律预期冲突之救济上，又异曲同工的效果。但它更着眼于立法者对冲突的价值与事实的选择，因之，主要是二阶立法方法予以解决的事体。

② Leigh Osofsky, "Agency Legislative Fixes," 105 *Lowa Law Review*, 2020, 105 (5), pp. 2107 – 2168.

③ 立法后评估作为一种事后评估机制，是立法者或其他主体对法律在一定时间内实施效果的观察、总结和评估。参见汪全胜等：《立法后评估研究》，人民出版社2012年版，第16~52页。实质上，这种评估要直接参照和解决的，就是法律预期和法律实现之间的关系。由之向前，进一步需要解决的，是针对问题，通过三阶立法方法补强、提升法律预期。

④ ［法］孟德斯鸠：《论法的精神》（上册），张雁深译，商务印书馆1961年版，第154页。

提供高质量、可预期的法律这一使命而言，立法监督更应着眼于其内部的自我监督——即对其赋予法律的预期在运行中的状况予以评估。一旦发现存在法律预期冲突现象，就不仅通过法律授权机制，待其他主体在具体法律运用的实践中予以解决，而且在立法上积极准备合适有效的救济机制，以补救法律预期冲突，提升法律预期能力，为社会供给更有效、可靠的法律预期。

3. 立法解释和修改

立法监督和评估的结果之一，是立法者可能发现一国法律体系或具体法律的预期性缺陷。大致而言，它可能表现为如下几个方面，相应也有几种处理结果：

第一，立法空白，预期阙如。立法空白，通常谓之法律漏洞，笔者称为法律意义空缺，[1]即既有的法律体系或具体法律中对业已存在的社会事实未予规定并调整，或者即使有规定和调整，但规定有缺漏，相关全部或一些社会事实尚有游离于法律之外的情形。对此，立法者的处理方式，一是制定新的立法方案，即针对业已存在的、尚未被法律调整的社会事实和社会关系，提出新的立法建议，起草新的法律草案，通过新的法律内容。可见，这种立法，乃是填充和补救法律体系在某一领域的整体性缺漏。比如在我国，机器人已经广泛应用于生产、生活领域，但至今并未制定完善的机器人法；再如动物权利的要求已经成为中国社会的现实话题，[2]但相关立法仍告阙如。二是针对一部具体法律中的意义空缺，立法者进行立法补白，即立法者以此方

---

[1] 参见谢晖：《沟通理性与法治》，厦门大学出版社2011年版，第73~99页。应指出的是，法律漏洞与法律意义空缺还是有所不同。前者是既有法律的规定没有通盘考虑所调整的社会事实，从而在法律规定中使应调整的对象有所遗漏；后者则除了法律漏洞之外，还包括某种社会事实，整体性地在法律上未得到调整或规范。可见，两者是种属关系，法律意义空缺包含了法律漏洞，法律漏洞从属于法律意义空缺。

[2] 参见[美]汤姆·雷根等：《动物权利论争》，杨通进等译，中国政法大学出版社2005年版，第136~519页；[美]汤姆·睿根：《打开牢笼：面对动物权利的挑战》，莽萍等译，中国政法大学出版社2005年版，第11~319页；[英]考林·斯伯丁：《动物福利》，崔卫国译，中国政法大学出版社2005年版，第12~207页；[美]加里·L.弗兰西恩：《动物权利导论：孩子与狗之间》，张守东等译，中国政法大学出版社2005年版，第35~283页；莽萍等编：《为动物立法：东亚动物福利法律汇编》，中国政法大学出版社2005年版，第1~100页；张锋：《自然的权利》，山东人民出版社2006年版，第1~24页。

式来填充和补救一部具体法律的预期缺陷。

第二，立法冲突，预期多元。立法冲突，乃是指在既有的法律中，要么不同法律对同一事项的规定不同，要么同一法律不同条文对同一调整对象的规定有冲突。在法律预期冲突中，前者是较为常见的——因为法律的制定有先后，法律的门类又繁多，社会事实的变迁更复杂，所以，在持续、多元、多层的立法中要完全避免不同法律间的预期冲突，实在困难。后者极为罕见——毕竟一部法律的制定，是耗费了立法者大量的精力和智慧，字斟句酌、严谨推敲的结果。面对这种情形，立法者的选择，或者是立法否定，即针对既有的具有层级效力的不同法律，当下位法与上位法的预期出现冲突时，上位法的相关规定必然否定下位法的相关规定，进而下位法的相关规定自觉服从上位法的相关规定；或者是立法解释，即立法者根据立法实情和社会实际，对水平效力法律之间的预期冲突进行解释，以选择其一，否定其他，保持法律预期的统一性；或者是法律修改，即在条件合适时，立法者根据相关立法程序，适时修改法律，克服法律与法律之间、一部法律内部的预期冲突，保障法律的统一预期。

第三，立法模糊，预期不明。它是指立法主体通过参与法律运行，发现法律的具体规定，如法律概念、法律规范等存在意义模糊、一词多义、多词一义、意义不明等情形。虽然准确地讲，这不属于法律预期之冲突，但毫无疑问，它属于立法后存在的法律预期不明。对此，立法者的基本救济手段是进行立法解释，即由法定的有立法解释权的主体，对模糊的法律概念、法律规则等作出有效力的、权威的解释，在一词多义时，选择其中一种意义；在多词一义时，设法尽量统一用词；在意义不明时，澄明法律概念或规范的具体所指。[①] 显然，这些举措，都是为了保障法律预期的统一性。

[①] 立法解释，与其他法律解释一样，照例适用萨维尼早已阐发过的解释方法——文义解释、逻辑解释、历史解释和目的解释。参见［德］冯·萨维尼、［德］雅各布·格林：《萨维尼法学方法论讲义与格林笔记》，杨代雄译，法律出版社2008年版，第72～79页；［德］冯·萨维尼：《当代罗马法体系Ⅰ》，朱虎译，中国法制出版社2010年版，第166页以下。具体应用何种解释方法，自然是立法解释者根据解释的对象、内容和解释环境决定的。

4. 法律授权

如上三个方面，乃是立法者对法律预期冲突的直接救济。但我们知道，对于既定法律的运行而言，立法远，运行（执法、司法、用法）迩。面对现下的法律预期冲突，急于依法处事的法律运用者——特别是执法主体和司法主体，若要等待立法者通过漫长、冗杂的立法程序进行法律的解释、修改和制定，显然只能耽误当下需要解决的问题。因此，立法者只能通过立法（法律）授权的方式，规定执行者和司法者结合具体事实（案情），运用法律（司法）方法，解决相关事实的法律适用问题。相关授权方式，或者是通过一般法律授权，我国基本采取此方式授权；或者是通过专门法律授权，如有些国家专门制定了"法律解释法"[①]一类的法律。相关问题，一是笔者曾针对一般的司法方法，做过系统研究；[②] 二是笔者拟对司法救济法律预期冲突的具体理念和方式，做专项研究，故本书不再赘述。

五、通过立法的法律预期真、善、美

行文至此，本可以搁笔，但借这个结语，回过头来再就通过立法的法律预期能力做些讨论，未尝不可。或云：所有法律预期，没有不是立法预设并赋予的，再探讨什么"通过立法"的法律预期，是不是有些多此一举？不通过立法，难道还能通过其他机制，获得法律预期，增进法律预期能力吗？一言以蔽之，法律预期及其能力状况，本来就是立法的题中应有之义，立法活动不仅制定法律，而且制定有一定确定性和预期能力的法律。当然，这不是说立法者就是唯一的法律预期赋予者，就是唯一在整体上能增进法律预期能力的主体。其实，众所周知，在判例法国家，法院和法官通过其判例，照样赋予人们特别是法官以法律预期。遵循先例原则导致先例本身具有法律预期

[①] 例如，加拿大和英国就分别在联邦层面颁布了统一的法律《法律解释法案》，参见 https://laws-lois.justice.gc.ca/eng/acts/i-21/FullText.html，2002 年 10 月 30 日访问；https://www.legislation.gov.uk/ukpga/1978/30/schedule/2/enacted，2002 年 10 月 30 日访问。另外，北爱尔兰、西澳大利亚，以及美国的一些州，也曾颁布过专门的"法律解释法"。

[②] 参见谢晖：《法律哲学：司法方法的体系》，法律出版社 2017 年版，第 27~381 页。

属性——尽管对法官而言，先前众多的判例导致遵循先例会困难重重，因此，需要先例识别技术以补救。但即便如此，也提示人们法律预期的赋予者并不仅仅是立法者。这是笔者在本节文字标题中刻意强调"通过立法"的缘由。

立法尽管并非人人皆可行使的事，[①] 却是必然关乎人人的事，所以，前文提及立法和法律乃众人之事，就是强调立法者的使命，与众人交往中的方便与否、有利与否、安全与否、公正与否休戚相关。这足以表明立法者的应有地位，这也或许是孟子坚持"唯仁者宜在高位"，柏拉图强调由哲学家出任国王（立法者）的缘由所在。因此，立法者必须向善，公民才有可能通过向善的立法者的法律，理解并运用它："立法者首先应该致力于关注这些善的事物，确保它们正确排序。特别是，公民必须知道，属人的善向属神的善寻求引导，属神的善则向理智寻求。同样，他们必须知道，这些善作为整体优先于所有其他事物。公民能够在如下方式中学到这些：立法者的法律对荣誉与耻辱的分配，对高贵与卑贱的教导，以及对收入与支出的控制……如果在法律中，立法者把所有这些都联结起来，那么，他就可以为公民社会护卫者……"[②]

尽管立法者不可能从神灵那里学到什么，但立法者应当具有一定全能的属性，所以，前文对三个不同位阶立法方法之探讨，分别关联着法律及其预期的真、善、美。不同立法方法和立法阶段，分别关联着立法者赋予法律预期时的索真、辨善和趋美的旨趣。所以，立法者尽管是活生生的，具有和常人一样喜怒哀乐的人，立法机关虽然由一个个性格迥异，可人性的基本特征皆存的个人所组成，但要通过立法实现法律预期的真、善、美，就不得不把立法者——多元知识构造的群体或集合体设想为那种具有一定神性的存在。

[①] 例外的是，随着现代民治的发达，也因为现代人知识水准、判断能力、参与意识、社会观念的巨大变化，导致立法也出现了"全民公决"模式。可以认为，这是人类立法史上继议会立法替代君主（神灵）立法这一革命性变革之后，在立法主体上又一次重大的革命性变革。尽管这次变革尚未替代和否定代议制立法，而不过是代议制立法的补充形式，但其未来前景值得期待，其在立法上直接民主的形式，更容易带来，也方便判断法律的合法性，克服法律合法性模糊。参见廉思：《当代全民公决制度的类型研究剖析》，载《环球法律评论》2008年第5期；廉思等：《全民公决制度的概念研究》，载《贵州社会科学》2009年第5期；胡建淼等：《全民公决的伦理困境与重构》，载《浙江社会科学》2018年第9期。

[②] 林志猛编：《立法与德性：柏拉图〈法义〉发微》，华夏出版社2019年版，第122页。

一阶立法方法及其对事物关系规定性的探寻，实质上是对事物，从而也对法律预期真的求索。法律作为社会关系的调节器，作为人们交往行为的工具体系，必须源于生活、社会和人们交往行为（事实）的规定性。逃离交往行为规定性的法律，一定会被交往行为本身所抛弃。人类历史上形形色色的法律中，不乏甫一制定就形同失效的情形。如在我国各地曾轰轰烈烈地制定的"禁放令"，可谓典型。因此，法律对事实规定性的记载、反映或表达，只有建立在立法者通过一阶立法方法的调研、分析和认可基础上，才能对人们的生活有所体贴。因之，一方面，一阶立法方法，就是立法者在事实中发现其规定性的方法；另一方面，一阶立法方法，也是在对事实规定性的认知基础上，把这些规定性忠实地升华为法律规定的活动，是立法者通过对法律赋予事实的真，[①] 来安排法律预期，增进法律预期能力的活动。

二阶立法方法及其对多元价值和事实的辨识与选择，实质上是对人类，从而也是对法律预期善的选择。在多元且往往冲突的价值和事实面前，立法者及其法律只能选择其一，不能彼此兼顾——因为法律要规范"众人之事"。这种选择，既针对多元且不能并存的事实，也针对多元且不能并存的价值。但归根结底，在多元事实中选择其中一种事实，乃是根据社会中"最大多数人的最大幸福"[②] 要求而作出的，因之，它仍然属于价值选择的范畴。正因

[①] 这里自然涉及"法律中的真理"。有学者认为，它"是一种与法律论证形式有关的东西，而不是条件使得法律命题真"。[美] 丹尼斯·M.帕特森：《法律与真理》，陈锐译，中国法制出版社2007年版，第201页。即使在立法中，赋予法律预期真的过程，照例是与"论证形式有关的东西"。因此，与其说是"符合真理"，不如说是"共识真理"，从而与二阶立法方法以及三阶立法方法所开放出的真理，都是交涉，或沟通意义上的，从而法律是一种交涉、沟通体系，而立法既是这一真理的典型展示过程，也把共识真理嵌入法律之中。参见 [比] 马克·范·胡克：《法律的沟通之维》，孙国东译，法律出版社2008年版，第263~269页。

[②] 有人在总结边沁的思想时强调："大自然将人类置于苦乐两大主宰之下，人的天性是避苦求乐，功利原则就是一切行为都适从这两种动力的原则。谋求功利是人们行为的动机，也是区别是非、善恶的标准；是自然人和政府活动遵循的原则，也是道德和立法的原则。因此，最好的立法是达到'最大多数人的最大幸福'，最好的立法就在于促进社会幸福。所以，良好的政府和立法必须达到四个目标：即公民的生存、富裕、平等和安全。"参见 https://www.bilibili.com/read/cv18501495/ 2022年10月31日访问。这是边沁功利哲学的核心概念，不过边沁的这种思想，深受贝卡利亚的影响。后者强调："如果人生的善与恶可以用一种数学方式来表达的话，那么良好的立法就是引导人们获得最大幸福和最小痛苦的艺术。"[英] 边沁：《政府片论·编者导言》，沈叔平译，商务印书馆1995年版，第29页。

如此，一个国家的法律是系统化的价值选择结果，其运行也需遵循法律的预期价值。[①] 可见，立法者运用二阶立法方法，在多元冲突且不能共存的价值和事实中所作的选择，乃是根据人的需要和善的原则安排的。立法者把自身选择的价值和事实嵌入法律中的举措，实质上对法律赋予了价值的善，并借助这一安排确定法律的价值预期，提升法律的价值预期能力。

三阶立法方法及其对法律预期冲突的救济，实质上是对法律与社会事实联结的状况进行严格审视，并拾遗补阙，对法律预期作出美的安排。法律是理性的范畴，而美更多是感性的范畴。不过理性并不拒绝美，反而给美以更加精致的意蕴。立法者之制定法律，其实是把理性美呈现给社会的活动。诸如严谨又活泼的逻辑美、强制且节制的力量美、理性并审慎的选择美、必行还宽容的秩序自由美、奖赏与惩罚的公正美、给予也收获的正义美，想象而神秘的预期美等，[②] 都是立法者在立法中应予关注并赋予法律的。但即便如此，法律产生了，仍会无可奈何地呈现其"断臂的维纳斯"一般的美，呈现其残缺美。其中原因，人们探讨甚多。这里只想说的是，立法者借用三阶立法方法，不断发现法律预期残缺、冲突和模糊，并予以补救的情形，归根结底是法律预期美的不断完善过程，它虽然不能，也不可能完全克服法律预期美的残缺，但在一般情形下，无疑会增进法律预期美的能力。

正是立法者对三种不同位阶立法方法的使用，使作为人的立法者，在不懈的探索、审慎的选择和严谨的补救中，获得了某种神性的特征；也使法律预期获得了某种言必信、行必果的神圣特质——法律之所以有权威，其内在因由大概全在于此。

[①] 陈征楠曾撰文在系统论视角分析"法律价值的系统论格局"，这是一个很不错的分析思路，不过作者的分析对象主要针对法律运行中（法律制定后）的价值问题。参见陈征楠：《法律价值的系统论格局》，载《中国法学》2022年第2期。笔者以为，法律运行的价值系统格局，取决于法律制定中系统的价值赋予（以及在其反面系统的价值排除），因此，对立法者在法律上的价值赋予行为，更宜通过系统观点分析。

[②] 关于法律与美的关系，参见吕世伦主编：《法的真善美——法美学初探》，法律出版社2004年版，第395~556页；舒国滢：《从美学的观点看法律——法美学散论》，载《北大法律评论》2022年第2期。

论法律预期目的及其规范预设*

一、法律预期目的

笔者在《论法律预期性》一文中，对法律预期的基本理念、技术成因等作了较为系统的论述。但法律预期性不仅是个技术性问题，[1] 也是一个价值—德性问题。所以，它不仅是人们在日常生活中按照法律去做或不做时，必然应得到的具象的保护或者制裁，而且也抽象地擘画着法律制定的德性追求，描绘着人们对法律调整之价值—目的的预期。

是的，人类耗时费工，付出高昂成本所制定的规范体系，其根据在于人类的生活事实，目的在于满足人类的基本的和不断发展的物质和精神生活需要，从而法律是有目的的规范体系。不但如此，这种目的，更实际地构成了"实践理性的第一原则"[2]。没有目的的法律，也是毫无效用的东西。人类制定之，不过是狗熊掰苞谷的无效劳动而已。法律目的如此重要，乃至彪炳史册的法学家们对此多有着墨。兹以庞德和霍贝尔的论述为例："……有关法律目的——亦即有关社会控制的目的以及作为社会控制之一种形式的法律秩序的目的——以及从这种法律目的来看法律律令应当是什么的哲学观、政治

---

* 本文原载于《东方法学》2022年第5期。

[1] 富勒对八种法律内在道德的论述指向的也是民众对法律的预期，而这八种内在道德很大程度上就可归结于立法的技术。See Lon L. Fuller, *The Morality of Law*, Yale University Press, 1963, pp. 1–242.

[2] "……实践理性的第一原则所表达的是倾向的强加性（它是理性本身之客观化的首要条件）和指向性……或意向性……（它是使运作和目的与心智相符的首要条件）。如下这个归因表达式表明了意向性或指向性是使行动和实践理性相符的首要条件：'它有意向性地根据目的而行动'。"参见［美］杰曼·格里塞茨：《实践理性的第一原则》，吴彦译，商务印书馆2015年版，第28页。

观、经济观和伦理观，乃是法官、法学家和法律制定工作者工作中的一个具有头等重要意义的要素。"① "法律本来就是为一定目的服务的，它需要人们更有目的性地对它予以关注，因为它的每一步发展都关系到文明的命运。"②

如果把法律预期两分为日常的交往行为预期和总体的社会治理预期的话，那么，人们一般所言的法律预期，主要是指前者。但就法律所秉有的对社会治理的整体使命而言，仅仅强调前者，虽然能在微观上具象地观察、领略法律预期如涓涓细流般不绝如缕的流淌，但并不能在整体上观察和把握法律将达到的社会治理效果。所谓法律的社会治理预期，乃是一个和法律目的紧密相关的话题，它是指法律作为社会治理不可或缺的最高技艺，③ 和这种技艺相比较，社会治理的其他技艺，都需服从法律的安排，都是法律技艺下的技艺，而不是法律技艺外的技艺。这意味着，一种治理技艺，一旦逃离法律的框架——法律的授权范围和规范体系，就只能谓之非法。

所以，如果说社会治理的其他技艺可能关联着社会治理某个方面的预期目的的话（例如，所谓乡村治理中的"三治合一"说，事实上只是在法律的统一规制下，把村民自治——权利之治和德治——义务之治结合起来，以实现乡村社会在法律框架上的有序运行。因此，所谓"三治"中的自治和德治，不是法治的例外，而是包含在法治中的两个重要技术因素），那么，法律技艺则关联着更为宏大的、全方位的社会治理预期。这种预期，诚如边沁所言，乃"是一个使我们当下的和我们未来的存在统一的链条，并超

---

① ［美］罗斯科·庞德：《法理学》（第一卷），邓正来译，中国政法大学出版社2004年版，第367～368页。
② ［美］E. A. 霍贝尔：《初民的法律》，周勇译，中国社会科学出版社1993年版，第374页。在欧陆法学家中，对法律目的的论述更多。拉德布鲁赫的《法哲学》就可以视为一部系统的"法律目的论"。参见［德］拉德布鲁赫：《法哲学》，王朴译，法律出版社2005年版，第52～61页。
③ "法乃公平正义之术。"参见［意］桑德罗·斯奇巴尼选编：《民法大全选译/正义和法》，黄风译，中国政法大学出版社1992年版，第38页。这句话，人们皆耳熟能详，从而对法律的"技术因"，人们并不陌生。但与此同时，更应关注的是，一方面，法律不仅有"技术因"，而且是社会治理的最高技艺。社会治理的其他技艺，必须服从于法律的安排；另一方面，法律的"技术因"，必须通向其"目的因"才是合法与有效的，否则，法律就只剩下干瘪的工具躯壳，而失却丰满血肉。那样，人们鄙薄法律，自不待言。相关分析，参见谢晖：《法律工具主义评析》，载《中国法学》1994年第1期。

越我们自己传递给我们以后的数代人,个体的感受分布在这个链条的所有环节"①。

那么,法律目的究竟是什么?对此,人们或许有完全不同的回答,例如我们并不陌生的维护有利于统治阶级的统治秩序、保障社会的公平正义、实现人按照自然法的指令而生活等。相较而言,边沁的说法更独特,他强调法律目的直通其预期性:"法律的目的,是法律管辖之人所预期的外在动机。"②这样,他就把法律目的和人们对它的预期直接勾连起来。在笔者看来,组织人类在交往活动中能保持和谐有序的状态,使人类的交往得以根据交往者的意愿而自由展开,保障当人类的社会关系出现紊乱时,能按照正义的原则来处理,③即秩序、自由和正义,应是法律最重要的价值,也是其最重要的目的。

无论法律目的是什么,都需要法律预期以保障。毛泽东在谈到领导这一目的和预见这一手段的关系时指出:"如果没有预见,叫不叫领导?我说不叫领导。斯大林说:没有预见就不叫领导,为着领导必须预见。"④

毛泽东的这一说法,虽然讲的不是法律目的和法律预期的关系,但对我们理解这一问题,不无帮助。可以说,没有法律预期,就没有法律目的和法

---

① Jeremy Bentham, "Principles of Civil Code," in *The Works of Jeremy Bentham Volume 1*, Adamant Media Corporation, 2001, p. 308.
② [英]杰里米·边沁:《论一般法律》,毛国权译,上海三联书店2008年版,第40页。
③ 罗尔斯将"正义"视作社会的首要美德,甚至将其类比为"真理"在"思想"中的地位。See Rawls, *The Theory of Justice*, The Belknap Press of Harvard University Press, p. 3. 可见"正义"能够消弭社会混乱,使之回归秩序化。
④ 中共中央文献编辑室编:《毛泽东思想年编(1921—1975)》,中央文献出版社2011年版,第429页。与此同时,毛泽东还就"预见"的含义作出了一个极为形象的说明:"所谓预见,不是指某种东西已经大量地普遍地在世界上出现了,在眼前出现了,这时才叫预见;而常常是要求看得更远,就是说在地平线上刚冒出来一点的时候,刚露出一点头的时候,还是小量的不普遍的时候,就能看见,就能看到它的将来的普遍意义。"参见中共中央文献编辑室编:《毛泽东思想年编(1921—1975)》,中央文献出版社2011年版,第430页。显然,毛泽东是站在政治家的视角上,看待预见和领导的关系的。把这种政治家视角如果切换到立法者(立法者天然是政治家,但政治家未必一定是立法者)视角,则完全可以说"没有预见,就不能立法"。至于立法之后的法律预期,则是另一种预见。如果说政治家视角的预见,是精英的决策性预见的话,那么,法律必须把这种预见,从精英预见下移到大众预见、日常预见,并使大众根据预见而选择,而行为。

律实践。法律有了从规则到行为再到利益和责任的法律预期，法律目的才能从观念世界化为实践形态。反之，法律目的虽然规定得宏伟壮观，但无论在法律的技术设计（特别是正当程序的设计）上，还是在法律实践中，如果不能确保人们在遵循法律权利义务、履行权力和责任或者违反法律权利和义务、逃避权力和责任的时候，必然获得利益、荣誉或者遭受制裁、处罚，那么，法律目的只是一种形式的宣告，就不能形成稳定的预期，也不能经由此预期展现为法律要实现的主体自由、交往有序和社会正义。

可见，在本质上，所谓法律预期目的，就是在人们的交往行为中，能够判断当其行为符合法律规定时，法律予其以有利和保障；当其行为违背法律规定时，法律予其以不利和制裁——这是符合法律秩序、自由与正义目的的，从而任何个人之间的交往行为，看似微观的、个别的、当下的，但这些微观的、个别的和当下的行为，是被代入到整体性的、合乎目的的法律框架中的。那么，法律的这三种价值——目的预期，又是通过什么样的规范得以从价值理性转换为实践理性的？对此，笔者将从如下三个方面，阐述法律预期目的及这些目的由价值理性转换为实践理性的法律规范预设机制。

二、免于恐惧的人类秩序预期及其规范预设

人类是群体生存的动物。对此，荀况早已有言，人"力不若牛，走不若马，而牛马为用，何也？曰：人能群，彼不能群也"。[①]

这一论述，使人类的群体生存本质表露无遗。进而也对人类群体生活和交往的条件提出要求。这一条件便是秩序。人类作为群体性生存的动物，在本质上具有群体性的交往—合作需要。合作的最基本目的，是通过集体的力量应对来自自然的、人为的威胁和恐怖，克服人人皆可能有的恐惧，为自我做主、自由交往、自治合作创造和谐有序的条件。因此，在笔者看来，法律制定的首要目的，不是其他，而是为了给交往行为中的人们提供交往安全的

---

① 《荀子·王制》，载梁启雄：《荀子简释》，中华书局1983年版，第109页。

秩序保障，即社会的和谐有序。毫无疑问，一个只有一人的世界，不需要什么法律，也无需什么合作，而只需肉身与内心、自我与自然的对白。因之，法律制定的根据，不是个人，而是个人需要投入公共的、群体的交往这一事实。在此意义上，法律是属人的，并且在根本上，是属社会意义上的人，是为社会交往中的人擘画能够预期实现的交往蓝图，进而言之，是为社会交往中的人们提供有序交往的安全预期。

（一）人类秩序预期的基本要求

任何高尚的目的，无不关联着人们日常、琐碎的生活和交往。作为社会关系调整器的法律，就更是如此。其目的设定，不是为了目的而目的，而是为了让人类日常琐碎、事无巨细，但又在面对因不确定而充满风险的社会交往能够稳定化、有序化、可预期化。因此，尽管法律目的是个一般性、宏观性、概括性的概念，但所有法律目的，都是可具体化的，即法律目的是能从宏观到微观、总体到具体、社会到个人而分级的。① 只有这样，才能不但在法律上真正形成目的预期，而且在实践中实际产生这种预期的结果。否则，法律目的就是一个空洞而不切实际的概念。我们知道，个体的人，在日常生活和交往行为中总是面临种种客观风险和主观恐惧。来自自然的、社会的和他人的威胁及由此导致的不确定，会时时令人不安、裹足不前。因此，对未来的生活及交往，如果预先能形成确定的内心和行为预期，就既可在心理上免于恐惧，也能在行为上基本确定，进而保障人们交往行为在一个自由有序、和谐稳定的规范体系中——这是所有人共有的需要，也是法律调整的重要目

---

① 对此，凯尔森从基础规范的目的出发，设想了一种层层递进、步步展开的规范（目的体系）。有学者总结道：在凯尔森看来，"与自然法和道德不同，实在法是一种动态的规范体系。它的特点是，这一体系的规范之所以有效力，不是通过逻辑推理的智力活动从基本规范中推论出来的，而是通过一种特殊的意志行为创立的，即每一特殊规范是由另一更新的规范，最终由基本规范规定的方式所创立的。基本规范仅建立一定的权威，后者又依次把创立规范的权力授予其他权威。这种体系中的各个规范，只能由某一更高规范授权创立规范的人通过意志行为加以创立。这种授权是一种受托。一个动态的规范体系体现为一个以基本规范作为顶峰的、层层委托、层层授权的规范等级体系……，从而也就构成了规范秩序的统一化。"沈宗灵：《现代西方法理学》，北京大学出版社1992年版，第169页。参见［奥］凯尔森：《法与国家的一般理论》，沈宗灵译，中国大百科全书出版社1996年版，第124～183页。

的所在。①

那么，如何使人们的行为及其结果达成这种自由、有序、和谐和稳定的机制？事实上，这就是法律预期目的所要解决的问题。如前所述，所谓法律预期目的，是指只要人们的具体行为选择和法律的规定相一致，那么，交往行为中的人就是自由的、安全的，交往行为的结果也是正义的，即便在人们的交往中遇到了不可预期的自然灾害或者人为侵害，也能经由法律通道，获得公正的、有效的救济。在此意义上，秩序以及与秩序紧密相关的安全、免于恐惧，就是法律预期目的的首要方面。在秩序不存、安全受制、恐惧难免的情况下，法律目的预期的其他所有内容，都无从谈起——诚所谓"皮之不存，毛将焉附"。可见，大体上可以说，法律就是通过预期（尤其是预期目的）来安排、缔造人们交往秩序的事业。人们交往行为中所有具象、微观的预期，归根结底，都会最终指向法律整体性的预期目的，都会被结构在法律的整体目的——特别是秩序目的中。实践中人们一次次具体而微的交往行为，是法律预期目的之现实折射，尤其是法律整体的秩序预期之现实折射。

所以，在所有法律价值体系中，秩序价值毫无疑问是基础的基础，价值的价值。在学术界，产生过究竟自由优先还是秩序优先的争论。其中在国外，我们知道，在民法典和民法学上，《法国民法典》及其学术理论更为主张、强调建立在个人主义基础上的自由主义。其中在法典上，强调权利、特别是财产所有权的绝对性、排他性，把法律禁止性规定后置，规定"所有权人为对物完全按个人意愿使用及处分的权利，但法律及规定所禁止的使用不在此限"。"任何人不得被强制转让其所有权……"；而《德国民法典》及其学术理论却强调建立在社群主义基础上的社会性以及权利的非绝对性，把社会性要求前置，其中在法典上规定"在不违反法律和第三人权利范围内，物的所有权人可以随意处分其物，并排除他的任何干涉"②。而在我国，法学界在20

---

① 普洛克认为"习惯的有效性在于必须是连续的"。See Frederick Pollock, *First Book of Jurisprudence*, Macmillan and co. ltd, 1896, p. 266. 对法律而言也是如此，其要获得实效，也必须持续地存在于人们的内心和行为预期中。

② 分别参见《法国民法典》第544、545条，马育民译，北京大学出版社1982年版，第119页；《德国民法典（修订本）》第903条，郑冲等译，法律出版社2001年版，第213页。

世纪八九十年代有关"权利本位论"和"义务重心说"的持久且激烈的争论,也可谓典型。① 这也说明秩序(义务)和自由(权利)本身的价值地位。

特别当秩序妨害自由,或者自由扰乱秩序,即当两者发生冲突时究竟以何者居先?② 这的确是个二难选择,就像公平与效率,是横亘在人们面前的一个"重大的抉择"一样。③ 对此,笔者曾撰文强调:秩序与自由两者,分别因应着人性社会性和个体性而双重存在、并行不悖的一般情形——秩序是人类社会属性的价值表达,而自由是人类个体属性(也有人说是人的"自然属性",自无不可)的价值表达,④ 但显然忽略了当两者产生冲突后如何选择的例外情形。随着近十多年的观察和研究,笔者深感对芸芸众生而言,"有秩序胜于不自由",因为秩序是自由得以展开和行使的逻辑前提与基础条件。这正是笔者在《例外状态的法政哲学——庚子六题》这部书中所论述的核心观点。⑤

秩序优先的价值理念,进一步表明在法律目的预期中,有序、安全、稳定,是法律预期首先要保障的。即在国家立法和法律的设定中,赋予秩序预期的优先性;同样,在法律的实施和运作中,人们的法律目的预期指向,也必然会首先沿着是否有序、是否安全和稳定而出发。秩序不存,则自由不在,正义难寻,⑥ 这正是法律目的预期中何以秩序优先的基本缘由;也是法律目

---

① 参见郑成良:《权利本位说》,载《政治与法律》1989年第4期;张恒山:《论法以义务为重心——兼评"权利本位说"》,载《中国法学》1990年第5期;程燎原、王人博:《权利及其救济》,山东人民出版社1993年版,第45~446页。

② 参见郑远民:《论市场经济与确立效益优先的法律价值观》,载《企业家天地》1994年第5期;李兵:《"法律价值效益优先论"质疑》,载《法学研究》1995年第5期。

③ 参见[美]阿瑟·奥肯:《平等与效率——重大的抉择》,王奔洲译,华夏出版社1987年版,第1~93页。

④ 谢晖:《法律双重价值论》,载《法律科学》1991年第6期。

⑤ 参见谢晖:《例外状态的法政哲学——庚子六题》,知识产权出版社2022年版,第122~182页。

⑥ "无秩序,不自由;无秩序,不正义",所表达的是秩序之于自由和正义的不可或缺性。因为没有秩序的社会,只能是一个"丛林法则"的社会,在那里,人们面对更多的不确定性,从而人人自危,人对人就像狼对狼一样。但是,上述情形不能反过来说:不自由,无秩序,或者不正义,无秩序。这意味着秩序可以独立于自由和正义而存在。这种情形,或许从另一层面证成秩序之于自由、正义的优先性。

的预期必须优先安排秩序预期的基本缘由，并成就了法律形式理性的优先。[1]这也从现实中那种"哪里秩序混乱，资本就逃离哪里"的市场经济法则中不难得知。那么，秩序预期作为一种价值理念，通过何种法律规范得以预设并保障？

（二）秩序预期的义务规范预设

法律就是一套人际安全交往的秩序构造机制，也是人际安全交往的秩序预期机制。那么，法律是如何具体地构造人际安全交往的秩序预期的呢。对于这一问题的诠释，需要和法律规范及其功能勾连起来予以考察。其中法律义务规范，对法律秩序预期的建立，尤为重要，其作用远甚于其他法律规范。为什么这么说呢？

毫无疑问，所有法律规范，无论是权利规范、权力（职权）规范，还是义务规范、责任（消极义务）规范，都在不同视角、不同方面、不同功能上缔造法律秩序。但相较而言，用以划定人们交往行为边界的义务规范和对跨越边界的行为予以施救的责任（消极义务）规范（其中后者笔者将在有关正义预期的规范预设中详论），更具有筹划、规范、救济秩序的明显特征。如果说权利规范和权力规范对于秩序的缔造，只是使得秩序获得了一定的弹性空间的话，那么，义务规范则给秩序划定了刚性的边界和硬性的约束。

在此意义上，法律秩序预期，尽管可以通过"遵循法律，以获得利益"的权利规范得以印证，也可以通过"依法行使，权力运行才能有效"的事实中得以展现，但对秩序而言，这些内容都在主体选择和自由裁量的空间里，具有明显的可变性。因此，它不是秩序的刚性约束，它不能划定秩序的边界。秩序的刚性约束机制，或者它的边界，只有义务规范才能胜任之。

那么，究竟什么是义务？这一问题，站在道德立场和法律立场上，对它

---

[1] 凯尔森认为，"法律秩序是一个规范体系"。[奥] 凯尔森：《法与国家的一般理论》，沈宗灵译，中国大百科全书出版社 1996 年版，第 124 页。博登海默强调，"秩序……这一术语将被用来描述法律制度的形式结构，特别是在履行其调整人类事务的任务时运用一般性规则、标准和原则的法律倾向"。[美] E. 博登海默：《法理学：法律哲学与法律方法》，邓正来译，中国政法大学出版社 2004 年版，第 219 页。

的解说会有明显不同。在伦理学上，有学者把义务和良心勾连起来，从而，义务就是人们的良心对意志或爱好的反思与纠偏："……那满足意志或者符合本性的都是善的。……这一意志的目标是个人和社会生活的保存和完善。我们对表现在语言中的价值判断分析的结果也是与这个观点一致的：即这样的人类行为和品质被称为善的——它们具有推进行为者及其周围人的幸福的倾向。

然而，我们似乎在此遇到了一个矛盾，若按照通常的意见我们也可以说：善并不是做我们想做的，而是做我们应当做的。履行善就意味着履行义务，而我们的义务看来并不符合自然的意志，于是在义务和爱好之间就有一种冲突。在行动之前，义务的感情反对爱好，它作为阻止物而活动；在行动之后，如果爱好在行动中胜过了义务的感情，义务感就会谴责。对于我们本性中这种反对爱好和在责任和义务的感情中表现自己的东西，我们称之为良心。"①

这一分析，对伦理学视角的义务，给出了人类心理上的根据。义务不是外在的行为规范，而是内在的心理规范，是个体内在的良心对其"爱好"（权力欲望）的一种压制性警示机制。只有义务胜过欲望，才能实现对自己和对他人的善，才更符合人类之所以成为人类的价值追求和良心满足。所以，在伦理学上，作为善的心理秩序体系，其边界不是爱好和欲望，而是节制爱好和欲望的东西，这便是伦理义务。尽管这种伦理义务，一方面是法律义务得以生成的人性基础，另一方面，法律义务只有内化为此种伦理义务，才能事半功倍地发挥其秩序构建的作用，但毕竟伦理义务不是法律义务。对秩序预期而言，法定的、外在的、稳定的法律义务，尤为重要。这是法律义务的肯定性、明确性、一般性、普遍性所致。

可见，伦理义务毕竟是人们内在心理层面的，要使其成为一种标准的、普遍的预期，还需要通过制定法的功能，从个性化的心理内在约束变成为普

---

① ［德］弗里德里希·包尔生：《伦理学体系》，何怀宏等译，中国社会科学出版社1988年版，第291页。

遍化的外在行为—规范约束，因此，虽然人同此心、心同此理的内在心理约束，为普遍的外在行为约束创造着合法性基础，但毫无疑问，它自身并非外在行为约束，也不能产生普遍的外在行为约束的预期。故依据人们普遍的内在心理约束的"义务感"，制定具有普遍的外在约束力和预期性的法律义务，就是人类秩序边界在法律上的基本要求和预设。因此，法律义务不仅是"应当"，同时还需要遵循"应当＋行为"的基本要义。有学者认为："法律义务是为了维护和实现社会共同利益、国家利益、集体利益或他人的非损他性利益，由社会普遍公认为'应当的'、并因此为国家所要求的、法律主体在一定的条件下所必须作或不能作的某种行为。"①

按照这一界定，显然，法律义务既崇尚普遍的应当，也崇尚普遍的行为。无论应当，还是行为，在法律义务的含义域内，都是法定的。从而至少在法律上，它由可预期的应当和行为两方面构成。义务之于人们的行为，每每是基于应当的自觉，即人们按照法律义务的预期模式而行为，形成自觉的法律秩序，使人们生活和交往在法定的、自觉的安全模式下，因此，"并不是所有的实践规则都存在与之伴生的强制性义务，其中大部分属于风俗习惯或者约定俗成性义务"，当然，更存在人们对法律义务在守法的道德使命支配下的自觉遵守。②尽管如此，对义务落实而言，强制保障是必要的。即当人们的行为可能会与法律义务要求之间出现摩擦时，基于正当性的法律强制要求，形成"……持续、显著的外在压力，迫使行为按照预期模式进行"③；甚至当违法行为发生时，国家强制力量不惜动用武力手段，追加行为人以义务之外的责任（消极义务），彰显对法律秩序预期的国家关注和保护——当然，这已经属于正义预期的规范预设范畴，容笔者在后文继续论述。

在事实和伦理上，尽管"义务可能与守法主体本身的利益或者目标发生

---

① 张恒山：《义务先定论》，山东人民出版社1999年版，第70页。
② "所谓守法主义（legalism），是指一种伦理态度，它把是否遵循规则当作判断道德行为的标准，将道德关系视为由规则所确定的权利义务关系。"［美］朱迪丝·N. 施克莱：《守法主义：法、道德和政治审判》，彭亚楠译，中国政法大学出版社2005年版，第1页。
③ ［美］朱尔斯·科尔曼等主编：《牛津法理学与法哲学手册》（下册），杜宴林等译，上海三联书店2019年版，第571页。

冲突",即前述义务与爱好的冲突,但在法律上,一旦一种义务被规定,就形成基于秩序的公共性和预期性。所以,违背义务,虽然可能符合行为人自身的爱好、利益和目标,但与公共的爱好、利益和目标完全背反,因此,只有追加额外的责任(消极义务或违法后果),才能够恢复被破坏的秩序,并保全秩序预期,树立人们对秩序预期的应有信心。正因如此,法律秩序预期的规范形态尽管包含法律权利规范、权力规范和责任(消极义务)规范,使秩序预期因为与人们遵守义务(或违反义务)背后的利得(损失)预期相吻合,更容易生成人们维护秩序,减少秩序预期实现成本的自觉力量,但这都不能否定秩序预期的缔造,主要是通过具有普遍的边界保障性和外在约束力的法律义务规范预设并完成的——义务之长此以往、言而有信的推行,最终会内化为主体的守法道德自觉,并在根本上保障法律义务规范的设定和运行,成为人类秩序预期的主要规范根据和行为模式。

三、向往自主的人类自由预期及其规范预设

在前文谈及人类的秩序要求及其预期时,笔者引用了荀况有关"人能群"的论述。其实,在其面对"何以能群也"的进一步追问时,又得出了一个结论"曰:分",并阐释"分"在人类交往行为中的地位和作用。他特别强调:"……故义以分则和,和则一,一则多力,多力则强,强则胜物;故宫室可得而居也,故序四时,裁万物,兼利天下,无它故焉,得之分义也……故人生不能无群,群而无分则争,争则乱,乱则离,离则弱,弱则不能胜物。故宫室不可得而居也,不可少顷舍礼义之谓也……"[①]

尽管荀况这里所讲的分,是名分的意思,但名分本身不但具有区别对待之义,而且具有区分、不同、个别化处理的意思。所以,文中其在论述人的群体性的同时,也指出了人的个体性、差异性。恰恰是这种个体、个别、差异、区分,才决定了群体交往与合作的需要。进而言之,个体性、个别化、

---

① 《荀子·王制》,载梁启雄:《荀子简释》,中华书局1983年版,第109~110页。

差异化等皆意味着每个人根据其身份、地位、条件需要自主交往,这种自主交往即是每位个体对自由的需要。因此,法律不但划定秩序的义务边界,而且必须关注秩序内的自由——权利选择空间,从而使法律获得自由预期。由于自由预期直接关涉人本性的个体性,因此,自由预期是法律的基本目的预期。

(一) 自由预期的基本追求

人之所以为人,就是能以自身独立的意志,自由地处理并实现其内在需要。即便人们随时都处于人与人之间的合作状态,但合作并不是人的自主性的磨损或放弃,反之,任何真正的合作,而不是强制,都必须建立在主体自治和自主的基础上。我们可以把人类的秩序状态分为两类:通过暴力强制的压制型"合作体系"和通过自主合作的契约型合作体系。之所以把前者也称之为"合作体系",是因为即使在压制型状态下,只要被压迫者能够承受并接受压制,以便获取有限的物质和精神生活需要,也不能把其抛弃在"合作"之外,也算是种"弱的合作"。显然,它与契约型的自主合作不能相提并论。在这里,不存在所谓主体性,因此,也不存在人们对自由地交往行为的基本预期,但存在人的基本生存和生活需要预期。即使在"弱的合作"情形下,也存在一定意义上的契约关系,劳动者只要依约而劳动,就能获得生活所必需的报酬预期。甚至在有些契约中,通过劳动,还可以获得土地等财富,成为财富的新的拥有者和支配者这样的预期。[①]

自现代以来,随着人的解放、人的创世纪,人以精神存在的全新面貌而获得主体性。主体性,就是人以自由人格进行自由选择、自由行动和自我负责的资格。精神自由、行为自主和责任自负,成为主体性的基本标志。精神

---

① 例如在贵州清水江流域的明清契约中,"栽手"(栽树的人)给地主栽树,其报酬有些是日常生活所需,而有些则是栽手栽树,劳动满足约定的时间(条件)后,从地主那里获得若干份土地,从而自己另起炉灶,成为新的小地主。通过此种合作,相当于"栽手"以劳动入股,获得了劳动股份的应有分成。参见杨有赓等主编:《贵州苗族林业契约文书汇编(一七三六一一九五〇年)》(第二卷),东京外国语大学国立亚非语言文化研究所2002年版,第1~733页。

自由意味着每个人都是"思想的苇草",都有自由意志,都能表达意思自治。任何人、任何组织不能剥夺他人的意思自治。即使要限制他人的意思自治,也只能以法律明令为前提,否则,反要为此承担责任。行为自主意味着"我的事情我做主",主体通过其自主行为履行法律义务,享有法律权利。任何人不能强迫其做或不做一定行为,除非有法律上的根据。责任自负则意味着主体一旦违反法律,任何人不能允许强制其他人替其分担责任或转嫁责任。即使他人愿意为其分担责任,愿意接受其责任转嫁,也需要本人的同意(刑事责任和受到人身限制的行政责任除外)。

这三个方面,都说明在现代法律上,自由与秩序一样,在重要性上可谓是旗鼓相当的目的—价值追求。尽管当自由和秩序发生无法协调的冲突时,必须强调秩序优先,限缩主体的部分权利和自由。(如在此次给全球带来极大危害的新冠疫情下,绝大多数国家都实行过"隔离令""口罩令""社交距离令",甚至"封城令""封国令"等以克减人们的权利[1]为特征的"令",以致在表象上形成"令尊于法"的感觉[2])但即使秩序如此重要,就两者的内部关系而言,秩序与自由之间又形成手段与目的的关系——自由是秩序这一目的(手段性目的)的目的。所有秩序的预设及实施,归根结底,都是为自由寻求实现方案和保障机制。在这个视角上,自由的重要性似乎要超过秩序。[3] 这种情形,就是近代以来无数仁人志士的自由向往和追求。虽然"自由,多少罪恶假汝之名以行"[4],但人们仍念念不忘"生命诚可贵,爱情价更高。若为自由故,二者皆可抛"[5]——这不仅是响彻世界的诗篇,更是人类

---

[1] 如今,权利克减,已是紧急状态下人权和权利研究的一个重要话题,参见李卫海:《紧急状态下的人权克减研究》,中国法制出版社2007年版,第34～318页;滕宏庆:《危机中的国家紧急权与人权——紧急状态法制研究》,群众出版社2008年版,第127～234页;滕宏庆:《紧急宪法:自由与安全的紧急正义》,法律出版社2018年版,第85～100页;刘小冰:《紧急状态下公民权利克减的逻辑证成》,载《法学》2021年第7期。

[2] 相关分析,参见谢晖:《例外状态,令尊于法?——各国应对新冠肺炎疫情"令"的法哲学省思》,载《学术论坛》2021年第3期。

[3] "工欲善其事,必先利其器"这一古训,在手段与目的、方法与效果视角,形象地在另一方面说明了秩序与自由两者冲突时,秩序(手段、方法)之于自由(价值、目的)的优先性。

[4] 法国大革命时期吉伦特派核心人物罗兰夫人的绝命词。

[5] 殷夫翻译的匈牙利诗人裴多菲的《自由》诗。

追求自由的精神写照。

自由向往的法律表达，就是对人们的权利赋予和分配。这一任务完成后，既表明自由的心理预期被规范化、具象化，也表明自由获得了法律预期性。无论意志自由之预期、行为自主之预期还是责任自负之预期，都在不同方向、方面和视角，表现或实践着自由预期。对每个法律主体而言，这种自由预期，进一步推进法律目的，迈向目的的目的——如果秩序属于手段性目的，而自由属于秩序手段之追求和保护的目的的话。

自由的前提，在于主体自治。这是近代以来最重要的政治观念。之所以如此，因为自治，不仅包含着意志自主、行为自由，而且意味着义务（责任）自负，从而有效地将秩序和自由、义务和权利勾连缀合，形成秩序的整体样貌和道德善。所以，鲍桑葵曾强调："让我们以'自治'的概念为出发点罢。人们一般都会承认，古代和现代一些成熟社会的思想和感情都是坚持'自治'的，因为它以某种方式包含着政治义务的真正根源和基础……草率地运用这个概念，例如说个人完全与社会合而为一，因而社会采取影响他的任何行动都不会错，那就完全是一个谬误的实例，而且可以公正地说，这乃是一种自称综合而实为混乱的思想。对这个概念和对许许多多概念一样，我们必须指出：断言这个概念是自相矛盾的人对它的了解比大多数认为它不言自明的人要深刻得多。"[①]

当然，如何理解自治本身是一个颇费周章的话题，如它究竟是指纯粹个体的私人自治，还是一个社团、城邦的自治？究竟是基于独立个体需求的自治，还是基于社会公共利益需要的自治？或者它是基于各种因素综合考量的概念？凡此种种，显然不能强求一律。不过只要强调自由的目的预期，则无论对于纯粹的私主体——公民或自然人，还是对负有公共职能的拟制私主体——财团、社团甚至城邦、国家，自治和自由是其自主决定进行交往，并进入公共领域，实现社会利益的基本条件，也是其真正成为社会人的基础和前提。否则，所谓社会交往，以及由此种交往导生的社会人，归根结底，是

---

① [英]鲍桑葵：《关于国家的哲学理论》，汪淑钧译，商务印书馆1985年版，第87~88页。

给予的、压制的，而不是自觉的、自愿的，是奴役的结果，而不是自由和自治的结果。

综上所述，无论如何，自由要能够预期，并不是每个人的随心所欲，而必须落实在公共的、法律的规范上，这种予自由以预期的规范，就是权利规范，当然，权力规范作为国家行使治理行为的能动机制，也在某种意义上体现着权力主体的自由裁量，但这并不属于自由预期本身的范畴——笔者将在后文探讨正义的规范预期机制时论及。下文将具体说明权利规范何以为自由预期的规范预设。

（二）自由预期的权利规范预设

自由必然意味着对人们在不同的事物之间，或者相同事物的不同实现方案之间进行选择的尊重，因为选择不但是自由的题中应有之义，而且是自由的核心题旨所在。这也决定了法律上自由预期的保障机制和规则，必须具有选择性。如前所述，既然自由预期的法律表达机制是权利，则意味着权利这种规范必然内含着选择因素。那么，什么是权利？与前述义务的界定一样，作为一个在人文—社会学科领域被广泛运用的概念，在不同的学科或同一学科的不同学者之间，会存在不同视角上的定义。例如，在康德看来，权利是"……根据一条普遍法则，使任何一个人的意志选择的自由与他人的自由并行不悖"，从而也必然意味着"限制我的任性和自由"①，因之，权利是普遍的，但又能够被个别化和普遍化的规范体系；也因之，权利才成为自由秩序的构造者，而不是解构者。

黑格尔则进一步从意志视角强调权利（所有权、生命权、身体权等）的属性。在论及所有权的属性时他这样说："在所有权中，我的意志是人的意志；但人是一个单元，所以所有权就成为这个单元意志的人格的东西。由于我借助于所有权而给我的意志以定在，所以所有权也必然具有成为这个单元的东西或我的东西这种规定。这就是关于私人所有权的必然性的重要

---

① [德]康德：《法的形而上学原理——权利的科学》，沈叔平译，商务印书馆1991年版，第40页。

学说。"①

可见，在哲学家的心目中，所有权不仅是人对物的占有、运用和因之获得衍生的利益，而且更是经此获得个体人格的丰满，即获得伦理学家所讲的和个体人格相关的爱好。② 在这个意义上，权利、义务和它们置身的社会是一体的。因此，权利不仅意味着个体自由意志的自由表达和个体行为的自由选择，而且意味着对他人同等表达和选择的承认和尊重，权利必须建立在承认的相互性基础上，因此才获得了普遍性、一般性和平等性，才具有社会意义。显然，这与古典自由主义的权利观具有明显的不同。③ 但毫无疑问，这又赋予权利以深刻性。

不过哲学家对权利的观察视角明显不同于法学家，无论是倾向于"自由主义"的哲学家还是倾向于"社会主义"的哲学家，其主张权利的视角都不同于法学家的权利视角。那么，法学家又是如何主张权利的呢？一方面，法学家的权利观念并非铁板一块的，在法学家内部，照例有不同的权利学说。如主张说、利益说、资格说、可能说、力量（法力）说、规范说、自由说等。④ 但无论如何，法律上的权利规范，总是赋予法律主体在利害得失面前以自主的选择授权，人们从而在交往行为中因选择而得自由。"'权利'通常被认为是对某种事物的请求，或者是受保护的行动选择（options to act）。谈到'请求'，我并不是说任何人实际（或者被允许）提出请求，而只是说某

---

① ［德］黑格尔：《法哲学原理》，范扬等译，商务印书馆1961年版，第55页。
② 例如，数据信息的转让是使得其从产生主体向更多希望得到它的主体流转的基本路径。See Pierre Lemeiux, *Producing Public Goods Privately*, Regulation, 2012, 35（8），p. 9. 信息也是一种物，对信息的交易会指向一种伦理——公共资源的满足。个体人格在其中也实现了一种"丰满"。
③ 自由主义的权利观向来以自然权利为鹄。在实质上，这是一种道德和习惯权利；是一种天赋的、与生俱来的、不可被剥夺，也不能被转让的权利。在洛克的笔下，他这样写道，所谓自然权利，是个人"生来就享有自然的一切同样的有利条件，能够运用相同的身心能力，就应该人人平等，不存在从属或受制的关系"；"人们既然都是平等和独立的，任何人就不得侵害他人的生命、健康、自由或财产"。参见［英］洛克：《政府论》（下篇），叶启芳等译，商务印书馆1997年版，第5~6页。众所周知，在美国《独立宣言》中，这种自然权利的学术主张成为宣言的一种政治主张，进而也成为一种制度："人人生而平等，他们都从他们'造物主'那边赋予了某些不可转让的权利，其中包括生命权、自由权、和追求幸福的权利。"
④ 相关论述，参见徐显明：《论权利》，载《文史哲》1996年第6期。

人对某物有请求的资格。某人享有权利，这能为权利持有人或者其他人提供独有行动的理由……而且，这个理由看起来是作为排他性的或者抑制性的理由而起作用的。也就是说，它排除了我们对于通常构成理由的某些其他因素的考虑……然而，如果并非所有考虑因素都被权利所抑制，那么，权利就未必是底线。此外，权利是一种独特的理由，它要求他人的义务与之相互对应，或者，它甚至产生了他人的义务……重要的是，这项义务是指向特定的权利人的。"[1]

显然，法律学者笔下的权利概念，一方面，总是因应法律权利规范自身的特征而得出的。法律规范不仅是为了说明道理，而且是在说明道理基础上用以解决问题。它是理念与实践、理想与现实的统一体。另一方面，权利在法律上的基本意义，就是帮助人们在多样性中做行为选择。自然，这种行为选择需要资格——或者自为与不为的选择资格，或者为了自我权利的实现，请求他人付出义务以及放弃请求的资格。无论如何，法律上以及法学家笔下的权利，总是和选择的可操作性联系在一起的。虽然，权利并不是一个必然和高尚相勾连的事，但如果没有权利，责任和义务的高尚付出便无所附丽，不明所以。正是在这个意义上，人们呼吁"为权利而斗争"，并强调为权利而斗争是权利人对自己的义务。主张自己的生存是一切生物的最高法则。它在任何生物都以自我保护的本能形式表现出来。但对人类而言，人不但是肉体的生命，同时其精神的生存至关重要，人类精神的生存条件之一即主张权利。人在权利之中方具有精神的生存条件，并依靠权利保护精神的生存条件。若无权利，人将归于家畜……[2]

不但如此，"主张权利是对社会的义务"[3]，为什么会如此？权利不是属于每个权利人的吗？为什么会变成权利人对自己的义务？进而更变成了权利人对社会的义务？

---

[1] [美]朱尔斯·科尔曼等主编：《牛津法理学与法哲学手册》（上册），杜宴林等译，上海三联书店2019年版，第524页。
[2] [德]鲁道夫·冯·耶林：《为权利而斗争》，胡宝海译，中国法制出版社2004年版，第23页。
[3] [德]鲁道夫·冯·耶林：《为权利而斗争》，胡宝海译，中国法制出版社2004年版，第50页。

对前者的理解，必须和人类作为精神主体的德性要求相结合。权利绝非仅仅是所有生物皆具有的本能地进行自我保护的要求，更是人之所以成为人的精神基础，在这个意义上，权利壮大精神、强化人格，有一份权利，就有一份人成为人的精神和人格要素，权利享有和施展的状态，决定着人之所以为人的精神——人格状态。权利不仅是自主、自治，而且是"自负"——自己的事情自己做主，因之产生的所有责任，由自己承担。因此，权利决定了精神主体不能把因权利产生的责任诿诸他人。显然，这就必然意味着人作为精神主体的德性要求，即权利予人以德性——权利越充分、越全面，其对人的德性要求也越高。故权利不是德性的对立物，而是德性的促成因素。这决定着对后者的解释。

主张权利之所以是对社会的义务，恰在于现代社会中权利的德性基础。特别在以商业交易和互补余缺为特征的现代"社会连带关系"[1]中，陌生人之间之所以能够交往无虞，端在于建立在德性基础上的个人信誉和相互信任——权利或者使这种德性更明晰、普遍，或者为德性的可能缺失提供白纸黑字的规范凭据，以便救济。因此，权利必然意味着相互性，用格林的话说，就是权利主体之间获得了"相互承认"："能够认识到共同的利益也是自己的利益，并借助于别人意识到的利益来控制自己履行权力，使人意识到，权利应该得到履行；这也意味着，应该有权利存在，而权力应该通过相互承认得到控制。"

"如果在社会成员方面没有对共同利益的意识，就不可能有权利，没有共同利益的意识就只可能存在个人的某些权力，但这种权力，别人不会承认它是他们所允许履行的权力，也不会对这种承认有任何要求。而没有这种承

---

[1] "社会连带理论"，又称"社会团结理论"。相关论述，参见［法］埃米尔·涂尔干：《社会分工论》，渠东译，生活·读书·新知三联书店 2000 年版，第 108~186 页。法学家狄骥更是在此基础上创造了著名的"社会连带法学"，并强调社会连带关系并不是规范，而是事实。参见［法］莱翁·狄骥：《宪法论》，钱克新译，商务印书馆 1959 年版，第 64 页、第 381 页；［法］莱昂·狄骥：《公法的变迁》，郑戈译，商务印书馆 2013 年版，第 46~53 页。

认或承认的要求,权利就不可能存在。"①

这种相互承认,以及建立在相互承认基础上的相互信任和连带关系,既是立法者能够推出权利规范,并使其普遍化、一般化和公共化的事实—精神基础,也是据此制定法律,形成权利规范后,人们据之确定预期,追求自由的规范依凭。进而,一个人的权利追求,不仅是自我权利的享有,也是对他人、社会和人类的承认和尊重。只有如此,一个人才是社会的,才存在行使和享有权利的合法性基础,才能够使权利的行使和享有,与公共善相勾连。

由此再回到何以权利是自由预期的规范基础问题。一方面,权利意味着选择,权利规范的行使方式就是选择。忽略了选择这一核心要素,权利与自由之间就会脱节,就不能推出权利规范是自由预期的保障机制这一结论。但仅仅停留于选择这一层面,对于说明权利作为自由预期实现的规范保障而言还不够。因此,还必须联系权利与主体间的相互承认,从而联系权利的可普遍化和社会化,并把权利的行使和享有作为对个人、社会的义务对待,把权利置于社会连带关系的德性体系中,因权利所导致的所有责任皆须由权利人负责……只有如此,才能使权利规范成为自由预期的理性工具,使自由不再是纯粹个人的事务,而是被结构在法律体系中的可操作、可预期的公共事务和社会事务,使理念的自由化作可实践的、公共的、社会交往中的自由。②

四、寻求公道的人类正义预期及其规范预设

秩序与自由预期的两别,以及法律上义务与权利规范的两分,一方面,

---

① [美]贝思·J.辛格:《实用主义、权利和民主》,王守昌等译,上海译文出版社2001年版,第61~62页。
② 至于权力,对权力主体而言,它或者是严格羁束、不能选择的,从而和责任(职责)构成"一体两面"的关系,或者是自由裁量,从而在法定范围内是可选择的,但这种选择照例和责任构成"一体两面"的关系。参见谢晖:《法学范畴的矛盾辨思》,法律出版社2017年版,第235~246页。在功能上,权力为公正、正义的预期作保障,并当权利和自由遭遇侵害时,出面予以救济——前者是权力的常态运行,后者是权力的例外运行。在这个意义上,权力虽不是自由预期的缔造者,但是自由预期的保障者。这对秩序而言,亦然。

表明无论秩序与自由，还是义务与权利，皆存在于社会需要和规范事实整体性中。人们分别命名之，是为了在分析的视角更好地认识它们各自在整体性中的作用或功能。另一方面，既然有此种两别和两分，就说明在整体性中，尽管其作用和功能互补，但它们毕竟是不同的事物，并且在一定意义上还是对极性的事物。因此，要使整体性得以维系，就不但得关注通过立法对权利与义务、职权与职责，从而也对自由与秩序的常态化配置，而且也得关注一旦此种常态化配置在实践中出现问题或者遭到破坏，即出现常态化配置的例外情形时，如何通过立法的、行政的、司法的、社会自治等的方式，按照正义的要求和原则予以矫正和救济。

所以，正义不仅在于立法上对秩序和自由这种存在内在冲突的需要和事实，通过义务与权利、职责与职权予以规范化配置，以及使这种配置结果得以实践化、现实化，更在于一旦法律的配置在实践中走样、变形或被破坏时，如何根据公道的要求进行例外的救济。只有这样，正义才不但是人们的一种价值—目的需要，而且是具有预期性的价值—目的需要。

（一）正义预期的基本追求

"正义有着一张普罗透斯似的脸……变幻无常，随时可呈现不同形状并具有极不相同的面貌。"[①] 与秩序和自由在内涵上的相对简单（但这种简单绝不是人们一看就心知肚明的那种。何种秩序，何种自由，仍然是所有关注秩序和自由理论的人们分歧明显、争论不休的话题[②]）性相较，正义是一个更容易在不同学者、不同主体间产生分歧和多解的概念。揆诸东西方从古至今的法律，寻求公正，并进而追求正义，从来是其题中应有之义。但在有些国

---

① [美] E. 博登海默：《法理学：法律哲学与法律方法》，邓正来译，中国政法大学出版社2004年版，第252页。在该书同页中，作者强调"秩序……乃是社会制度和法律制度的形式结构；而正义所关注的却是法律规范和制度性安排的内容、它们对人类的影响以及它们在增进人类幸福与文明建设方面的价值。"

② 参见 [英] 阿克顿：《自由史论》，胡传胜等译，译林出版社2001年版，第3~554页；[意] 圭多·德·拉吉罗：《欧洲自由主义史》，杨军译，吉林人民出版社2001年版，第1~84页；[英] 弗里德利希·冯·哈耶克：《自由秩序原理》（上），邓正来译，生活·读书·新知三联书店1997年版，第3~314页；梁治平：《寻求自然秩序中的和谐——中国传统法律文化研究》，上海人民出版社1991年版，第27~305页。

家，正义被赋予了道德教化的含义：符合某种善良的道德，就是正义的，反之，就是非正义的。在有些国家，正义则被赋予了神学的含义，符合"神意"的，就是正义，悖乎"神意"的，自然就不正义。还有些国家，把正义的标准定位在法律上，符合法律的，便是正义的，悖乎法律的，就是不正义的。有些人强调分配正义、结果正义和矫正正义，有些人则坚持起点正义、交换正义和过程正义。有些人（卢梭、霍布斯、康德等）强调正义的善良标准；有些人（密尔、边沁、奥斯丁等）从功利主义视角关注正义；还有些人（罗尔斯、诺齐克等）从人的原初自由和平等的视角谈论正义。至于正义与其临近概念，如公平、公正、平等、正直、合理等的关系，就更是众说纷纭，莫衷一是。[1]

在理性上，无论人们把正义弄得多么复杂，但在法律实践中，正义与否的基本判准，一是看立法是否反映了天人关系（人与自然）、群己关系（人与人、人与社会）和身心关系（人与自己，心灵与肉身）的规定性，[2] 从而在法律上安排、配置、赋予人们以正义预期；二是看法律运行中人们是否按照法律正义预期来安排其行为——立法、行政、司法行为以及私人交往行为。因此，法律尽管不代表任何终极正义，甚至也不是通往终极正义的终南捷径，但没有法律，日常生活中的正义也罢，终极正义也罢，只能是中看而不中用的海市蜃楼，它可以是观念，但无法成实践。法律对正义而言之所以如此重要，就在于它本身赋予正义以预期，并指引人们根据这种预期相信、追求、实现正义——履行义务（秩序），行使权利（自由）。

---

[1] 有关正义和公正争论的相关论述，可见［美］约翰·罗尔斯：《正义论》，何怀宏等译，中国社会科学出版社2001年版，第1~575页；［美］约翰·罗尔斯：《作为公平的正义》，姚大志译，上海三联书店2002年版，第9~296页；［美］迈克尔·J.桑德尔：《自由主义与正义的局限》，万俊人等译，译林出版社2001年版，第211~222页；［美］迈克尔·桑德尔：《公正——该如何做是好》，朱慧玲译，中信出版社2011年版，第1~344页；［法］保罗·利科：《论公正》，程春明译，法律出版社2007年版，第41~79页；［美］T.R.S.艾伦：《法律、自由与正义——英国宪政的法律基础》，成协中等译，法律出版社2006年版，第65~245页；［美］迈克尔·沃尔泽：《正义诸领域——为多元主义与平等一辩》，褚松燕译，译林出版社2002年版，第15~241页。

[2] 对三种关系和法律的内相关性，参见谢晖：《依赖关系演进中人类境况的法哲学审视》，载《学术界》2019年第9期，以及谢晖：《价值重建与规范选择——中国法制现代化沉思》，法律出版社2019年版，第10页。

笔者认为，实践中的正义，在本质上是一种在两极事物之间所取的中道的权衡。因此，"所谓正义，……就是人们在矛盾对立的事物之间进行权衡，其目的是实现善的价值"。① 这一权衡，具体表现为三个维度，即本体维度的人的个体性与社会性之权衡；价值维度的人的自由追求和秩序追求之权衡，以及技术（法律形式）维度的权利与义务之权衡。每种权衡，固然需要人类良心和善的基本理念，但"徒善不足以为政"②。虽然良心和善本身具有极大的作用，因此，在黑格尔的笔下，良心被认为是伦理社会、教化世界之外的"第三种自我"——"良心的自我"或道德自我，"良心是在自己本身内的自我的自由"；③ 也因此有人主张"通过良心的正义"④，可即使良心和善再重要，它也只是一种抽象的标准，并且这一标准是难以预期的。要使其具有预期，一方面，需要通过立法赋予价值理性和技术理性合二为一的法律以预期性；另一方面，人们根据法律预期方便地安排、落实其正义行动——这些都是正义的常态配置及实现，它只需要法律义务规范、权利规范、权力（职权）/职责规范的日常运作就行。但日常正义，并非典型的正义。典型的正义，是法律配置的正义在实践中遭到破坏时，通过权力和责任（消极义务）予以救济的矫正正义、恢复正义。因此，权力规范和责任规范，就是这种典型的正义预期的基本规范预设。

（二）正义预期的权力及责任（消极义务）预设

如同秩序预期和自由预期需要明确的、普遍的、肯定的、稳定的规范予以确保一样，正义预期作为在秩序预期和自由预期之间的一种公允的平衡机

---

① 谢晖：《法哲学讲演录》，广西师范大学出版社2007年版，第252页。
② 《孟子·离娄章句上》，载杨伯峻译注：《孟子译注》（上），中华书局1960年版，第162页。
③ ［德］黑格尔：《精神现象学》（下卷），贺麟等译，商务印书馆1979年版，第176页。
④ "法治实质上是人们的依法自治，人的良心才是法治和正义最坚强的堡垒。没有良心，难谓正义！失却了良心的照管，一切貌似美妙的制度设计都可能只不过是（在此，'都可能'和'只不过是'之间，存在明显的逻辑瑕疵——引者注）一部分人掠夺另一部分人的手段，一切诚然美妙的制度设计也仍有可能沦为某些执法者为非作歹的工具！"谢可训：《通过良心的正义》，载《人民法院报》2014年8月8日。对此较为系统的论述，参见朱祖飞：《心学正义——看不见的法律》，中国民主法制出版社2018年版，第93~149页。在国外，利科也站在哲学层面探究过良知与法律的关系，参见［法］保罗·利科：《论公正》，程春明译，法律出版社2007年版，第168页。

制，使人们要么生活在"自由的秩序"体系中，要么生活在"秩序的自由"体系中，① 避免因为"秩序的独断专行"或"自由的无政府状态"给人类带来的伤害。"秩序的独断专行"虽然能够提供给人们一种相对安全的生存条件，但它以牺牲人们精神的自由和自主为代价，从而成就了生物学意义上的人，但并不能保障社会——精神价值意义上的人。而"自由的无政府"，看似人们的意愿和精神追求在此都得到了满足，但由于人们之间不存在相互信任和相互承认，故一方面，精神的满足只属于个人自我的，无法普遍化为一般的、社会的、公共的；另一方面，看似自由的精神，因相互承认和信任之缺失，面临的是无尽的风险。在此情态下，人们不得不生活在战战兢兢的精神恐惧中。故此，"自由的无政府"不但无助于保障精神主体的自由呈现，而且也无助于保障肉身的人。可见，在功能上，"自由的无政府"要更逊色于"秩序的独断专行"——它们两者，都不属于正义。

那么，正义究竟是什么样的呢？在此，不妨把正义二分为常态的和例外的两种以说明。

1. 常态的正义预期及规范预设

常态的正义，必须是秩序与自由的规范化兼顾。所以，当人们说社会案件处理符合正义时，至少表明案件的处理使两造的要求都获得了满足，即裁判回应了两造的需要和诉求；当我们说一个社会是正义的时，毫无疑问，生活在这个社会中的人们，既能够感受到秩序和安全，也能够感受到自由和随性。这些，在规范缺失时，是难以想象的——它最多只是人们观念的存在，而不是，也不可能是现实的、实践的存在。无疑，这对平衡秩序和自由的规范——义务和权利的出场提出了需要。如果说正义是不无冲突的秩序与自由的共存和平衡的话，那么其规范性表达就是义务与权利的共存和平衡。因为

---

① "自由的秩序"和"秩序的自由"，表面上只是相同文字的不同组合，实质上却表达着对秩序与自由两种价值何者居先的选择。前者主张自由居先于秩序，为消极自由主义者所遵循；而后者强调秩序优先于自由，为积极自由主义者所遵循。关于两种自由主义的论述，参见 [英] 以赛亚·柏林：《自由论》，胡传胜译，译林出版社 2019 年版，第 1~401 页。但毫无疑问，两者都既不反对自由，也不反对秩序，而只是在自由与秩序间，寻求平衡地共存的机制。

秩序和自由的共存和平衡，只有表达为法律上义务与权利的平衡地共存的时候，才是可预期的和现实的。

义务与权利的平衡共存，首先指的是在立法上，立法者根据秩序与自由的人类一般价值需要，确定两者能够平衡性共存的规范条件——具有平等的、明确的、公开的、普遍化的、能够实现相互承认的规范。这种规范作为人们日常交往的行为规范，或者作为司法以及替代性纠纷解决组织用以解决纠纷裁判规范，[①] 只要在人们的日常交往行为和司法裁判中得到尊重和运用，那么，就意味着其安排的正义预期的日常呈现，即人们交往行为的实践复现了法定的正义预期。显然，这是正义的日常预期。该预期是通过立法已平衡好了的。在此意义上，立法通过义务与权利的规范互补和互动，以及权力的确保，成就了秩序与自由的正义配置。

可见，常态的正义预期，就是人们的交往行为，无论是私人之间的交往关系或其他关系（如独处的"非交往"关系），或者公共行为——政府行为，司法裁判行为，替代性纠纷解决行为，社团内部管理行为等，都符合法定的义务权利配置，符合法律的条件和程序安排。这种常态的正义平衡，或者基于人们对规则的道德自觉，或者基于人们对规则的利益自觉，甚至或者基于人们对规则背后必然存在的制裁力量的畏惧——这些有关规则的心理因素，无论是哪种，一旦形成，就可以事半功倍地实现法定的正义预期和正义平衡要求，从而，常态的正义预期，一定是成本最低、效益最高的秩序—自由状态。同时，这种正义预期，不仅基于权力和责任（消极义务）的预设，而且基于义务和权利的预设。但例外的正义预期却不同。

[①] 行为规范和裁判规范尽管有关联，在一般情形下，行为规范能够成为裁判规范。例如在大陆法系国家的成文法体系中，毫无疑问，所有法定的行为规范，同时能作为司法裁判之准据，这就是法律的"可诉性"。但这并不意味着裁判规范一定能够成为人们日常的交往行为规范。有关行为规范和裁判规范的基本区别，埃利希的如下论断，不无参考价值："从法官的观点出发，法是法官据以必须对呈现在他面前的法律争议进行裁决的规则。而根据目前特别是在德国法学中流行的定义，法似乎是人类行为的规则。人类行为的规则和法官据以裁决法律争议的规则可能是大不相同的两回事，因为人类确实并不总是依照适用于其纠纷裁决的规则来行为的。"参见［奥］欧根·埃利希：《法社会学原理》，舒国滢译，中国大百科全书出版社2009年版，第9页。

2. 例外的正义预期及规范预设

但是，众所周知，法律的制定，不仅仅规划了人们的交往行为合乎义务和权利时的法律后果，而且规划了人们可能违反义务和权利规定的预防机制时，按照正义要求的预期救济机制——这样的正义预期，笔者称之为"例外的正义预期"。如前所述，作为法定的普遍化的义务和权利，必然要求或意味着人们的相互承认和相互信任，但它并不能总是保障人们之间会形成相互承认和相互信任，进而法律义务和权利规范并不能完全、自主地保障正义预期，这要求正义预期还需要在义务与权利的平衡机制之外，有其他的规范预设来保障——因为一旦法律义务和权利预设不能自主地导致常规的正义预期实现，甚至使这一预期遭遇破坏时不能得到救济，就意味着有法律还不如无法律。可见，在义务和权利规范之外，设定其他规范对遭受破坏的正义预期以救济和矫正，就是必需的。它事实上造就了一种例外的正义平衡预期。这种平衡预期，主要靠权力和责任（消极义务）规范来实现。

那么，什么是权力？什么是责任（消极义务）？这是在探究权力和责任（消极义务）规范作为正义预期出现例外，从而出面予以救济的规范预设机制时所必须预先解决的问题。

权力是一种支配力。一般来说，权力与权利之间具有一定的相通性，两者都存在对他人的支配性，但一方面，权力的支配更有强制性和单方面性，因此，在法律上，权力就是权力，权利就是权利。另一方面，所有权利，都具有可选择性，其中包括弃权。但是，所有权力都是不能放弃的。再一方面，权利一旦遭受侵犯，人们可以运用之而进行"私力救济"[1]，但权力却是人们权利遭受侵犯、义务遭受蔑视时的公共救济机制。[2] 因此，尽管权力与权利

---

[1] 有关"私力救济"的论述，参见徐昕：《论私力救济》，中国政法大学出版社2005年版，第90~393页；桑本谦：《私人之间的监控与惩罚——一个经济学的进路》，山东人民出版社2005年版，第39~277页。

[2] 在前文的注释中，笔者已经指出了权力的常态运行和例外运行这两种情形——前者是权力在法律秩序处于正常状态下的运行，后者是权力在法律秩序遭受破坏状态下的运行。在表现形式上，权力的这两种运行既可以是权力主体的"依职权的行为"，也可能是权力主体的"应请求行为"。应予关注的是："应请求"的权力例外运行，所涉及的是法律例外的一般情形，而"依职权"的权力的例外运行，一定涉及的是法律秩序遭破坏的重大情形。

一样，具有支配性，但两种事物的区别是明显的。权力规范必须支配和确保整个社会在秩序与自由、义务和权利的平衡性并存中运行；必须支配并确保这种平衡性共存一旦被人为打破，出面予以补救和救济。从而使秩序与自由、义务与权利共在的正义预期得以恢复，体现出所谓矫正的、恢复的正义。

当然，与此同时，问题也产生了，即权力何以能够救济常态正义的破损，进而人们何以要服从权力？毫无疑问，这是一个与权力背后的权威相关的话题。权威是什么？[1] 大致来说，它可在道德、认可和法定三个层面理解。即权力要由有德性（人们信得过）的人（机构）掌握，要通过人民的认可（选举）而获得，并经由合法程序授权和认定，这样的权力，才有权威。在这个意义上，人们接受权力的权威基础是综合的，不是单一的，是通过制度化、法律化的德性、选举和程序作保障的。所以，对权力的服从，可以进而引申为公民服从、遵循法律的道德义务。这样，权力不但一般地通过其保障或救济，确保法律安排的正义预期，而且因为人们对权力的信任和服从，把这种预期机制内化为法律必然关联正义的心理预期。

至于责任，我们知道，它可以二分为与职权相对的职责和针对违法行为所追加的额外义务（消极义务）。对于正义预期而言，前者的功能与权力（职权）是一体的，或者说是"一体两面"的，因此，在此没有继续展开论述的必要。所以，这里所谈的责任，仅指后者——作为对违法行为追加义务（它在本质上仍是义务，是一种因违法而追加的惩罚性义务，从而也是消极义务）的责任——显然，这是对秩序与自由、义务与权利遭遇人为破坏的例外时的必要的惩罚、补救和再平衡机制。

可以说，如果说权力是矫正常态正义遭到破坏时的救济动力的话，那么，这种动力还需要指向一定的矫正后果，并经由这一后果恢复常态正义。就法

---

[1] 有关权威及其内部冲突关系的学术综述性论述，参见［美］朱尔斯·科尔曼等主编：《牛津法理学与法哲学手册》（上册），杜宴林等译，上海三联书店2019年版，第419页。有关权威结构的论述参见［德］马克斯·韦伯：《经济与社会》（上卷），林荣远译，商务印书馆1997年版，第238~332页。有关权力与权威关系的论述，参见［美］丹尼斯·朗：《权力论》，陆震纶等译，中国社会科学出版社2002年版，第110页。

律规范而言，这一后果不是别的，正是这里讲的责任（消极义务）。倘若秩序与自由、义务与权利的正义预期遭到破坏是正义的例外情形的话，那么，责任——相对于一般义务而言，就是一种义务的例外，是对破坏和阻断法律正义预期行为的例外规定。这种例外规定本身形成另一种正义预期——凡是违背法律的行为，都必然且必须在结果上被权力科以责任，以矫正、补救、恢复正义。尽管这种预期是正义常规预期的例外，但对正义预期的实际作用而言，较之常规预期，其更形重要，更具有典型性——因为常态正义预期过于日常，反倒令人们习以为常，百姓日用而不知；但例外正义预期由于反常，反倒会获得人们的特别关注，并且它是人们反过来坚定常规正义预期的真正保障机制。在此意义上可以说，法律正义预期，并不在于它不受任何侵犯——如前所述，法律本身就是对常规正义可能会遭遇破坏的一套防范机制，而在于它一旦受到侵犯，不可避免地会通过权力的介入，依法科以责任，给破坏者追加额外的义务——唯其如此，责任（消极义务）规范，作为救济正义出现例外的补救后果，和权力规范一起，成为法律正义预期的规范预期机制。

五、结论

经由以上论述，一方面，我们明白，法律是具有明确目的性的社会规范体系，这集中体现在其三个基本价值追求——秩序、自由以及权衡并平衡它们冲突的正义上。这三种目的性价值，对法律而言都具有一般性和整体性。作为观念性的价值，它们都不是直接依赖观念本身而获得预期的，必须把这种观念化作肯定的、明确的、普遍的和可操作的法律技术规范，这些观念性的价值才具有可实践性。即其只有依赖法律技术规范，才能保障和实现其预期性，进而使观念世界的秩序、自由、正义转化为行为规范世界的义务、权利和权力与责任。

具体而言，法律的秩序价值主要借助法律义务规范的预设而获得预期。这是因为义务与权利一样，既是人们交往行为中所形成的法律关系的内容，也是人们交往行为的边界——即秩序的边界。边界意味着在界内，行为就有效，在界外，行为不但无效，反而会因此导致额外的义务（消极义务）——责任——的承担。所以，尽管所有法律规范都和秩序相关，但相较而言，义务与秩序的关系更直接，关联更紧密。义务不存，则秩序不在。所以，作为目的预期的法律秩序预期，其规范表达和保障主要依赖的是法律预设的义务规范。

法律的自由价值主要借助法律权利规范的预设而获得预期。尽管自由一定是秩序中的自由，秩序应当是包含自由的秩序，但毕竟自由与秩序并非一码事，而是并存但不无矛盾的两种价值。自由意味着人们的精神（意思）自治、行为（选择）自主和责任（义务）自负。而在法律规范中，权利就是赋予人们在多样性中拥有选择资格和能力的规范。正是在此意义上，权利伸展人格、壮大精神、增进自由。权利不仅能被个别化为个人的行为选择，而且还是这种选择能被交往行为中的主体相互承认、尊重和信任的规范凭据。因此，权利就成为人们交往中作出自我选择的通约机制。这样，权利不仅连接着每个人的自由，从而是每个人自由的预期机制，而且连接着公共和社会自由，从而是公共和社会自由的预期机制。权利就是个人自由和社会自由的规范预期。

至于法律的正义价值，它不是典型地表现在法律运行的日常状态，而是典型地表现在法律运行的例外状态，即法定的义务—秩序预期和权利—自由预期遭到破坏时，需要某种强制平衡的救济机制予以补救。这一救济或补救机制的预期规范是权力和责任（消极义务）。虽然权力之于秩序与自由的常态运行和保障而言，照例是重要的外部规范，但对于秩序与自由的非常态（例外）运行的矫正而言，则是权威的、强制的规范动力和实践动力。而责任——违背法律的追加义务（消极义务），则是权力动力在矫正秩序与自由非常态运行时的必然后果归结。可以说，没有责任归结，权力动力失效。正由于权力规范作为矫正、恢复正义的动力机制，责任（消极义务）规范作为矫正、恢复正义的结果归结，才决定了典型的法律正义之预期规范，不是义务与权利，而是恢复义务与权利，从而是具有恢复能力的权力和责任（消极义务）。因此，权力和责任（消极义务）是法律正义目的预期的规范保障机制。

总之，法律是人们交往行为的预期机制。通过这种预期，人们对其交往行为中如何做才能确保利益的实现、避免不利结果的出现有基本预估，因之，才有选择的自由性和行动的安全感；通过这种预期，人们也能够对交往行为中违背法律规定的行为将如何处理有一个基本预期，因此，即便违法，甚至犯罪行为存在，人们并不惧怕，因为他们根据法律预期坚信，违法必然会受惩罚，会经由权力和责任而回归到法律目的预期的常规轨道。

综上所述，法律预期宏观地表达在其目的上。这可三分为关乎安全的秩序预期，关乎自治的自由预期以及关乎公道的正义预期。它们分别由法律义务规范、法律权利规范以及法律权力规范和责任（消极义务）规范作预期保障。如果运用黑格尔的辩证哲学理念，[①] 那么，不难发现这里存在着明显的正（秩序—义务）、反（自由—权利）、合（正义—权力/责任）的辩证关系。秩序、自由与正义的正、反、合，需要义务、权利、权力/责任的正、反、合作规范保障。有了这种保障，秩序—安全、自由—自治、正义—公道便不再仅仅是观念的，而且必然会从观念外化为实践；有了这种保障，秩序便不再是专制和桎梏，自由便不再会"多少恶行假汝以行"，同样，正义也不再是那张"普罗透斯似的脸"。

---

① 黑格尔的哲学体系，尽管在整体上贯穿了正题、反题与合题这样的人类精神发展的"辩证三段论"，但他明确提出这三个概念，却是在评述康德哲学时。他指出："伟大的辩证法的本能使得康德说，第一个范畴是肯定的，第二个范畴是第一个范畴的否定，第三个范畴是前二者的综合"；因而，康德哲学"到处都展示为正题、反题和综合的图式。"[德] 黑格尔：《哲学史讲演录》（第4卷），贺麟等译，商务印书馆1978年版，第269~306页。笔者在这里虽是借用黑格尔的正反合三段论，但也能恰切地说明在笔者看来秩序之为正题，自由是在秩序中内生，但又异于秩序的反题，而正义则是两者的综合（合题）。

论法律预期目的冲突司法救济的默会维度

——一个默会正义的思考*

一、明述的法律和默会的法律

在20世纪的人类认识论史上，诠释学、商谈理论以及默会知识论的提出，一改科学主义有关知识明述性的定论，① 强调知识的表现，不仅在于明述。在人类语言能够明述的知识之外，还存在一种语言符号不足以明述的知识。"我们能知道的多于我们能言说的"，所以，"存在着一些特别的知识类型，它们在原则上是不能充分言说的。换言之，在我们的认知能力与语言表达能力之间，存在着一道逻辑鸿沟。这种原则上不能充分言说的知识，是默会知识"②。与之相较，在法学领域，人们自来把法律知识视为普遍的、一般的、抽象的和准确可靠的知识，是一种搭架在逻辑框架下的明述知识。似乎在法律世界不存在这种默会知识。事实果真如此吗？如下笔者就此展开一些简略的讨论。

---

* 本文原载于《法学》2023年第3期。

① 在科学认识论看来，知识总是能够通过符号（记号、语言）、符号组合来描述，并借此表达其真理性的："与超验论的知识见解相对比，新经验论的哲学也可以称作为功能论的知识见解。在这种解释中，知识并不涉及另一个世界，而只描述这个世界里的事物，因而执行着一种为一个目的服务的，即为预言未来的目的而服务的功能。我想来讨论一下这个见解，这个见解已成为逻辑经验论的一个原理。……"参见[德] H. 赖欣巴哈《科学哲学的兴起》，伯尼译，商务印书馆1983年版，第197～198页。

② 郁振华：《人类知识的默会维度》，北京大学出版社2022年版，第23～25页。

（一）逻辑系统架构的法律明述之维

在法学家以及法律人的笔下，尽管法律是一个脸谱多样的概念，但一位法人类学家的法律概念，会和一位分析法学家的法律概念大相径庭；一位法律现实主义者的法律概念，会与一位自然法学派法学家的法律概念相去甚远；同样，一位法律经济学家的法律概念，又会与一位历史—文化法学家的法律概念南辕北辙。不过，尽管在学术界，法律的概念如此纷纭多样，但在法律实践领域，存在着人们公认的主流法学观（概）念，这就是分析法学派的法律观念。另外，所有法学流派存在着基本共识，即法律归根结底是对关系、利益、文化等事实和价值的规范表达，这一表达的目的，是为了更加正义、有效、普遍地调整人们纷繁复杂的交往关系，以便形成有效的社会交往秩序。所以，除了被安在庄周名下的"法律虚无主义"① 观点，人们怕再找不出对法律制度如此弃如敝屣的学者了。

那么，以分析法学思想为核心的法律概念以及各派法学皆能够接受的法律概念又是什么？把法律搭架在一种逻辑框架下，并强调法律是且只能是一种明述知识——法律不能就任何不确定的只可意会不可言传的事物留下空间，或许是回答这一问题的关键所系。这里不妨引用一段人们都很熟悉的话："法律是肯定的、明确的、普遍的规范，在这些规范中自由的存在具有普遍的、理论的、不取决于个别人的任性的性质。"②

马克思有关法律的这一论断，一方面，虽然不属于分析法学的结论，但与分析法学的法律观念若合符节。例如，肯定，就和后者所强调的法律是主权者的命令基本吻合。命令的基本形式特征就是肯定。不肯定不足以构成命

---

① 在《牛津法律大辞典》中，"法律虚无主义"这一词条就直接被安在庄周名下（见《牛津法律大辞典》，光明日报出版社1988年版，第790页）。确实，其"绝圣弃智，大盗乃止。摘玉毁珠，小盗不起。焚符破玺，而民朴鄙；掊斗折衡，而民不争；残弹天下之圣、法，而民始可以与论议"（《庄子·胠箧》）的论述，不但给人法律虚无主义的深刻印象，而且更可见其文化虚无主义观念。但在有些学者看来，在其"无为"的"逍遥游"思想中，仍可以开发出"思想自由"的真谛；在其"天地并生""万物为一"的思想中，也能发现一种独特的平等观。参见段秋关：《中国现代法治及其历史根基》，商务印书馆2018年版，第426～432页。

② 《马克思恩格斯全集》（第1卷），人民出版社1956年版，第85页。

令。而明确，又是肯定的必然延伸。肯定的事物，一定是明确的；反之，不明确的事物，也就很难说是肯定的。至于普遍，这又是作为法的命令区别于"具体命令或个别命令"的关键所系。被誉为分析法学创始人的奥斯丁这样说："……如果一个命令具有普遍的行为约束力，而且，对之服从的行为主体也是普遍的，那么，这个命令就是法，或者规则。反之，如果一个命令只是针对个别行为具有约束力，而且，对之服从的主体也是个别的，换句话说，它所规定的内容对行为，以及人们对其表现的服从，都是特殊化的、个人化的，那么，一个命令就是具体的或个别的。"①

由此足见在这一问题上，马克思的见解与分析法学的见解之沟通性，尽管马克思在这段话中所强调的，并非法律的这些特征，而是这些特征对自由的意义。恰恰是在这个方面，分析法学并不太上心。这也决定了分析法学与马克思主义法学的分歧所在。不过这不要紧，本书所关注的正是人们对法律形式特征的理解。因为这种理解与法律的明述性之间关联更大。更兼之深受马克思主义法学的影响，我国法学者即使在谈论分析法学的观点时，也自觉不自觉地向马克思主义法学汲取营养。换言之，分析法学的那些观点，在马克思主义的法学主张中就可找到根据。这不但在我国，即使在西方马克思主义法学思想家中，也可见此端倪。②

另一方面，这里更想强调的是，这些对法律形式特征的描述，直接通往把法律当成科学那样的明述知识之路。这是以分析法学为代表的法学观念之重要立场。所以，前述马克思对法律形式特征的总结，不只是对法律的一种理想定位，更是法律人，以及其他笃信法律和法治者在总结法律基本特征时日常的、普遍的遵循。进而要展开的，是力图让法律成为明述知识。奥斯丁之所以要不遗余力地框定"法理学的范围"，其目的就是要擘画一个能够精确说明的"准确意义上的法"，进而把那些不能准确说明的"法"，排除于法

---

① [英]约翰·奥斯丁：《法理学的范围》，刘星译，中国法制出版社2002年版，第25页。
② 这种情形，也深刻地影响着西方马克思主义法学。特别是其重要代表人物柯林斯的研究方法："我的方法是：首先描述我所相信的马克思主义者提出的最融贯的法律洞察，然后让它们接受批评。"[英]休·柯林斯：《马克思主义与法律》，邱昭继译，法律出版社2012年版，第45页。

理学的范围。他针对"政治优势者制定的法"和"非政治优势者制定的法"指出:"……两种类型的法,其中之一,是准确意义上的由人制定的法。另外一种类型,是不精确意义上的法。后一类型的法,是由于人们频繁的类比式修辞活动,而被称作法的。"[1]

可见,分析法学对法律和法学作为明述知识的追求,溢于言表。法学主流思潮和思想对法律以及法学的这种"科学""明述""逻辑化"之追求,自然令人动容。但这是否意味着实在法——现实的由政治优势者制定的法,就一定是逻辑的、科学的和明述的?对此,在强调法律之逻辑的明述知识之维外,还不应忘记法律之修辞的默会知识之维。

(二)修辞预设架构的法律默会之维

笔者认为,法律除了含有逻辑的明述知识,还有修辞的默会知识。尽管在法律世界,毫无疑问,逻辑的明述知识应是第一位的,否则,法律普遍规范、一般调整的预期就将荡然无存。但这并不意味着法律世界就能完全被逻辑有效构造,被明述知识悉数网罗。事实是,除了逻辑的、系统的明述知识之外,在法律上,照例存在着修辞的默会知识。所以,修辞不仅属于奥斯丁所谓"非政治优势者制定的法",即使"政治优势者制定的法",也不可避免地会存有修辞视野的内容,因而存有法律规定和运行中的默会知识。为何这么说呢?这取决于:

第一,所有法律制度的修辞维度。众人皆知,法律是一套逻辑体系,但从根本上讲,人类运用逻辑的致思,总是受到修辞左右的。之所以法律制度是一个修辞体系,乃是因为法律所依赖的逻辑推理方式皆需修辞来支持,法律的演绎推理在大前提,甚至小前提上是修辞性的;法律的归纳推理在归纳内容以及归纳的结论上是修辞性的;法律的类比推理在类比的根据、情境、场域以及结论上,也是修辞性的。因此,没有修辞支撑和修辞约定,一切逻辑推理都无从谈起,也不会准确。[2]

---

[1] [英]约翰·奥斯丁:《法理学的范围》,刘星译,中国法制出版社2002年版,第16页。
[2] 谢晖:《制度修辞论》,法律出版社2017年版,第12页。

这一论述，或许能够在根源上引领法律人走出长期鄙视修辞、唯独青睐逻辑的误区。制度修辞论表明，修辞不仅是法律实践中技术性的权宜策略，而且是人类建立任何一种制度时无可奈何的选择。因为人类任何一种制度所面临的对象及其背后的需求总是多元的、芜杂的，甚至对立的。立法者何以在这样的事实面前择其一而保护，择其一而制裁，择其一而放任？其背后的知识理据是否都是可明述的？这诚然是值得认真对待的话题。换个视角，对于同样的事实，例如同性婚姻，为何有些国家和地区予以立法（或裁判）保护，而有些国家和地区并无明确规定，还有些国家和地区明令禁止？这背后除了规则本身是可明述的之外，其所蕴含的事实和价值根据是否可以明述？倘若不能明述，它自然就是一种修辞性决断，而不是逻辑性结论。法律制度在总体上的这种修辞性所致的默会知识特征，昭然若揭。

第二，法律中的价值性、宣告性条款，其实质更凸显法律的修辞属性，也昭示法律的默会知识特质。抛开法律面对多元的事实和主张，常择其一而肯定和保护、择其一而否定和制裁这种带有倾向性的选择，并以此选择作为人们交往行为的导向和定制（法律规则）所包含的修辞决断因素不谈，在法律要素中，除了规则，还有原则和政策。我们知道，德沃金比较系统地阐述过作为法律规则模式要素的原则和政策。他指出："通过表明一项政治决定促进或保护了作为整体的社会的某些集体性目标，政策的论点证明这项政治决定的合理性……通过说明决定尊重或维护了某些个人或集体的权利，原则的论点证明了一项政治决定的合理性……原则和政策的确是政治证明中的主要依据。任何一项复杂的立法纲领的证明通常既要求原则的论点也要求政策的论点。即使一个主要是政策问题的纲领……也需要若干原则以证明特定考虑的合理性。"[①]

不论德沃金是在什么意义上使用原则和政策，这两个概念所展示出的价值因素昭然若揭。可以说，在法律中，原则就是那些具有明显（道德）价值

[①] ［美］罗纳德·德沃金：《认真对待权利》，信春鹰等译，中国大百科全书出版社1998年版，第117页。

性的条文，而政策虽具有临时性特征，但是每每指向集体目的性的条文。和规则调整对象的明述性相较，原则和政策虽有明述性的一面，但更具有默会属性。德沃金把法律界定为"阐释性概念"，或许与原则与政策在法律中的重要性，以及这两个法律要素本身秉有的默会知识的特征相关联。特别是法律中具有明显宣告性特征的那些条款，不能不说具有"什么山上唱什么歌，什么阶级说什么话"的特征。虽然它们不是不能以言语说出的知识，但又是言语所不能完全言说的知识。特别在价值多元和政策方案多样的情形下，立法和法律上的每次价值决断与政策选择，自然都能够说出理由，但人们在选择和抛弃之间，所说出的只能是修辞决断，是部分而非全部理由。

第三，法律的实践—行动品格，决定了法律知识除了明述的命题性知识，尚存有默会的实践知识。且在有些学者看来，实践知识乃是命题性知识的前提。对这样的观点，我们可以进一步表述为：命题性知识可用语言表达（即明述知识），但用来确立命题性的知识，如社会事实、社会关系等，却不能全然用语言来表达。这个表述，对于立法的价值或政治决断而言是如此，对于立法何以选择一个法律概念，如买卖，来指称和这一概念相关的所有社会事实而言，也是如此。词与物在这里如何对应，既是可言的，但又是不尽能言的。这就是作为法律明述知识前提的默会知识。

当然，一旦立法者决定使用某一法律概念和法律规则，对应于它的相关社会事实或社会关系，就因此获得了命题性（明述）知识的特征。但问题在于，立法者的决断，只有在能够引导自身和其他社会主体按照这种决断行动和实践时，才是有效的。否则，命题性知识不过是概念游戏。它既不能增益于人们的交往实践，也不能减损人们的交往实践。但我们知道，在康德哲学中，法律属于典型的实践理性的范畴。[1] 实践理性使得法律的明述知识必须被代入难以尽述的社会交往的具体事实和实践中时，才产生实际意义，然而，

---

[1] 参见［德］康德：《实践理性批判》，邓晓芒译，人民出版社2004年版，第16~223页；葛洪义：《法与实践理性》，中国政法大学出版社2002年版，第86~161页；颜厥安：《法与实践理性》，中国政法大学出版社2003年版，第85~376页；赵明：《实践理性的政治立法：康德〈论永久和〉的法哲学诠释》，法律出版社2009年版，第139~239页。

一旦代入其中，明述知识便不再存在，代入的境地，是个可以言说但难以尽述的领域，是个默会的领域。所以，法院和法官对案件的裁判，总是根据法律或先例作出的，但只是且只能是接近法律或先例，而很少是丝毫不差地符合法律或先例。这是作为明述知识的法律在其具体运用时所产生的默会问题。① 这种情形，印证了一位哲学家的见解："就用语言手段来表述其内容而言，说规则或概念的内容只能得到不完整的表述，应该不再有什么问题……充分掌握概念的标准在于对它们的应用。因此……内在于这种掌握的那种知识，在行动中得到了部分的和不可还原的表达。所以，行动的这一面，即概念的可以从理智上解释的部分必然地根植于其中的那个方面，是不可能用语词表达出来的。"②

上述三点共同表明，寻求法律逻辑清晰、语言准确的明述方面，尽管是法律和法治事业应有的不懈追求，但无视法律的修辞之维，以及在修辞架构下不能明述、只可意会——默会知识的方面，甚至反对法律上的修辞决断，不但无补于法律和法治志业，而且对更为深入地寻求和理解法律知识，有效地推进法律的实践应用，无形中是一种障碍。

（三）法律预期目的之明述与默会

法律不是任何意义上纯粹的逻辑或修辞游戏，而是导向人们具体的权利与义务之规范体系。法治则是在这种规范体系基础上，进而把法律相对的明述知识落实为具象的可明述但不能尽述的实践活动的过程。故没有目的预设的法律是不存在的，在一定意义上讲，法律就是对人们交往行为作出目的预设，并在实践中使这种目的预设与人们的行为选择、权利义务的享有和承担相一致的规范体系。所有权利义务之预设，都服务于法律中更根本的目的预设。

法律是社会组织化的规范体系，是人类作为群体存在、群体交往，且有

---

① 法律的这种不能言说，不是要把人们引向法律的神秘主义，像古已有之的誓证制度、神明裁判或者决斗解纷那样。参见[美]亨利·查尔斯·李：《迷信与暴力：历史中的宣誓、决斗、神判与酷刑》，X. Li 译，广西师范大学出版社 2016 年版，第 3~462 页。因为上述神秘主义不但是不能明述的，也是不能默会的。它们不属于知识的领域，而属于法律和司法神话的领域。

② 哲学家 Kjell S. Johannessen 言。参见郁振华：《人类知识的默会维度》，北京大学出版社 2002 年版，第 49~50 页。

组织地存在和交往的工具体系。为何人们需要一种外加的规范体系作用与自身的交往，这取决于个体人面对强大的外在世界，倘若没有组织化的事实和规范保障，就难以实现任何具体的个人自由这一事实。荀况曰：人"力不若牛，走不若马，而牛马为用，何也？曰：人能群，彼不能群也。人何以能群？曰：分。分何以能行？曰：义。故义以分则和，和则一，一则多力，多力则强，强则胜物……故人生不能无群，群而无分则争，争则乱，乱则离，离则弱，弱则不能胜物……"① 这一论述，把人类制定法律的目的交代得如此清晰。这在西方思想家的笔下，也是一样："为了保障和促进人类利益，人类组织成社会。社会组织化的目标在于，确保个人能够从事其原本不能从事的活动，使个人在无法自我保护的意义上保证个人愿望的实现。组织化的真实目的时常在于保证其个别成员的利益。不过，秩序总归是福音，虽然在任何政治组织中，只有少部分人受益于此，但对其他人来说，政治组织的存在仍要好过无政府状态。"②

尽管格雷的观点太过"现实主义"，但他正确地指出了法律——作为工具的权利义务背后的目的预设。但是，当我们强调法律总是为着这样那样的目的而预设的时候，尽管其在一定意义上是可以明述的，即可能构成明述知识，但并不总是能够明述的。因为法律的目的预设，总是选择了某种对交往行为中的人而言最不坏的预期，但并没有也不可能面面俱到地保障所有目的追求。保障所有目的追求的法律，也就不成为法律，当然，更不存在由它保障下的秩序，毋宁说它是社会乱源。这或许正是格雷如此"现实"的缘由吧。

在此意义上讲，法律预期目的的预设，本身是立法中的一种默会知识。

首先，这种预设虽基于单面选择，但其调整的却是普遍事务。如前所述，立法总是在社会多元价值追求面前选择的结果。特别是面对冲突的社会价值时在某个方面的择取，显然不是对普遍要求的一般升华。这意味着法律选择的同时，也是法律的否定。法律在预设保护的法益时，必须同时预设其能够

---

① 《荀子·王制》。
② [美]约翰·奇普曼·格雷：《法律的性质与渊源》，马驰译，商务印书馆2022年版，第18~19页。

否定和制裁的利益追求。所以，立法的目的预设总是单面的，但它的适用对象必须是全面的。它不但适用于在法律上肯定并保护的目的，同时也适用于在法律上否定并制裁的目的。这种情形，即使会带来法律规范上的明述，但对应于法律实践，它在更多情形下是默会的。因为预设择取的目标，在价值上从来是相对的。

其次，这种预设虽基于当下情形，但其调整的却是未来事务。以当下规范应对未来事务，尽管不是说完全不能言说，但毫无疑问，其言说能力是有限度的。当我们说一个国家的某部法律适合这个国家未来发展方向时，与其说它是一种明述的知识，不如说它就是一种预测，是建立在预测基础上的可以说出个大概，但不能也无法说透，完全说明白的事体。更何况未来事务，即便是同一内容和性质的事务，也是与时俱进的，而非静止不变的。这更使得基于当下情形的确定的目的预设，必须接受未来变迁中的不确定性的检验和考验。因此，相关知识在更多时候是默会的，而非明述的。如在既往的法律中，或许谁也想不到信息可以成为商品来作为买卖的标的，如今这种标的在买卖活动中却司空见惯。

最后，这种预设虽基于一般情形，但其调整的却是具体事务。尽管抽象的一般规定，预设了一种可以言说的制度（规范）事实，但是，它所要调整和面对的具体事实——社会关系却是无限多样的。这不禁让人想起庄周的名言："吾生也有涯，而知也无涯。以有涯随无涯，殆已！"[1] 尽管庄周是说以人生的有限追求知识的无限，是很难成功的。但笔者借用之，以说明把有限的能够言说的规范明述知识，运用于无限的难以尽述的纷繁事实，以确定的一般性规定应对不确定的具体性事件，即便不能说一定会失败，但其实践操作过程，也会面临千难万险。这或许是法律，特别是司法实践和立法的法律预期目的相比较，更为复杂的原因所在。所谓"法令滋彰，盗贼多有"[2]，尽管其意蕴更深，但在现象上，所描述的不正是这种情形吗？

---

[1] 《庄子·养生主》。
[2] 《道德经·第57章》。

综上所述，法律作为一种主体交往中社会秩序建构的预期机制，其预期性本身具有默会性。尽管它能够被人们，特别是法律专家们所明述，但即便是那些在法律和法学方面学富五车、融会贯通的学者和法律实务者，也不能完全明述法律的预期问题，特别不能完全明述法律单方面选择遭遇社会普遍事务、法律当下规定遭遇事实未来变化、法律一般规定遭遇交往具体事务时的种种模糊不明及难以言表。这更证成了法律预期目的的默会属性。

二、法律预期目的冲突及其司法救济中的默会知识

如果说法律预期目的在一般意义上具有默会知识属性，那么，当法律预期目的之间遇到无法协调的对立和冲突时，其默会知识的特点更为明显。而当司法中的个案遭遇到这种法律预期目的的冲突时，司法救济实践就尤显其默会知识的一面。如果借用对默会知识的强、弱两种分类，可以认为，法律预期目的在一般意义上的默会知识属性是弱的默会知识；但这一目的在冲突并不可协调意义上的默会知识，以及个案事实遭遇法律预期目的冲突时司法出面救济的实践，则属于强的默会知识[1]。为什么这么说呢？

（一）法律预期目的冲突的强默会性质

法律预期虽然建立在对多元需要进行权衡、筛选、过滤的基础上，但这并不意味着法律预期本身就是单一的、铁板一块的。反之，法律预期目的本身是多元的，并且这种多元目的之间并非完全是逻辑一致的。笔者认为，多元法律预期目的主要表现在如下三方面，即"免于恐惧的人类秩序预期""向往自主的人类自由预期"和"寻求公道的人类正义预期"[2]。值得关注的是，这些美好的预期之间，固然有和谐一致的时候，但在法律的运行中，它们又不时会发生冲突，甚至会发生对立的、不能妥协的冲突。

---

[1] "强的意义上的默会知识，是指那些原则上不能用语言来充分表达的知识；弱的意义上的默会知识，是指那些虽未被言说，但非原则上不能充分言说的知识。"郁振华：《人类知识的默会维度》，北京大学出版社2002年版，第8页。

[2] 参见谢晖：《论法律预期目的及其规范预设》，载《东方法学》2022年第5期。

例如秩序预期和自由预期,自来就是一对矛盾。从根本上讲,它根源于人内在本质的个体性与社会性。这种本质在社会层面的表达,是秩序与自由,在法律层面的表达,是义务与权利。① 就其复杂性而言,问题不在于能够明述的上述事实,而在于这些事实发生了不能调和的冲突时应当如何选择——在社会上究竟要选择秩序优先的社会政策路线,还是选择自由优先的社会政策路线,在法律上,则究竟要选择义务居先还是权利居先。② 当然,人们会说,在法律原则和政策领域,不存在恒定的秩序优先或自由优先,两者是在动态发展中根据不同情势而交替其优先性的,即两者是动态平衡的。尽管在理论上得出这种一般性的结论并不困难,但在法律运行的具体实践中,当两者出现难以协调的冲突时,人们的选择和决断就又变成了在理论上无法明述的领域。显然,对此人们虽然能言说,但言说的结果或许是"公说公有理,婆说婆有理"。这样的结果,对法律预期目的本身而言,反倒变成默会知识了。

不但如此,这种默会知识还是原则上不能用语言来充分表达的那种,从而具有强的默会知识的特点。默会知识也是知识,而不是超越知识的神启、灵异、顿悟等。只是它并非人们能运用语言完全明述的知识。当然,这里首先得对知识有个大体的了解,并且通过相关了解进一步明了所有的知识观念所讲的知识,都既有明述的,又有默会的。什么是知识?这是个在学术史上颇有争议的话题。对知识类型最经典的划分,是波伊曼的知识分类。③ 对此,

---

① 相关具体论述,参见谢晖:《法律双重价值论》,载《法律科学》1991年第6期。
② 众所周知,这个今天看来有些稀松平常的话题,在20世纪80年代末90年代初,却引发了我国法学界广泛而深入的争论,成为改革开放以来我国法学的重要生长点。这即权利本位论与义务重心论的争论。参见张恒山:《论法以义务为重心——评"权利本位说"》,载《中国法学》1990年第5期;郑成良:《权利本位——兼与封曰贤同志商榷》,载《中国法学》1991年第1期。
③ 在波伊曼(Louis. P. Pojman)的笔下,命题知识仅仅是知识类型中的一种。他把知识类型化为三种,即亲知知识(熟悉的知识)——主体通过其经验与知识对象的全部或大部发生直接关系而获得的知识;命题知识(描述性知识)——主体经由一个真命题,并通过联想和知识对象间形成全部或大部的间接关系,并因此而获得的知识;(有)能力知识,或技巧知识、过程知识——顾名思义,它是与人们的实践过程紧密相关的知识。根据这种知识,人们知道某件事该怎么做。参见[美]路易斯·P. 波伊曼:《知识论导论——我们能知道什么?》,洪汉鼎译,中国人民大学出版社2008年版,第3~5页。不得不进一步说的是,在这里,亲知知识大体上是弱的默会知识;命题知识绝大部分是明述知识,但也包含一些默会知识;而能力知识,在更大程度上是强的默会知识。

笔者先撇开其亲知知识和能力知识（后文将会提到）而不论，仅就其命题性知识及其两种引申略作展开，以分析其明述性和默会性。

第一，命题知识论。金岳霖指出："所谓有知识就是能够断定真命题。"①"知识是一种极复杂的关系事实，内中所包含的关系不止一种；我们对于现象有许多关系，现象对于外物也有许多关系；但是我们可以把一种复杂关系事实简单的名之曰'知'，另一种复杂关系事实简单的名之曰'外物'，这两种关系事实的关系是我们所要论的知识关系。"② 在这里，人们已然能够发现：当"真命题"被作为知识时，虽然赋予了其绝对的属性，但究竟什么是"真命题"，又是一个有待证成的问题，因此，"真命题"是可以明述的问题，但可以明述的未必一定是"真命题"。这样一来，"真命题"之外的可以明述的东西，皆被抛出知识之外。可当人们面对"能""世界"等不能完全经验的对象时，虽然可能因之产生"真命题"，但很多时候又不能用"知道它"来明述之，而只能用"知其有"而默会之。③

第二，知识要素论。这一观点建立在命题知识论基础上，强调"知识是经过确证的真的信念"。从而（1）P是真的；（2）S相信P；（3）S相信的P是经过确证的或辩护的。当我们在知识的这三个要素中，领略到相信并对相信予以确证或辩护时，已然发现知识本身的能言和不能尽言。特别在有些学者对证实、确证和辩护这些词汇的解释中，④ 更可见知识要素论中所含的知识，除了明述知识，还有默会知识。

第三，要素反例论。在知识要素论基础上，葛梯尔进而对其提出反例，

---

① 金岳霖：《知识论》，中国人民大学出版社2010年版，第696页。
② 金岳霖：《金岳霖文集》（第3卷），甘肃人民出版社1995年版，第105～106页。
③ 对金岳霖"知道它"和"知其有"二分的论述，参见崔治忠：《金岳霖的知识概念及相关比较》，载《吉首大学学报》2015年第4期。不过作者并未将这两个概念分别和明述知识、默会知识联系起来。
④ 有位作者在论述究竟用证实、确证还是辩护来翻译justified更好时，强调证实一词，容易和逻辑实证主义之证实原则中的证实概念相混淆；而确证这个词的意义，又来得过强。相较而言，还是用辩护来翻译好。尽管辩护容易和法学上的辩护概念相混淆，但法律上的辩护需要证据，而证据并非事实（真实），从而辩护这个词，很好地揭示了证据和事实（真实）间的裂缝，故用辩护这个词翻译，更为妥帖。参见尹维坤：《盖梯尔反例为什么重要？——与曹剑波商榷》，载《现代哲学》2013年第6期。

以说明前一观点存在的瑕疵。如，即使 P 是真的，S 也相信且有理由相信 P 是真的，但是，S 并未认识到 P 的当下存在；或者尽管 P 是真的，S 也相信且有理由相信 P 是真的，但 S 不知道 P 是真的。

"葛梯尔反例的实质是：某人有一个合理的但却是虚假的信念 p，借助这一信念进行推论，他有理由相信某种碰巧为真的东西，并由此获得一个合理的真信念，但这一信念却不是知识。葛梯尔通过这两个反例试图说明，即使知识的三个条件（有理由的、真的和信念）都被满足，它仍然可能不是知识。因此，它表明知识的三元标准定义是不完备的，'这并不构成命题为真的充分条件'。"①

如果说命题知识论和要素知识论已经为知识的默会方面开放了空间的话，那么，要素反例论则更敞开了默会知识进出的大门。上述对知识命题性和知识默会性的回顾，是想说明，一方面，连最具明述性的命题性知识，都存在默会性，何况亲知知识和能力知识呢？另一方面，尽管在法律预期目的的预设中，自由与秩序、公平与效率、宽容与正义等以某种明述的面貌存在，但它们之间又会存在不可调和的冲突，且在司法面对这种冲突时，很难运用明述知识解决，有时甚至只能运用默会知识解决。其中的缘由，一是立法上法律预期目的预设中的权衡选择，本身说明预期目的的默会性；二是当法律预期目的间又出现不可调和的冲突时，司法的再次权衡选择，与先前立法预设中的权衡选择一样，在更大程度上是默会的，且是强默会的，它在一定意义上可以表述，而并非完全能够明述。

（二）法律预期目的冲突中司法的两种面向：法律的和事实的

在法律预期目的出现冲突时，尽管可以通过立法机制予以救济，②但立法程序的烦琐冗长，立法决事对象的全方位性和决事目的的长时效性等特征，使得法律预期目的出现冲突时，寻求立法救济往往远水解不了近渴。特别当这种冲突发生在具体个案上时，如果启动立法的救济程序，既无可能，也因

---

① 曹剑波：《葛梯尔反例意义的诘难》，载《复旦学报》（社会科学版）2004 年第 5 期。
② 参见谢晖：《论法律预期能力的立法预设》，载《四川大学学报》（哲学社会科学版）2023 年第 1 期。

此而严重影响法律救济的适时性，进而只能导致"迟到的正义不是正义"的情形出现。所以，当个案事实遭遇法律预期目的冲突时，启动司法救济，是更为现实且有效的方案。

然而，司法对法律预期目的冲突的救济，不得不面对一个基本事实：一方面，司法必须面对并根据立法上法律预期目的的规定作出裁判；否则，司法就会背叛依法司法的基本宗旨。特别在成文法国家，即便法官不完全"是法律的自动售货机"，但法官的基本职责，不是去能动地、创造性地进行裁判，而是被动地、机械地寻求裁判的法律根据。[①]

毫无疑问，一般来说，在成文法国家，由于法律本身是全体公民长期实践经验的规范结晶，并且它经过了无数才智之士皓首穷经的观察、调研、总结、提升以及在文字上的字斟句酌，雕琢研磨，因此，当法官纯粹面对法律时，他完全可以得出法律内部规范清晰、原则严明、逻辑严谨、体系完备的印象，甚至完全可以说法律就是明述知识，或至少其大半是能够明述的，因此，它不需要什么修辞，也与默会知识无关。

但只要把这种法条上的明述知识代入到具体的案件事实中时，相反的问题就会接踵而至。法律果真在任何时候都是逻辑明晰的明述知识吗？如果说它是明述的，在实践中不存在逻辑困难的，那么，当其遇到遗嘱自由和公序良俗这两个原则，同时也是法律的两种目的预期的冲突时，究竟该如何选择？显然，当此之时，法官所遇到的是裁判根据——并且还是法律预期目的这样的裁判根据发生了不能调和的冲突。那法官还能据之裁判案件吗？如果能，其裁判方案无非三种：一种是在个案中牺牲遗嘱自由原则，保全公序良俗原则；另一种则相反，是在个案中坚持遗嘱自由原则，而牺牲公序良俗原则；第三种则是在个案中分别减损一些遗嘱自由和公序良俗的内容，以便能折中、

[①] 其实在英美判例法国家也有类似情形，否则，法律就丧失了确定性和预测性，从而法律的意义和法律秩序的保障也就堪虞。其中"遵循先例原则"就是法官在个案裁判中"售卖"法律——先例的基本原则。不过一方面，"先例识别技术"对前述原则每每形成实际制约。另一方面，"遵循先例原则"越来越从英伦的"严格观"走向北美的"宽松观"。不但如此，而且在司法实践中，法官还可以在裁判中推翻先例或规避先例。参见 [美] P. S. 阿蒂亚等：《英美法中的形式与实质——法律推理、法律理论和法律制度的比较研究》，金敏等译，中国政法大学出版社2005年版，第98~111页。

中庸地部分满足原、被告双方的诉求。

例如曾被作为典型案例的所谓"二奶案"①的裁判,当法院裁判遗嘱被继承人败诉时,显然是对遗嘱自由原则这一有关法律预期目的的违背。但如果不这样裁判,而是尊重遗嘱自由的原则予以裁判,则又和公序良俗原则发生冲突。当然,还有第三种裁判方式,那便是牺牲一些遗嘱人遗嘱的内容,对遗嘱人的妻子和"第三者"的诉求分别部分地满足。在这里,无论选取哪种裁判结果,对于法院而言,都在寻求一种貌似符合逻辑的说明,并试图使这种说明获得那种公正的明述知识的效果。但我们知道,上述三种裁判结果,无一例外都在或多或少地减损甚至无视法律预期目的的某个方面。并且其结果并不一定是公正的。如果强说其是公正的,那也只能是修辞意义上的公正,而很难,甚至无法达致逻辑意义上的、完全明述的公正(并且在事实上,公正作为法律的价值追求和预期目的,本来就不是一个可以完全明述的知识,在更多时候反而以默会知识来理解、处理之,会来得更为真实,也更有实际意义——这一话题,笔者在后文还要较为详细地展开。这一如"以事实为根据"这一法律预期目的中的事实,在客观事实的真实意义上几乎是不可言述的,但在证据事实的真实意义上,不但可以言述,还更有解释力一样)。由此可见:

一方面,即使法律是明述的,但当它与复杂多样的事实相遇时,每每会变得难以明述,即明述的法律与多样的事实对接时,往往出现近似而非全真的情形,因此是默会的或拟制的。对此,法学家多有论述。例如梅因指出:"我现在应用'法律拟制'这一个用语,是要用以表示掩盖,或目的在掩盖一条法律规定已经发生变化这事实的任何假定,其时法律的文字并没有被改变,但其运用则已经发生了变化。"② 拉伦兹认为:"法学上的拟制是:有意地将明知为不同者,等同视之。"③ 富勒强调:"法律拟制是(1)提出的陈述

---

① 参见 https://baijiahao.baidu.com/s?id=1714889643014524904&wfr=spider&for=pc,2022年11月22日访问。
② [英]梅因:《古代法》,沈景一译,商务印书馆1984年版,第15页。
③ [德]Karl Larenz:《法学方法论》,陈爱娥译,五南图书出版公司1996年版,第160页。

伴随着完全或部分意识的虚假，或者（2）一份虚假的陈述被认为是有效力的。"① 这些有关法律拟制的论述，都大体上把它架构在法律运用的场合，即便法律规定是真实的，能够明述的，但当它与具体的案件事实遭遇时，不能不通过拟制的或"拟真"的方式来解决问题。在此，所谓拟制，在笔者看来就是修辞的默会，就是当明述的抽象的法律规定与具象的案件事实遭遇时的一种实践的默会处理。

那么，法官在针对个案来处理法律预期目的冲突时所面对的法律，就果真是明述的吗？其实法律预期目的冲突本身回答了这一问题。如前所述，法律毕竟是在诸多事实基础上抽象出来的规范体系，它与任何具体的案件或事实相较，只是拟真的，而非全真的。因为法律本身是人们针对类型化的、但又不特定的事实而拟制的结果。

另一方面，且不说拟制的法律本身并非完全明述的，而是明显具有默会的特征，仅就法律预期目的一旦出现冲突且不可调和这种事实而言，即便法官要处理的具体案件事实是能够明述的，但当其面临着在冲突的法律预期目的间进行非此即彼或亦此亦彼的艰难选择时，又不得不把司法者自己的前见、经验、能力、亲知等代入其中，从而确定的、可以明述的案件事实，只能面对不确定的、冲突的、默会的法律预期目的。对此，法官不论作何种选择，只能作出相对合理的论证或阐明，而无法作出完全的为人人所能理解的明述。这是因为法官的非此即彼、亦此亦彼的选择本身，是虽能用语言表达，但不能全然用语言表达的事体。

在如上意义上，与其说法官所面对的规范世界（法律）和事实世界（案件）都是能够明述的，不如说法官在面对法律规范和案件事实的遭遇时，总是尽量寻求通过隐喻等默会方式来表述其裁判。因为要明述之，困难重重——连法官自己有时候也捉摸不定的规范—事实关系，怎么能强求其运用明述的语言表述呢？尤其法官现在所面对的，是具体案件遭遇法律预期目的内部的冲突。显然，这对法官而言，是一个重大的权衡和艰难的选择。这一权衡和

---

① LonL. Fuller, *Legal Fictions*, Califonia: Stanfond University Press, 1967, p.9.

选择，只能是修辞性的，或用莱考夫等人的话说，是隐喻性的："不论是在语言上还是在思想和行动中，日常生活中隐喻无处不在，我们思想和行为所依据的概念系统本身是以隐喻为基础。……这些概念建构了我们的感知，构成了我们如何在这个世界生存以及我们与其他人的关系。因此，我们的这个概念系统在界定日常现实中扮演着举足轻重的角色。我们的概念系统大部分是隐喻——如果我们说得没错的话，那么我们的思维方式，我们每天所经历所做的一切就充满了隐喻。"[1]

法律预期目的冲突中司法的两种面向，无论自法律规范视角看，还是自案件事实视角看，都存在可明述的方面，但都不是完全可以明述的，甚至有时是完全不能明述的，是强默会的。所以，在这一遭遇及其处置中，法官除了依赖明述知识之外，还必须面对并依赖默会知识。

（三）司法救济法律预期目的冲突的方法默会

我们知道，即使案件事实遭遇不同法律预期目的的严重冲突，法律也不能因此终止其运行。特别对司法而言，他所面对的，既是不同的法律预期及其冲突，也是和不同法律预期冲突相关的纠纷事实。纠纷事实，是社会交往中因为主体的主张各异，且无法在内部协调而外部化的一种具象的社会病态事实。在这种事实中，两造的诉求各异，其不同诉求的事实根据也自然不尽相同。在此意义上，尽管两造各自对其主张、诉求以及诉求的事实和法律根据做着明述工作，但这种明述是否构成明述知识？在逻辑上，除非两造对立的诉求、主张和证据皆真，但这种可能性并不存在。所以，其逻辑结论就有如下三种：一是两造的诉求及其根据皆假；二是两造的诉求及其根据各有部分真、部分假；三是两造的诉求及其根据其中一方为真，另一方为假。这种事实的辨识过程，对法官而言，本来就是耗神费力的事。当法官把艰难认定并明述的（证据）事实，运用到冲突的法律预期目的中时，又必须寻求合适的方法来救济法律预期目的冲突。在这种救济中，方法的使用照例是个实

---

[1] [美]乔治·莱考夫等：《我们赖以生存的隐喻》，何文忠译，浙江大学出版社2015年版，第1页。

践的默会过程。

　　法律预期目的存在的问题，如果借用笔者有关法律病理的分类，大致可以三分为预期目的模糊、预期目的冲突和预期目的空缺。在司法上，对上述三种病症的救济方式一般是在个案和法律遭遇时采取的。[①] 上述三种病症，归纳起来可统称为法律预期冲突——因为在司法视角看，它们都发生在案件事实和法律预期目的遭遇的过程中。其中法律预期模糊虽表明法律预期是存在的，但其文字表述本身是模糊而不清晰的。模糊的缘由，不在于它是不能明述的，而在于它是难以明述清楚的。法律预期目的冲突则表明，法律上规定了两个或两个以上的预期目的，当它们和个案遭遇时，都与个案关联，但运用之又会对个案的处理产生完全不同的结果。而法律预期目的空缺则表明，对与个案相关的事实，法律上根本就没规定什么预期。笔者认为，司法对如上法律预期病理的救济，和笔者已经在《法律哲学——司法方法的体系》一书中系统论述过的内容没什么两样，并且它们对司法和法律运行中个案的解决足够重要，其救济方法也足以支持有关司法救济法律预期目的的冲突时方法默会的结论。为节约文字，出处不再对这些方法的默会属性展开专门论述。[②] 这里笔者将择取在我国司法方法中最常用的调解（既是司法制度的一种表达，也是一种司法方法）这两种方法及其可接受性稍予展开，以说明司法在救济法律预期目的冲突时适用方法的默会属性。

　　众所周知，按照我国法律规定，人民法院在办理民事案件中，调解不但是必经程序，而且几乎伴随着司法裁判前的全过程。在刑事司法中，也有了

[①] 众所周知，在我国的司法解释体制中，司法机关可以不经由个案和法律的结合，径行对立法进行司法解释的情形。所以"司法解释是值最高人民法院和最高人民检察院分别就审判工作和检察工作中如何具体应用法律的问题所作的具有普遍效力的解释"。在一定意义上，这是一种具有成文法制定意义的司法解释，也是我国独具特色的司法解释。显然，这与前文所述的情形并不一致。参见张志铭：《法律解释操作分析》，中国政法大学出版社1998年版，第10~101页；董皞：《司法解释论》，中国政法大学出版社2002年版，第185~229页。

[②] 笔者把法律的病症表现一分为三，即法律意义模糊、法律意义冲突和法律意义空缺。三种病症的司法救济方法，前者的是法律解释、法律推理和法律论证；中者的是效力识别、利益衡量和事实替代；后者的是类推适用、法律发现和法律续造。参见谢晖：《法律哲学——司法方法的体系》，法律出版社2017年版，第207~381页。

刑事和解的相关规定（属于广义的司法调解范畴）。①无论民事诉讼，还是刑事诉讼，司法调解或刑事和解的本质，都是在司法程序中，经由法官的主持，当事人自愿地处分其冲突权益，解决并结束其诉讼纠纷的活动。②所以，我国的司法调解或刑事和解，不是司法的例外，而是司法的组成部分。如果把司法两分为初级司法和高级司法的话，那么，司法调解属于前者。这里的初级，不是指其效力低，而是指其并不需要复杂的司法专门知识，即其专业化程度低。

司法调解，既可针对法律预期目的不存在冲突的情形，也可针对法律预期目的存在冲突的情形。不论其针对哪种情形，当两造把针尖对麦芒的利益冲突和纠纷，在法官主持下予以合法地自我处分和化解时，这无论在事实上，还是在法律上，都是很值得玩味的事。它提示我们，纠纷事实以及法律预期果真是明述知识吗？法官果真是在按照明述知识的事实、理由和原理来处理纠纷和法律预期目的冲突吗？如果是，为什么先前原被告还要不依不饶地讨个说法？如果不是，司法调解究竟是按照什么原则来处理纠纷的？是按照明述知识的原理，还是按照默会知识的原理？对这些问题，通过以上的论述读者即使不是一清二楚，但也能得出八九不离十的答案：司法调解作为司法处理纠纷的方式，也作为司法救济法律预期目的冲突的方式，它本身是以默会知识的态度来对待纠纷处理的。因此，它不需要在当事人之间做到是非分明，而只需要做到有效地、节约成本地平息矛盾即可。

当然，司法面对的结果，不仅是调解这种初级司法，而且在调解不能，

---

① 《中华人民共和国刑事诉讼法》（2018修正）第288条规定："下列公诉案件，犯罪嫌疑人、被告人真诚悔罪，通过向被害人赔偿损失、赔礼道歉等方式获得被害人谅解，被害人自愿和解的，双方当事人可以和解：（一）因民间纠纷引起，涉嫌刑法分则第四章、第五章规定的犯罪案件，可能判处三年有期徒刑以下刑罚的；（二）除渎职犯罪以外的可能判处七年有期徒刑以下刑罚的过失犯罪案件。犯罪嫌疑人、被告人在五年以内曾经故意犯罪的，不适用本章规定的程序。"

② 类似的纠纷解决方式，不仅存在于我国的民事诉讼和部分刑事诉讼（刑事和解）活动中，而且在美国这个向来注重司法裁判的国家也越来越受重视，这就是"ADR纠纷解决机制"。2005年，笔者曾在休斯敦一家法院现场观摩过这种解决纠纷的方式，其特点与我国的司法调解明显不同。司法调解是司法的一部分，而ADR却不属于司法范畴。司法调解中主导者是法官——尽管知识引导性的主持，但ADR纠纷解决机制中，律师每每发挥着很重要的作用。有关"ADR纠纷解决机制"的系统研究。参见范愉：《非诉讼纠纷解决机制研究》，中国人民大学出版社2000年版，第9～374页。

或不允许调解的地方，法官必须拿出其看家本领，在对案件事实作出是非分明的判断之基础上，作出具体有效的司法决断——司法裁判。这对法律预期目的不存在冲突的情形而言，是容易作出裁判的；可是非分明的案件事实，一遭遇可适用于该案件事实的不同法律时，反倒出现了冲突的情形，究竟该怎么办？这是一个和裁判可接受性紧密相关的话题。例如车行瞒着消费者，出卖了一辆改装刷新的事故车。按照《消费者权益保护法》和《民法典》的不同规定，处理结果可能会大相径庭。对法官来说，不论如何适用法律进行裁判，都有理可讲，但只要顾及当事人及社会的感受，法官就应当寻求其裁判和说理的可接受性。

本来，作为权威的裁判结果，法官和法院生效的司法裁判，当事人及社会主体接受也得接受，不接受也得接受。但毕竟当事人的不接受、不认同会导致司法权威、信誉以及效率的流失，因此，在司法中，特别是在法律预期目的出现冲突，而司法在个案裁判中对之负有救济义务的活动中，裁判的可接受性是司法必须追求的重要裁判效果。所谓裁判的可接受性，简而言之，是指司法裁判结果被当事人和社会在观念上予以认同、在行为中自觉执行的情形。[①] 这种情形，业已表明这样的结论：在司法裁判面对法律预期目的冲突时，法官裁判的最好结果，不是逻辑明晰地明述知识、斩钉截铁地是非分明，而是修辞表达的默会知识和兼顾多方的可接受性。[②] 所以，从根本上讲，司法裁判的可接受性体现的是和实践智慧、法官亲知（经验）以及法官协调能力等紧密相关的默会知识。

以上论述表明，在司法活动中，尽管主要依赖明述知识，但也不能忽略

[①] 近年来，司法裁判的可接受性话题，是我国法律学术界所探讨的一个热点话题。人们在法律方法视角下，有些侧重于对社会热点案件（案件事实及其司法裁判和社会期待及其舆论要求存在明显冲突的案件）裁判可接受性的探讨；有些侧重于对法律意义出现冲突时一例相关案件裁判的可接受性探讨；有些还侧重于司法裁判如何在尊重法意的同时，兼顾人情和事理方面的可接受性探讨。在我国，尽管人们对司法可接受性的探讨在多视角上展开，但把可接受性聚焦为一种司法裁判的方法，却是共同的。参见陈绍松：《司法裁判的合理可接受性》，中国政法大学出版社2017年版，第28~75页。

[②] 相关研究，参见张纯辉：《司法判决书可接受性的修辞研究》，法律出版社2012年版，第69~179页；彭中礼：《法律修辞论证研究——以司法为视野》，厦门大学出版社2017年版，第36~261页。

默会知识。特别对法律预期目的冲突的司法救济而言，默会知识在其中所具有的价值和实际作用，是明述知识所难以替代的。如下笔者将在前文基础上，进一步围绕法律预期目的冲突下司法救济的目的——司法正义，来再申默会知识在其中的意义。

三、再申法律预期目的冲突下经由默会通向司法正义

司法自来是有明确目的的活动。人们交往中有了纠纷，何以选择司法以解决纠纷？原因在于人们对司法的相信，这就像在一个偏远的村寨里，或者一个聚族而居的大家庭里，人们有了纠纷，总是选择德高望重的寨老或家长出面处理一样。进而人们何以相信司法？原因在于司法总要秉持一种基本理念，这就是依法裁判、公正裁判。这正如民间说一个人处事时要公道，要"一碗水端平"一样。可见，无论从社会主体对司法的期望看，还是从司法自身的追求看，司法都是有目的的活动。这种目的，一言以蔽之，就是通过司法实现正义。然而，正义在实践中却是一个相当多元、不能尽述，甚至不确定性的概念。那么，司法正义，在司法目的——正义视角上，究竟是明述知识，还是默会正义？下文笔者将围绕此而展开。

（一）运送正义的方式：司法的基本宗旨

诚然，人们在论及司法时，总是把它与社会正义的实现相关联。例如，尽管法律本身被赋予公平正义的属性，但在司法中，当社会普遍认可的道德有需要改变法律可能不公的方面时，法官仍会适用社会道德，以强化司法的公正性。

如艾森伯格就从正面肯定了司法追求正义的这种要求："当道德标准与建立、适用、改变普通法规则相关时，法院应当适用社会道德。我用'社会道德'这个词指根植于整体社会愿望的道德标准和基于正当的方法论而可以被公正地认为已得到社会的充分支持的道德标准。这些道德标准可以由已经获得充分支持的道德标准推出或者从表面上看它们应当已经获得这

样的支持。"①

而培根有关司法的那句名言，则从反面强调了司法的正义要求："一次不公的判断比多次不平的举动为祸尤烈。因为这些不平的举动不过弄脏了水流，而不公的判断则把水源败坏了。"②

虽然法律的目的指向正义，权力运行的目的指向正义，社会公共行动的逻辑也指向正义……但在如此多有关正义的指向中，人们更为关注的是司法的正义指向，特别是当法律预期目的发生冲突时司法出面救济的正义宗旨，更易引人入胜。在一定意义上，司法的本质和基本任务就是通过公正的判断来实现个案正义并向社会运输正义——"努力让人民群众在每一个司法案件中感受到公平正义"。为什么这么说？这取决于司法所面对的任务的典型性。

众所周知，司法所面对的案件，是日常状态下的例外事务。如果说战争、严重疫情以及地震等紧急状态是社会运作和管理在宏观上的典型状态的话，③那么，社会纠纷就是在日常状态下的典型事务，它是法定应然秩序所遭遇的局部性紊乱。法律最重要的任务，不是安排按部就班的日常交往行为，而是当这种安排及其日常交往遭遇纠纷的困扰时，出面把一团乱麻般的纠纷纾解通顺，使人们继续行进在法律已然安排好的交往通道和秩序体系中。

但是，一方面，如果说社会交往本身复杂的话，那么，社会交往中的纠纷却更为复杂；另一方面，如果说对紧急状态的处理是极其复杂的典型法律事务的话，那么，对日常纠纷这种看似鸡毛蒜皮的事情的处理，则是更为典型的法律事务。为什么这样说呢？

就前者而言，虽然日常社会交往也如大自然的山川布排一样，东西交错，南北横断，结构复杂，俏丽狰狞，但它总会给人呈现出一种客观的景观——即便不能让人一目了然，但其客观性就规定在那里，不增不减，只要人们按照法律既定的标识去认真辨识、仔细甄别，总会找到自己想要去的路，想要

---

① ［美］迈尔文·艾隆·艾森伯格：《普通法的本质》，张曙光等译，法律出版社2004年版，第21~22页。
② ［英］弗·培根：《培根论说文集》，水天同译，商务印书馆1983年版，第193页。
③ 参见谢晖：《例外状态的法政哲学——庚子六题》，知识产权出版社2022年版，第1~10页。

找的人，以及想要做的事。所以，对于一位交通警察而言，只要行人和行车按照法律既定的标志去做，其工作即便繁重，却也简单。

可一旦发生了纠纷，就不是如此。因为纠纷事实不仅让人面临着对客观事实——纠纷行为、损害结果等判定的困难；而且面临着对当事人诉求以及这些诉求背后的事实根据、法律根据是否有效作出判定的困难；当然，在如上判定中，还不得不考量当事人独特的心理因素、生理因素、生活条件、社会关系和地位等。所以，相对于由行政处理的日常法律事务，纠纷及其司法处理一定是典型事务——因为毕竟一例案件的裁判，对双方当事人而言，既是权利与义务的或增或减，也是面子和声誉的或得或失。主要体现在：

第一，当事人权利义务的典型性。在日常交往中，当事人的权利义务，无论是法定的还是依法约定的，都或者白纸黑字，或者心中明白，因此，无须人们耗时费工，为这些事而"闹心"。可一旦当事人间因为权利义务发生纠纷，照例无论这些权利义务是法定的，还是依法约定的，都会在心理上变成一团乱麻。即使当事人在诉求上可以头头是道，明白无误，但一旦一方的主张和另一方针锋相对的主张遭遇时，头头是道就变得毫无头绪，明白无误就变得盲人摸象。这种相互诉求相反、举证各异、法律根据有别的情形，自然是典型的。在一个人一生的经历中，这种纠纷事务总是典型和个别的，而不是日常和频发的，所以，一般人都不会热衷于和人打官司，除非迫不得已。

第二，社会主体感受的典型性。纠纷事务不仅对双方当事人而言是典型的，而且对其周遭的所有主体——在现代发达的资讯背景下，所谓周遭，往往没有极限。所以，社会纠纷的典型性往往溢出传统的周遭，对一个地区、一个国家，甚至全人类而言都能产生感觉上的典型性。日常交往行为未必能给人们提供入心入脑的范例，但一起纠纷的发生，一例个案的处理，却会给人们留下终生难忘的印象。如发生在大洋彼岸的辛普森案，之所以能引发全球的轩然大波和世人的普遍关注，除了案情中处于纠纷中的人们的权利义务的独特性之外，更在于该案件的处理，在一定意义上颠覆了人们的认知，特别是对彼岸法律中程序正义不甚了解的人们的认知。这种强烈的震撼及其典型性，在日常交往的事实中显然是无法理喻的。

第三，公权主体，特别是司法处置的典型性。在一定意义上，司法面对的，没有简单事务，都是复杂事务。因为他要处理两种对极的主张（诉求），辨识两种支持其对极主张的证据，适用恰当的法律……更要分清楚在纠纷中哪些是属于事实的，哪些是属于情绪的；哪些是属于"真实"的，哪些是属于作假的；哪些是属于合法的，哪些是属于违法的。在此基础上，司法还要做到其裁判既符合事实，也依据法律，还能被当事人、社会所接受，从而以文明的、说理的方式，祛除任何武力支持地辩法说理，完成对纠纷的处理，消化当事人和社会积存的怨气，最终实现司法正义。凡此种种，既说明司法追求正义的必然性，也说明就所有公权主体的行为而言，除了用来解决紧急状态时行使的公权力，处理日常纠纷的司法权及其行为就是最典型的，其典型性是其他权力所无法比拟的。换个视角观察，它甚至比处理紧急状态中的公权力及其行为还具有典型性。

就后者而言，紧急状态中紧急事务的处理，尽管具有社会管理的典型性，且必须在紧急处理中寻求紧急正义。但相较而言，紧急权（力）[①]的行使，不像纠纷处理中司法权的行使那样，只能通过温文尔雅、以理服人的方式追求正义。当然，这绝非紧急状态中紧急权力的行使就不需要通过温文尔雅、以理服人方式追求正义，只是因为紧急状态的客观情势，在很大程度上制约了人们以这种方式去追求正义的条件。一旦过于纠结于这种方式，反倒会错失通过紧急行为进行紧急救助的机会。那样，所谓文明，所有正义反倒因紧急救助机会的丧失而一并消失。可见，紧急状态下，每每效率优先于公正，实体优先于程序，行动优先于文明，果决优先于斟酌。显然，这与司法在纠纷处理中，自始至终都要坚持公正优先、程序优先、文明优先、考量优先的情形大相径庭。这一方面说明正义作为司法基本宗旨的绝对性；另一方面也说明，即使在法律主导的公权力行为体系中，正义在不同权力行使情境下有

[①] 这里所讲的"紧急权"，是指紧急状态下启动的国家公权力。特别言及之，是因为有些学者研究认为，"紧急权"概念不仅是公法意义上的紧急权力，而且包含了紧急状态下的紧急权利。参见陈璇:《紧急权：体系建构与基本原理》，北京大学出版社2021年版，第13~69页。笔者认为，为了防止在实践中和理论上不必要的概念混淆，不如将两者分别径称为紧急权力和紧急权利。

并不相同的面貌。所以，司法正义只是正义的表现形式之一，而不是全部。即便作为正义表现形式之一的司法正义，也并非铁板一块，反而有点像多彩的变色龙。故正义虽可在司法逻辑上进行说理、推理，成为明述知识，但同时也可在司法修辞上予以论辩、预设，成为默会知识。特别当司法面对的纠纷，涉及法律预期目的本身的冲突时，司法正义问题不仅关涉司法，而且关涉司法对立法和法律的基本态度或通融手段，故司法正义的默会知识属性更为彰显。

（二）司法的正义——"一张普罗透斯似的脸"

司法不但是正义的运送者，而且是法律正义的守护神——法律自身就是"正义法"："法的这种在其规则内容中实现正义的倾向不是一个可以时而出现时而缺失或在一个特定法律体系中可以随意遵循或拒绝的次要问题。它显身于法律制度自身之中……每个法律规则实质上都是一种实施正义的尝试……"①"正义是社会制度的首要价值，正像真理是思想体系的首要价值一样。一种理论，无论它多么精致和简洁，只要它不真实，就必须加以拒绝或修正；同样，某些法律和制度，不管它们如何有效率和有条理，只要它们不正义，就必须加以改造或废除。"②

可见，在法政哲学的学术史上，人们自来把法律作为正义的制度形式。但如果没有司法，法律就会是一堆原材料，不能成为矫正社会纠纷的精致机器——要使其代入社会纠纷中，成为纠纷解决者，即使没有司法，也要有司法的替代者。可见，倘没有司法，社会纠纷的公正裁判就失去了场所——尽管有了司法，未必一定会实现公正、正义。法律只是为正义预设了一种人们大体能接受，接受后必须服从的规则。但当人们不服从规则从而刻意破坏之，或者即使服从规则，但因对规则的理解各异而发生冲突，或者如本篇所探讨的主题那样，司法要解决的个案，所遭遇的法律预期目的是冲突、对立的……这都更加需要特殊的场域以处理之。毫无疑问，司法就是

---

① ［德］施塔姆勒：《正义法的理论》，夏彦才译，商务印书馆2017年版，第46页。
② ［美］约翰·罗尔斯：《正义论》，何怀宏等译，中国社会科学出版社1988年版，第1页。

处理它们的最合适、最典型的场域。① 这正如羌族民众处理纠纷的场域是"议话坪",傣族有些村寨处理纠纷的场域是"细梢老曼"(村寨里的4根柱子)、"村社议事会",彝族不少地方处理纠纷的场域是"德古"②一样。然而,法律需要司法具体地导向正义,并不意味着司法面对的正义就是有标准答案的。

"正义是一种人为建构和解释的东西,就此而言,说正义只能从唯一的途径达成是令人怀疑的。无论如何,我将从对这个标准哲学假设的质疑开始,并且不仅仅是质疑。分配正义理论所提出的问题有许多种答案,并且,在答案范围内,还为文化多样性和政治选择留有空间……正义原则本身在形式上就是多元的;社会不同善应当基于不同的理由、依据不同的程序,通过不同的机构来分配;并且,所有这些不同都来自对社会诸善本身的不同理解——历史和文化特殊主义的必然产物。"③

"正义有着一张普罗透斯似的脸,变幻无常、随时可呈不同形状并具有极不相同的面貌……思想家和法学家在许多世纪中业已提出了各种各样的不尽一致的'真正'的正义观,而这种种观点往往都声称自己是绝对有效的。"④

可见,法律虽然承载着人们最美好的价值追求——正义,但即使在法律

---

① 在社会学上,"一个场域可以被定义为在各种位置之间存在的客观关系的一个网络或一个构型,正是在这些位置的存在和它们强加于占据特定位置的行动者或机构之上的决定性因素之中,这些位置才得到了客观的界定,根据是其在不同类型权力(或资本)——占有这些权力就意味着把持了在这一场域中利害攸关的专门利润的得益权——分配结构中实际和潜在所处的处境,以及它们与其他位置之间的客观关系(支配关系、屈从关系、结构上的对应关系等)"。参见[法]布迪厄等:《实践与反思:反思社会学导引》,李猛等译,中央编译出版社1998年版,第134页以下。

② 参见龙大轩:《羌族诉讼习惯法的历史考察》,载《山东大学学报》(哲学社会科学版)2005年第2期;伍琼华等:《傣族村落中的传统权威组织——曼安村的"细梢老曼"与乡村秩序》,载《云南民族大学学报》(哲学社会科学版)2012年第3期;曹成章:《傣族村社文化研究》,中央民族大学出版社2006年版;杨洪林:《"德古"与"莫"——凉山彝人社会中的世俗权威与纠纷解决方式》,载《西南民族大学学报》(人文社科版)2008年第8期。

③ [美]迈克尔·沃尔泽:《正义诸领域——为多元主义与平等一辩》,褚松燕译,译林出版社2002年版,第4～5页。

④ [美]E.博登海默:《法理学、法律哲学与法律方法》,邓正来译,中国政法大学出版社1999年版,第252页。

的世界，正义也不是单色调的存在，毋宁说它是一个万花筒。在司法中，人们虽都强调以事实为根据、以法律为准绳来实现正义，但原告、被告、第三人、旁观者、法官的正义要求会各不相同。以曾以在我国引起轩然大波的彭宇案[①]为例，我们知道，在该案一审裁判后，彭宇败诉，并承担败诉的法律后果。对此，彭宇不但不服，而且坚称其没有撞伤原告徐寿兰，他去医院帮助原告就医的行为，只是在学习雷锋做好事。显然，在彭宇看来，法院的裁判是不公不义的。对一审的裁判结果，原告虽然对其结论表示认可，但认为裁判的责任分担结果并未满足其预期，因此，司法对他而言只实现了部分正义。

而后经由彭宇的网络操作，媒体"集体无意识"的炒作，一审判决竟然变成了有悖社会公德的典型裁判——这是一份违反社会道德建设要求、挫伤好人做好事的不当裁判，它不但无关正义，而且遗患无穷！其原因在于法官在裁判文书中以人性恶的经验法则来推论彭宇当时到医院帮助原告就医的行为是不合常理的，反之，以之证明彭宇撞到了原告才合理。因此，尽管在媒体的带动下，多数社会主体对该案的裁判持否定立场，即认为其是一份不义的裁判，但与其同时，笔者当时曾在网上亲见有些学者坚持法院的一审裁判不但秉持了正义立场，而且独创性地进行了论证和说理。它是我国当代基层法院罕见的一份坚持说理，并能通过透彻说理，来彰显司法正义的典型司法裁判。

而该案的裁判法官，作为案件的亲自审理者，不可能不认为其审理违背正义原则。反之，他们能够勇敢地运用常识进行推理，并落实在该案的裁判论证中，自有其判断的事实基础，法理根据和情理理由。所以，对大多数公众来说，这似乎是一个不但能说，且能说明白的问题，但对法官而言，他确实试图寻求通过代入常识的说理使正义大白于天下，可遗憾的是在二审和解过程中，彭宇亲自承认撞倒了原告的事实也因为一纸保密协议而在很长时间

---

① 该案详情，参见 https://baike.baidu.com/item/%E5%BD%AD%E5%AE%87%E6%A1%88/10702516?fr=aladdin，2022年11月25日访问。

内不能公之于世。由此足见那张有着"普罗透斯似的脸"的正义，很难在法官的叙事权威和法律的规范权威间实现没有缝隙的结合，因为"通观历史，叙事的权威和规范的权威只有在宗教的情形下曾经成功地合为一体。也只是在这种情形下，单纯的事件详述奠定了事件自身确实性和叙事者权威性的基础"。[1]

可见，正义确实是法律和司法的灵魂，但于法律预期目的冲突时的司法救济而言，一例案件的裁判，其正义并不是白纸黑字般的明述知识。反之，无论司法在冲突规则间的选择，还是对纠纷事实的认定；无论当事人对司法裁判以正义为准据的评判，还是其他社会主体同样以之为据的评判，都不是铁板一块、千篇一律的。事实上，正义总是多元地、相对地展示的。那么，这对法律预期目的冲突时司法救济中的正义而言，究竟意味着什么？换言之，司法中的这种正义，究竟是明述知识，还是默会知识？

（三）司法正义是明述的，还是默会的

众所周知，在案件事实上追求明辨是非，在法律适用上追求执法如山，这是司法的基本要求。所以，司法权的本质是判断权，司法必须尊重，甚至信仰法律。这样，法律需要法官结合个案事实的判断得以实践；法官只有守护并遵循法律，才能成为公正的化身。这或许正是马克思曾精彩地论述法律和法官的那些名言的精义所在："法律是普遍的。应当相根据法律来确定的案件是单一的。要把单一的现象归结为普通的现象就需要判断。判断还不是最后肯定。要运用法律就需要法官。如果法律可以自动运用，那法官也就是多余的了。……法官除了法律就没有别的上司。法官的责任是当法律运用到个别场合时，根据他对法律的诚挚的理解来解释法律……独立的法官既不属于我，也不属于政府。"[2]

既然法官是法律的守护者和遵循者，且法官是在处理具体个案过程中守护和遵循法律的，那么，是否意味着法官的日常所行，就是在严格按照法律

---

[1] ［美］戴维·鲁本：《法律现代主义》，苏亦工译，中国政法大学出版社2004年版，第266页。

[2] 《马克思恩格斯全集》（第一卷），人民出版社1995年版，第76页。

的明述知识来生产个案,得出个案裁判?或者即使法官的个案裁判在疑难案件中的能动作用,也不过像有的学者所论述的那样,是法律的"发现者而非创造者":"法官在决定疑问时所依据的规则既非国家命令的表达,亦非民众普遍意识的表达;毋宁是,法官裁决……的东西就是法律,可要说法律就是法官裁决的东西则是本末倒置。法律无疑与法官发布的规则相一致,但这些规则之所以由法官发布是因为它们是法律,而不是说,它们因为被法官发布才成为法律……法官是法律的发现者而非创造者。"[1]

即便格雷叙述的这个观点在其语境下是成立的,可在放大观察视野,从而对其作出反思时,我们仍能发现其中的问题。按照商谈理论,近、现代议会制的立法,本身是对话、论辩、交涉与合作的产物。其中对话、论辩与交涉是合作的基本前提。但对话、论辩与交涉,不是寻求明述意义上的统一知识,而是寻求对话者相互可理解的条件。[2] 因而,立法活动不是寻求科学意义上一是一、二是二的,不容妥协、难以商量的那种明述的确定性知识,不是认识与对象相符合的"符合性真理",而是寻求大家都认可的知识,或者为这种认可、接受,进而合作创造条件的知识。因此在立法活动中,交往行为的条件,不是符合真理,甚至也不是融贯真理,而是达成实践合作的实用

---

[1] [美]约翰·奇普曼·格雷:《法律的性质与渊源》,马驰译,商务印书馆2022年版,第91页。对原译文不准确处,在译者指导下,笔者做了修改。同时,对格雷这里有关法官作为"法律的发现者",需要作出修正的理解:笔者曾将法官的法律发现二分为"内部发现"和"外部发现"。前者是法官在法律体系内部寻找和个案裁判相关的法律规定;后者是当法律意义出现空缺时,法官在法律之外的其他社会规范中寻找与个案裁判相关的裁判根据。参见谢晖:《法理学》,北京师范大学出版社2010年版,第420~438页。

[2] "任何处于交往活动中的人,在施行任何言语行为时,必须满足若干普遍的有效性要求并假定它们可以被验证……就他试图参与一个以理解为目标的过程而言,他不可避免要承担起满足下列……有效性要求的义务。这些要求包括:1. 说出某种可理解的东西,2. 提供(给听者)某种东西去理解,3. 由此使他自己成为可理解的,4. 达到与另一个人的默契。将上述四点展开就是:言说者必须选择一个可领会的(verst-andlich)表达以便说者和听者能够相互理解;言说者必须有提供一个真实(wahr)陈述(或陈述性内容,该内容的存在性先决条件已经得到满足)的意向,以便听者能分享说者的知识;言说者必须真诚地(wahrhaftig)表达他的意向以便听者能相信说者的话语(能信任他);最后,言说者必须选择一种本身是正确的(richtig)话语,以便听者能够接受之,从而使言说者和听者能在以公认的规范为背景的话语中达到认同。不但如此,一个交往行为要达到不受干扰地继续,只有在参与者全都假定他们相互提出的有效性要求已经得到验证的情形下,才是可能的。"[德]哈贝马斯:《交往与社会进化》,张博树译,重庆出版社1989年版,第2~3页。

真理。① 这种真理的特征，本质上是诠释性、商谈性的，进而是默会性的。守护和运用经由这种理念升华为法律的规范体系，司法本身就无可避免地要和默会知识打交道，自然，当其所处理的具体个案与这样的规范体系遭遇时，尤其是和法律预期目的冲突的规范遭遇时，司法正义能否成为明述知识，就不难想见。

再进一步，倘若我们将目光从立法位移到司法，就更容易观察到司法正义，特别是个案面对法律预期目的冲突时的司法正义追求时，必然存在的默会方面。所以，司法对法律的守护与遵循，对正义的担当和追寻，不但不意味着其所寻求的正义是明述的，甚至在现代以来通行的司法制度设计上，已经为司法正义的默会属性预设了前提。概括起来，这些制度主要有控辩式诉讼制度、证据事实制度、诉讼论辩制度、法庭合议制度、程序正义制度。结合本篇主旨，分述如下：

控辩式诉讼制度对应于审（纠）问式诉讼制度。在后者，法官是诉讼活动的核心，其集侦、控、审于一身，并以近乎全能和神圣的面目出现，企图对案件的一切事实和细节，做到水落石出，认知和事实丝毫不差，进而法官裁判的结果，就是明述知识，就是看得见的正义。在后者，则法官首先是法庭秩序的主持者、两造主张及其事实的倾听者，然后才和陪审团成员（在有陪审团的国家）一道，是事实的判断者和法律的适用者（裁判者）。显然，这种制度设计，把法官从无所不知、无所不能的位置上挪移下来，强调面对当事人独立的诉求、对立的证据和对立的法律根据，不是明察秋毫，而是在所认定的事实基础上，寻求更妥当的、有理由的裁判方案。这种裁判方案固然是可以明述的，但又不是能够全然明述的。所以，对败诉方的意见，在裁判中不能熟视无睹。

证据事实制度表明，在法庭上，法官眼中所见到的事实，不是客观事实，而只能是证据事实。因之，司法中对事实的明述，也只能指向证据事实，而

---

① 有关三种真理观的简要论述，参见［美］路易斯·P. 波伊曼：《知识论导论——我们能知道什么?》，洪汉鼎译，中国人民大学出版社2008年版，第6~13页。

不是指向客观事实。即便是证据事实，在案件审理初期，还存在真证据和假证据之分。甚至一例案件已经生效，法官所采信的仍然可能是假证据，所以，现实中才有令人遗憾的冤错案件。就算法官对案件的判决是正确的，其所采信的证据仍然只是证据事实，是接近，甚至无限接近客观真实的事实，而非客观真实。这从证据采信、内心确信这些和证据、裁判紧密相关的词汇中看得更为明显。因此，借助司法制度，人们所能见的案件裁判，直接依赖于证据采信或证据事实，而不是什么"客观事实"。自然，这更加彰显了司法正义的默会知识属性。

诉讼论辩制度赋予两造不仅以被动的接受审判者的身份参与诉讼，而且以主动的交涉者、论辩者和商谈者的身份参与诉讼。所以，无论在什么样的诉讼中，哪怕在刑事公诉案件中，两造的诉讼地位都是平等的。但一起案件的裁判，即使"各打五十大板"的情形虽然存在，也不过是例外，更多时候，总有输赢之分，有胜诉败诉之分。而如前所述，胜败输赢，在这里不过是司法判定的结果，并不一定符合事实本身。赢者未必全然在理，输者未必胡搅蛮缠。因此，建立在论辩基础上的司法裁判，一则容易实现事实越辩越明的效果；二则容易发现"清官难断家务事"的症结所在，从而其正义追求所面对的，不是明述知识，而是默会知识。

法庭合议制度预设的事实是：即使在同一场景中面对同样的纠纷，合议庭中的法官（或陪审团成员）具有完全不同的判断。对这些不同的判断，司法正义的目的不是保留其一，而牺牲其他，反之，在坚持合议的结果是少数服从多数的前提下，对少数意见在裁判中予以保留，以便更为真实地记录司法的事实，这是文明司法的重要任务，也是司法正义的题中应有之义。但这同时表明，合议之后已然形成的裁判结果，是个案中司法正义的最终承载者。可事实上，它仍不过是一种默会意义上的结果，而不是明述意义上的结果——为了实现裁判结果，达到法律对裁判的基本要求，在裁判结论的后面，不得不隐去合议中的少数人意见。

程序正义制度预设的基础是：司法正义必须是有结果的正义。漫长拖沓的程序，如果不能有效地结束，那么，对谁来说都是时间的浪费，结果也只能是不正义。如果说"迟来的正义不是正义"的话，那么，"迟迟不来的正义"更谈不上是正义。毕竟对"迟来的正义"，只要预期能够兑现，人们还有个盼头。而对"迟迟不来的正义"，即便人们擘画得再美，也是可望而不可即的海市蜃楼——甚至还不及海市蜃楼。后者究竟还具有审美意义，而追求效果和效用的前者却从来不是以审美为旨趣的。这正是近代以来，世界各国都重视程序正义，特别是司法的程序正义之缘由。而程序正义表明，一例裁决的生效，不是因为其明白无误，而是因为其程序终了。于是，程序终了又为司法正义的默会之维提供了制度说明。

综上所述，司法的所有正义追求，莫不勾连着默会知识。而当司法出面救济个案遭遇法律预期目的冲突的情形时，司法所面对的那张正义的"普罗透斯似的脸"，也正是司法所面对的、并不能不面对的默会知识。

四、正视司法救济法律预期目的冲突的默会正义

一直以来，人们对司法正义的期待，是要求其实质性地满足社会主体的需求，这种需求有时候在法律上是可以说清楚、道明白的，但有时候，需求本身是个多样的存在，既不是定于一尊的命令，也不是天不变、道亦不变的事实。进言之，需求是精神主体表现其存在的基本方式，只要精神主体是多样的，那么，需求就一定以多样的面貌存在。所以在法律上对它要做的，与其说是说清楚道明白，不如说是如何协调人们的需求关系，使这种需求关系能够保持在主体相互合作的条件层面。这一过程，并不完全是法官寻求符合逻辑的明述知识的活动，同时也是其以高明的修辞手法再现默会知识的过程。因此，司法不但不能忽视默会知识，而且只有重视之，才能更为圆润地解释、阐明司法所追求的正义之性质——针对个案处理，它是现实的正义，正义就呈现在司法裁决中；针对社会需要，它只是部分的、局部的正义，是一种未必能完全明述的正义，甚至在更多时候，是默会正义。

如同默会知识是知识一样，默会正义也是正义。所谓默会正义，或者默会的正义知识，是指人们虽然不能全然通过语言明确表述，但可以通过

实践领会、争取和践行的相关知识。默会正义尤其体现在人们交往行为的实践中。"实践的知识观视野中的人类知识，不仅包含命题性知识，还包含能力知识、熟悉性知识和判断力等形态的默会知识……熟悉性知识，就是亲知。"① 而亲知（熟悉的知识）作为知识类型，在狭义上讲，其"对象不是命题，而是个别对象或事物"②，在广义上，它除此之外，它还包含了能力知识。

当我们把如上有关默会知识的界定运用到司法活动，特别在个案关联法律预期目的冲突的司法救济活动中时，一方面，更能够深切地感受到正义在司法中的突出地位：不依法寻求正义的司法，几乎不能称之为司法。这无论在古今中外的司法中，都是如此。无论处事公道、一碗水端平、要个说法的朴素正义（公平）观，还是建立在自然法基础上的人们生而平等的正义观，都可能成为不同时代司法活动的基础性观念。另一方面，诚如我们已经看到的那样，正义又是一个言人人殊、不一而足的概念。即使在法律上，或因为语言本身的多样性，导致法律对正义的追求，在不同语境下有不同的表达，或由于法律本身的可解释性，导致不同的解释者总会带着其前见理解和解释法律等，导致法律正义总是处于动态中，更不要说司法对正义的追求，既要面对复杂的案情以及争议双方互不相容的"公正"要求；又要面对法律本身对正义的不同的，甚至不能调和的规定。可见，不运用默会正义知识，就难以裁处案件。

话说回来，司法者之所以经由对法律的守护、运用而成为正义的守护者和笃行者，就在于其在默会的正义知识上比其他人更胜一筹。相较而言，反倒在明述的正义知识上，司法者和其他人或许彼此彼此，相差无几。前一结论的一般根据在于：

就熟悉性知识而言，在现代国家，司法者与医生、牧师一样，被公认为专门性最强的职业之一，也是近、现代国家公权体系中职业化程度最高的专

---

① 郁振华：《人类知识的默会维度》，北京大学出版社2002年版，第51页。
② ［美］路易斯·P.波伊曼：《知识论导论——我们能知道什么？》，洪汉鼎译，中国人民大学出版社2008年版，第4页。

门职业。这决定了他对司法和法律，以及其所要求的正义的亲知程度，自然要远甚于其他人。更兼之在近、现代国家，他们大都经过专门的法学和法律训练，公平正义的前见以及亲知知识深深镌刻在其思维方式和任事方式中。这种亲知的默会，之于司法正义而言，是其无须强调、自觉追求的事体。

就能力，特别是判断力而言，人们更为清楚，司法权的性质是判断权，从而一方面，司法者判断事实、适用法律，进而寻求正义裁判的能力因为其工作性质而不时得以锻炼和提升；另一方面，在法官遴选时，就把其判断是非、适用法律的能力作为考察的重要内容。在有些国家，法官必须从富有经验的律师中产生，从而在律师的辨识能力基础上，再强化其公正和正义能力；在有些国家，法官虽然未必一定从律师中产生，但经过资格考试而担任法官者，其判断、决断以及对正义的把握能力，都是不可或缺的考察内容。

如上种种，不但表明正义作为法律和司法本身的内容和目标，所具有的默会维度，而且在法官的司法实践中，很容易把其固有的亲知和能力（正义判断力、协调力和处置力）等默会知识代入到司法过程中，从而"像法官那样思考"[1]，自觉且自如地把个案和法律勾连起来，把个案的个别正义要求和法律的普遍正义要求勾连起来，把法律和案件事实中明述的或默会的正义知识与自身所拥有的默会的正义知识勾连起来。

上述种种，正是我们尤应正视司法救济法律预期目的冲突时默会正义之作用的缘由所在。

---

[1] 波斯纳有部著作，就以一位法官的身份，专门探讨"法官如何思考"；其他著名法官，如霍姆斯、卡多佐、丹宁勋爵等，都在其著作中对法官的思维方式作出过深入的探讨。参见［美］理查德·波斯纳：《法官如何思考》，苏力译，北京大学出版社2009年版，第17~344页；［美］弗里德里克·肖尔：《像法律人那样思考：法律推理新论》，雷磊译，中国法制出版社2016年版，第13~186页；［美］小奥利弗·温德尔·霍姆斯：《普通法》，冉昊等译，中国政法大学出版社2006年版，第68~140页；［美］本杰明·卡多佐：《司法过程的性质》，苏力译，商务印书馆1998年版，第60~113页；［英］丹宁勋爵：《法律的正当程序》，李克强等译，法律出版社1999年版，第4~213页；《法律的训诫》，刘庸安等译，法律出版社1999年版，第3~70页；［英］丹宁勋爵：《法律的界碑》，张弘译，群众出版社1992年版，第1~279页。

论新型权利的基础理念[*]

新型权利研究，不仅是近年我国权利领域格外活跃的一个研究方向，而且因权利研究对法学各学科的涵摄、渗透与辐射，故几乎在法学各二级学科中，都有新型权利研究的脉动。但有关新型权利基础问题的研究，尚未深入，尚不能提供人们大都能够接受的基础理念，以及相关理念的观察视角。因之，在行文中人们所讲的新型权利，五花八门。有人把之前未曾有过的权利请求或主张视为新型权利，[①] 有人将经由司法裁判所形成的制定法中缺位的权利称为新型权利，[②] 还有人把当下社会关系发展中业已出现，但在现行成文法中未曾规定（列举）的权利现象称之为新型（未列举）权利。[③] 显然，上述情形看似大同小异，实则有所不同——因为对其皆用新型权利一词概括之，常常词不达意。本文试图通过对新型权利与新兴权利之区别的论述，重新界定新型权利，并进而探究新型权利的内在视角和外在视角，以厘定新型权利的基础理念。在此基础上，强调借由司法创制和认可新型权利，比立法直接

---

[*] 本文系作者主持的国家社科基金重大项目"民间规范与地方立法研究"（项目编号16ZDA070）阶段性研究成果。原载于《法学论坛》2019年第3期。

[①] 参见刁芳远：《新型权利主张及其法定化的条件——以我国社会转型为背景》，载《北京行政学院学报》2015年第3期。

[②] 笔者之前就持这种看法，强调"所谓新型权利，就是指在国家实在法上没有规定，但在司法实践中当事人向法院诉请要求保护，法院或以推定和裁定的方式肯定之，或尽管未予肯定，但该请求得到了社会的普遍理解、默认和接受而形成的权利"。谢晖：《论新型权利生成的习惯基础》，载《法商研究》2015年第1期。但请读者注意的是，本文对笔者的前述观点有取有舍有更新，不再坚持新型权利的非法定特征，并明确地把新型权利和新兴权利区分开来，从而对之作了明显的修正。

[③] 参见郭春镇、张微微：《转型期权利的法律保障研究——以未列举权利及其推定为例》，厦门大学出版社2013年版，第6页。

创制和认可新型权利更有利于及时规范新生社会关系。

一、新兴权利和新型权利

在已经召开的六届全国"新兴（型）权利与现代法治"[1] 学术研讨会上，主办者明显地把"新型权利"和"新兴权利"视为同一概念了。笔者当年在山东大学工作时，曾给硕士和博士研究生们布置任务，要求其对"新兴权利"问题予以格外关注，缘由在于我们正处在一个社会的政治、经济、文化关系迅猛变革的时代，也是因新生社会关系内在的权利义务之规定和裂变，而不断诱致权利要求呈现的时代。这种要求，或体现在人们的日常交往关系中，或体现在主体的诉讼请求中。无论何种情形，都体现着权利成长的一般逻辑——社会关系和社会交往的变化，必然内含主体权利需要及主张的变化。在笔者的这种要求和倡导下，有一些受启发的学生就祭奠权、囚犯生育权、环境权、知情权等话题展开了较为深入的研讨和论述。

回忆这段过往，是想说在思考这一问题之初，笔者就在一定程度上明确了新型权利和新兴权利是两类不同的权利这一基本判断。那么，两者的基本区别何在？

（一）自发的和自觉的

新兴权利和新型权利的基本区别在于前者属于自发的权利范畴，而后者属于自觉的权利范畴。如何理解对两者这种不同属性之判断？众所周知，自发性与自觉性是分别描述客观世界的规定性和人类主观世界的规定性及其关系的两个概念。[2] 自发性隶属前者。自然界所有被人们称之为规律的东西，

---

[1] 该系列会议由《苏州大学学报》《求是学刊》《河南大学学报》《法学论坛》《北京行政学院学报》《学习与探索》等六家刊物发起，现已有《东方法学》《思想战线》《江汉学刊》《东北师范大学学报》《暨南学报》《中国刑事法杂志》等多家刊物加盟，已经在苏州、哈尔滨、开封、烟台、北京召开了5届会议，并在相关刊物发表了大量以新兴（型）权利为主题的学术论文。

[2] 当然，对自发性和自觉性，论者在不同场合有不同解释。有位学者曾谈到历史进程中的自发性和自觉性，与笔者阐述的视域接近，但对两者的理解和解释未必相同。参见商逾：《论历史规律作用机制的自发性和自觉性》，载《胜利油田党校学报》2009年第4期。

都源生于其自发的规定性。举凡日月之东升西沉、庄稼之春生夏长、水流之自上而下,都表现着自发的规定性。因此,自发性也可以称之为客观性,属于事物本质的范畴。而自觉性却隶属于后者,人类交往中凡是对以权利义务为内容的某一秩序的确定性选择,都属于自觉性的范畴,因为归根结底,这是一种选择。只要是选择,就意味着它已经逃离了自发性本有的原汁原味,而或在不同的自发性之间作出了有利于人们需要的选择,或对自发性本身赋予了某种自觉性,或对自觉性本身赋予普遍性,并使自觉性反过来形似自发了(自觉的自发)。但无论如何,自觉性在实质上所表达的是主体的意志及其选择。可见,前者是自生自发地生成的、内部的,后者是人们有意地安排的、外部的。

新兴权利是自发性的权利类型,或者说新兴权利尚处在权利的自发状态。或以为,只要是权利,就属于社会规范的领域,就理所当然地是社会关系中的概念,因此,它体现着社会主体交往中的自觉性,进而无论什么状态的权利,说它是一种自发性的事实,这是令人难以领会的。这种观点看似有理,其实不然。对此问题的破题,需要从人及其属性讲起。众所周知,人既是自然的动物,是自然界长期进化的结果,也是社会的动物,是社会交往关系中的动物。因此,人类本性自来呈现出两面性:即自然(个体)性和社会性。[1]在这两种属性中,自然(个体)性是原生的、本源的,社会性是派生的,本质的。在一定意义上,社会性展示的是人类交往对自然性的偏离,并且社会越向高级发展,这种偏离程度越高。但这绝不意味着社会性能够抛弃人的自然属性而独自存在和发展。在另一层面看,社会程度越高,满足人的自然属性的要求也会越高。例如"人人生而平等""天赋人权"等观念的提出,恰恰是站在每个人皆是主体视角的立论,因此,它虽然否定了"生而优则仕""物竞天择、适者生存""丛林法则"等看似纯自然的事实和理念,但与此同时,它不是,也不可能是对人的自然属性的否定和放弃,而恰恰是建立在所

---

[1] 参见刘柳:《个体性与社会性:关于人的本质的讨论——读〈关于费尔巴哈的提纲〉》,载《江苏行政学院学报》2011年第6期;谢晶:《另一种现代性批判:论涂尔干学派中个体性与社会性的关系》,载《复旦学报》(社会科学版)2018年第3期。

有人共有的自然属性能够共存、从而能够满足这一理性假定和预设基础上的。

由此不难领会新兴权利之属性的自发性特征了。只要人类不可避免地具有自然属性，那么，因此属性而生成的自发性也就不可避免。进而言之，所谓社会交往中的自发性，乃是基于人的自然属性而生成的事实。这种事实本身也具有自发倾向——所谓自发倾向，是指无须人们刻意地主观加工，也无须人们专门去做选择，自然属性所蕴含的自发性倾向，必然会使其呈现出来。新兴权利就是如此。当"有钱的人不怕有权的人"这一事实出现时，有钱人主张其（新兴）权利，就理所当然；当"商品是天生的平等派"这一事实出现时，打破"丛林法则"，主张商品（金钱）面前人人平等也不难领会，当一位死刑囚犯和他的妻子两人感情如胶似漆，都想在被执行死刑之前，能留下其骨血，并因此提出请求，更是人之常情……上述种种，皆可谓自发性的自然权利。

但新型权利却不同，它是一种自觉性的权利。这种自觉性每每来自人们对自发权利的刻意选择。自发的新兴权利，经常以多样方式和表达而存在，甚至有人主张该权利，有人还不主张该权利。这种多样性的权利事实或权利主张，尽管彰显了一定的主体自由，但对于社会秩序的缔造而言，却并非总是福音。特别当新兴权利之事实和主张间明显对立，难以协调时，[①] 必须通过公共主体——无论是社会性的公共主体，还是国家权力主体，并运用法定的或商定的，人们可接受的权力予以决断。新型权利就是此种决断（特别是国家立法权力和司法权力决断）的结果，因此，和新兴权利的自发性、多样性相比较，它所呈现的特征就是自觉的、主体意志的和一元性的。

（二）自然的和法定的

新兴权利和新型权利的另一区别是，前者可谓自然权利，后者可谓法定权利。自然权利和法定权利，是法学史上两种重要的权利分类。自然权利是与自然法紧密相关的概念。尽管在法学史上，究竟什么是自然法众说纷纭，

[①] 例如，不少地方发生的续弦老人去世后子女争取其在"老坟园的安葬权"，就典型地体现出这种难以调和的冲突：原配的子女多主张拒绝把老人安葬在老坟园，但续弦者的子女却主张老人死后"有权被安葬在老坟园，并伴随其丈夫在另一个世界生活。

但把自然法和人们的自然或天然权利联系起来，是理解自然法，进而理解自然权利的关键。如洛克就指出："自然状态有一种为人人所应遵守的自然法对它起着支配作用；而理性，也就是自然法，教导着有意遵从理性的全人类：人们既然都是平等和独立的，任何人就不得侵害他人的生命、健康、自由和财产……同种和同等的人们既毫无差别地生来就享有自然的一切同样的有利条件，能够运用相同的身心能力，就应该人人平等，不存在从属或受制关系。"①

斯宾诺莎指出："所谓天然的权利与法令，我只是指一些自然法……每个个体应竭力以保存其自身，不顾一切，只有自己，这是自然的最高律法和权利。"②

不管人们对自然法和自然权利赋予多么不同的意义，但这些概念从一开始就保有自然和主体的人性相通的属性，因之，在这里所谓自然，秉有某种目的性，这种目的性的实质，是强调人在自然面前的平等。所谓天赋人权，即天赋平等。不过，这里的平等，更多的是主张的意义上的，而不是实际分配意义上的。新兴权利之所以是自然权利，就是因为它内生于人类某个（时段或领域）的自然进程中，这一进程本身并未定型，只是处在形成过程中。这正是导致人们在相关社会关系和交往中，各有不同主张并在不同主张间不分伯仲、平等以待的缘由。如果执着于字面，完全可以说新兴权利就是正在兴起、方兴未艾，因此也未定型的权利。这正是它作为自发的自然权利之重要缘由。

但是，新型权利却不同，它一定是法定权利。所谓法定权利，乃是通过国家权力机关或者司法机关经由正当法律程序而形成的、对公民具有普遍效力的权利。这种效力体现为两个方面，一方面，人们平等地享有法定权利，③

---

① [英]洛克：《政府论》（下册），叶启芳等译，商务印书馆1986年版，第4~6页。
② [荷]斯宾诺莎：《神学政治论》，温锡增译，商务印书馆1982年版，第212页。
③ 或以为，有些法定的由特定身份的人所享有的权利，如外交特权与豁免权，性别角色方面的权利等，就不具有人人平等地享有的特点。其实不然，因为有些角色，只要是人为设定的，就具有对人人的开放性，因此，只要任何一个人成为相关的角色"扮演者"，他就当然地享有相关权利。不过有些角色，是因自然而形成的，特别是性别角色。一种性别所特有的法定权利，另一种性别一般不能享有，因为毕竟性别角色不是开放的（尽管现代科技发达到变性已不是一个多么高深和艰难的技术），但这只是现代法治条件下法定权利平等的例外，而不是常态。

另一方面，任何人没有法定的正当理由，不得侵犯他人享有的法定权利——哪怕他是国王。这就是所谓"风能进、雨能进，国王不能进"的"权利排他原则"。新型权利在实质上是一种法定权利，因为它要为尚处于不确定状态的社会关系予以定型，使其尽量处于确定状态，以便统一的、有效的法律秩序之形成，并给人们稳定的预期和安全。这种情形，即便在国际法领域的权利形成亦能得到证明："事实上，起草国际公约是一个谈判过程，其结果将是某种妥协，以便让各国尽可能地签署公约。国际人权公约的起草也不例外。其结果是形成了一个公约，即保护移民的最低标准，其中一些标准比现有的立法和实践、国家和国际水平更为严格，而另一些则比现有的立法和实践更为薄弱。"①

可见，新型权利完全不同于新兴权利——它不仅是一种主张，而且是经由立法者和司法者所过滤并定型了的主张；它反对人们缺乏权威根据的主张，而引导人们要根据法律主张权利。可见，如果说新兴权利基于一种迅速成长的交往关系和社会事实的话，那么，新型权利则基于既有的法定权利，是法定权利中比较晚出或新出的权利。

导生新型权利的法定主体，其一是国家立法机关，这个不难理解。其二是国家司法机关。我们知道，在判例法国家，由于国家司法机关的司法裁判本来就是判例，因此必然有立法之效果，从而司法完全有权力创制或认可新型权利。因之，杨兆龙曾指出："创设判例之权……为英美法院之特权，基此特权，凡各级法院之判决例有拘束本法院与同级及所属下级法院之效力。"②

但在成文法国家，司法机关可否经由判例创生新型权利呢？这就要看司法所面对的案件事实及其权利请求，是否有成文法上的根据。如有，司法只能据之裁判和确认新型权利，而不能创设权利。如果没有，则司法本着"不得拒绝裁判"的理由，不仅裁判案件，也创设义务。即便我国这样一个一般

---

① Jan Niessen and Patrick A. Taran, "Using the New Migrant Workers' Rights Convention," *The International Migration Review*, 1991, 25 (4), p. 859.

② 杨兆龙：《杨兆龙法学文选》，中国政法大学出版社2000年版，第289页。

遵循权利法定的国家，也在迅速变革的社会关系和法律难以及时跟进的社会关系面前，不得不承认司法的权利推定，甚至司法的权利创制。这正是"案例指导制度"建立的理由之一。① 值得一提的是，在大陆法系国家，司法不但可以依据判例制度创生权利，并且每每经由司法所创生的是新型权利，因为司法能创生的权利，意味着该权利在立法（成文法）上未规定。

以上论述，不但辨析了新兴权利和新型权利的区别，而且可进一步发现：新型权利都是被装置于国家正式的法定程序中生成的，但新兴权利即便可以装置于国家正式的法定程序中，但或者尚徘徊于国家正式的法定程序之外，或者虽曾经被纳入国家正式的法定程序，但其结果遭到法定（立法或司法）主体的否定。

（三）流变（多元）的和成型（统一）的

在前文的阐述中不难发现，新兴权利和新型权利的第三个区别，即前者是流变的，因之也是多元的，而后者是成型的，因之也是统一的。何谓流变？何谓成型？简言之，这里所谓流变，就是指不确定；所谓成型，则是指确定。因为流变过程总伴随着多样的权利需要、主张和选择，因此，也具有多元性；同样，因为成型结果乃是从多样的权利需要、主张和选择中综合权衡、择优选取的决断结果，因此，它必然导向统一。

从新兴权利到新型权利的发展，就是从流变、不确定、多元的权利向成型、确定和统一的权利之发展。新兴权利源自因社会交往而新生的社会关系，一般来说，新生的社会关系自身具有多变性和不确定性，人们对其内在规定性的认知和把握自然也是不确定的。如夫妻忠诚协议是否意味着夫妻相互间可以对对方主张"忠诚权"（即主张对方履行"忠实义务"）？如果存在这种"忠诚权"，它究竟是基于婚姻而生的权利义务，还是基于新生的社会关系——夫妻忠诚协议而生的权利义务？如果是后者，则因为夫妻忠诚协议本身是个颇受争议的事物，因之，随其而生的权利义务也处于动态变迁中，同时对此也存在完全不同的多元主张。这种情形，表明新兴权利的流变、不确

---

① 参见刘作翔：《我国为什么要实行案例指导制度》，载《法律适用》2006年第8期。

定和多元特征。也因如此，它能否被法定化尚存疑。即使能够，其被法定化为新型权利的过程，或许要经历更多的时间考验。

或以为，这种处于流变中的、尚不成型的社会关系，也尚未形成稳定的权利义务关系，因此，和它相关的权利主张，仅是一种主张，不能定性为权利——无论是新兴权利还是新型权利。这看似是有说服力的观点，但这一观点是建立在把权利仅仅理解为成型的法定权利的基础上的。固然，在人类权利事实和权利学说之发展史上，法定权利皆是关键所系。在一定意义上，没有法定权利的权利保障（制度）和权利学说，不免空洞无物。但法定权利并非凭空而生，它只有立足于社会关系的规定性基础上，才能反过来有效地作用于社会关系。社会关系的规定性，事实上指社会关系满足交往主体各自需要的规定性。只是当一种权利作为新兴权利存在时，表明这种社会关系及其规定性在人们的认识和行为中，处于流变的不确定状态，这种不确定恰恰是其自发性的表现，也是其作为自然权利的表现。正因其尚处于自发性状态，故需要人们努力和争取。诚如有人谈到非裔美国人争取与白人同权的动机时所言："对于非裔美国人来说，获得白人享有的权利是'公民身份的标志'，从这个意义上说，公民权利不是由简单的出生行为赋予的，而是必须为之奋斗和实现的。公民身份是一个主动的权利主张过程，而不是被动地获得一套任意和有限的权利。"[1]

新型权利则是在多样、流变的新兴权利基础上，对社会关系及其规定性内容所作的具有客观性和价值性的意志决断。所谓具有客观性，是指立（司）法主体在社会关系中发现其内在规定性，并在权利选择中将其所认可的内在规定性嵌于法律中；所谓具有价值性，则是指立（司）法主体及其所代表的人民，也是具有价值好恶的，他们往往在面对同一社会关系中诸多的权利主张（选项）时，会选择一种最有利于人们的、最容易被人们所接受的（或者最具有公约数的）权利主张，并将其升华、固化为新型权利。这种情

---

[1] William V. Flores. New Citizens, "New Rights: Undocumented Immigrants and Latino Cultural Citizenship," *Latin American Perspectives*, 2003, 30 (2), p. 87.

形，在君主决断型立法中，常常体现为"朕即法律"（尽管在君主制时代，针对立法的争议和妥协也在所难免）；在代议制立法中，针尖对麦芒的权利主张只有按照多数决定制的原则而妥协，才能产生法定权利；即便在当代已不鲜见的全民公决制立法中，立法也并非"全体同意"的产物，而是多数决定的结果。因此，所谓法定权利，准确地说即多数决定的法定权利。它并不是、也不可能是对社会关系规定性的复写，而只能是按照某种价值原则和程序规定，所生成的人们必须遵循的成型的、确定的、统一的规则。其本身的价值不在于客观之真，而在于主观之效。

当然，这样说绝不是说作为新型权利的法定权利就是立法者的恣意妄为，反之，一方面，立法者本身必须是理性者[①]，另一方面，即便面对可能并不理性的立法者，立法行为还受立法之正当程序和实体条件的约束。同时，新型权利之成型、确定和统一，也不是说这种权利就完全被封闭了。事实上，作为法定权利的新型权利，是立（司）法者权衡、妥协或价值选择的结果，因此，只有其保有开放，才能在条件许可时，更有效地增加其价值包容性，扩大其价值辐射面，补强其价值说服力。

综上所述，新兴权利和新型权利是两个并不相同的概念，对这两者的混同使用，要么是不求甚解，要么是粗枝大叶。下文笔者将在对两者如上区别的论述基础上，进而专门探讨理解新型权利概念的两个不同视角及其学理基础。

二、新型权利概念的内在视角——教义学基础

新型权利的内在基础，是指新型权利在法律（规则）内部的根据，也是它在法律上的证成基础。一种新生的权利，如果业已在法律内部得到肯定，即人们通过法律找到权利主张的明确根据，那么，它就是新型权利，否则，即使一种社会关系已经相当发达，人们因为该社会关系而生的权利主张也相

[①] 在人类学术史上，对立法者的理想描述可谓五花八门，但无论如何，对其作为"理性者""哲学家"的这些基本要求并无不同。对立法者的相关论述，可参见赵明：《论立法者》，载《山东警察学院学报》2013年第4期。

当活跃，但如前所述，它仍只停留在权利主张阶段。它可能属于新兴权利，但不属于新型权利。因之，对新型权利的关照，首先应深入法律内部，即在内部立场上观察、理解和阐释新型权利。对此，笔者将通过如下三方面予以阐述。

(一) 内在视角与法律教义学

自从分析实证主义法学产生以来，法学研究一方面理出了自身的"专业槽"，并把那些分属于这个专业槽之外的研究领域，如道德（价值）、习俗、纪律等，按照学科分工或社会分工的基本原理，交由其他学科去研究，法学只研究"专业槽"以内的事物，即法律规范。法学研究一旦溢出规范的视角，而不断地侵入或涉足其他研究领域，则不但是一种学术研究的越界，甚至还是法学研究者的不务正业。但另一方面，分析实证主义法学者的这种努力，在内在视角"一心一用"、深耕、强化法学研究的同时，并没有阻挡住人们在外部视角研究法律问题的兴趣。不过无论如何，自此以来，奠定在内部视角的法律教义学，不但为法学研究凿出了"专业槽"，而且在这一"专业槽"内的研究，越来越成为法学研究之正宗，而溢出这一"专业槽"法学研究，尽管也在不同视角上丰富着法学研究的内涵和成果，但也被公认为是法学研究中的外部问题，甚至于是法学研究的旁支，因之，入不了主流，无以做正宗。"法治社会"这个命名，就是人们站在法律之内在视角上，为其行动寻找理由，并尽量排除其他理由。[1] 这种排他性理由的原因，既不能通过"法律的道德性"来理解，[2] 也不能从人们内心对法律的充分信任视角来理解，因为这些都不能说明法律在人们行动中作为排他性规范的理由。反之，排他性理由的原因，来自"命令和承诺"。这正如拉兹所言："命令性规范要

---

[1] 拉兹在谈到分析实证主义视角中"排他性理由"（规则与承诺）时强调："……排他性理由并不仅仅是张三和李四的情境所具有的一些偶然特征。它们体系性地关系于实践推理的核心结构，因为规则和承诺本质上是排他性理由。"［英］约瑟夫·拉兹:《实践理性与规范》，朱学平译，中国法制出版社2011年版，第221页。当然，这里也存在着明显的问题：何以规则及其承诺就一定是排他性理由？人们如何证明遵循规则的排他性？是因为遵循了承诺的结果？在这样的追问下，所谓对规则（法律）的承诺，如同法律的道德性假设一样，也只是人们赋予法律的一种乌托邦想象。

[2] "自然法学者"通常喜欢在"法律的道德性"意义上，说明法律权威的理由，甚至借此强调守法以及人们内心对法律自觉的缘由，如富勒。参见［美］朗·富勒:《法律的道德性》，郑戈译，商务印书馆2005年版，第5～37页。

么是一个排他性理由,要么,更一般地说,既是一个实施规范性行为的一阶理由,又是一个不因特定的与之相冲突的理由而行动的排他性理由。"[1]

诚然,在近现代以来,因分工和市场所致的经济经营方式的多样、互需和交易化,社会主体的自治、多元与对话化,政治选择模式的民主、竞争与商谈化,都强烈需求并呼唤体系化、精密化,甚至无瑕疵的规则来统合在表象上和事实上日渐碎片化的世界。因为如果没有这样的强有力的法律调控,上述经济的市场化、文化—主体的多元化、政治的民主化不但不利于维系稳定有效的秩序体系,反倒是秩序混乱、主体冲突、效益凋零的祸根。

如上客观需求所催生的法律,体系化地、全方位地影响着近现代社会的方方面面——无论经济、文化、政治、社会等各个领域,都被规范(法律)所结构在统一、有效的秩序框架内。这样一来,法律不是被其他社会现象夹带或裹挟的现象,而是用以统领、规范和调整其他社会现象的存在。从而法律不仅在缔造着"法治理想国"[2],而且在实际有效地控制着一个庞大的、与人类历史上任何时期的帝国相比较,都无与伦比的"法律帝国"[3]。

对于这样一个庞杂、但又体系化的规范世界,对于这样一个不是从属于任何一种权力或权威,而是客观上在权威地规范其他社会现象和社会关系的"法律帝国",试图抱持既有的从属于某一学科、某一社会领域的态度研究它,显然是对它的怠忽和轻薄,是对它婢女或奴仆式要求。因此,立基于法律规范本身而阐释法律之理,使其独立地矗立在学科丛林中,毫无疑问理应成为法学研究的主流,只有如此,法学研究的成果才能真正影响其他领域的学术研究。这样的研究及成果,就是法律教义学——以法律规范为原旨的法学研究。因该研究对任何一个法学(律)概念都如此重要,以致在探究新型权利的概念时,必须首先应基于其内部视角,在法律教义学意义上观察法律

---

[1] [英]约瑟夫·拉兹:《实践理性与规范》,朱学平译,中国法制出版社2011年版,第57页。
[2] 例如,周天玮就以《法治理想国》为书名,以生动活泼的事实,比较并探究了中外"法治"的历程及异同,特别是法治在近、现代国家发展中无可替代的意义——法治的"观念城堡"就是我们人类赖以生存的"居所"。该书由商务印书馆1999年出版。
[3] 众所周知,《法律帝国》是德沃金德的一部名著。该书中文版由李常青翻译,由中国大百科全书出版社1996年出版。

对待新型权利的基本态度——它究竟是被法律所排除的概念，还是必须被法律所吸纳的概念？

（二）内在视角1：法律——立法吸纳

把新型权利纳入内在视角——教义学视角思考，首先需要厘定的是一种权利在立法上的表达状况。前文已然述及：当一种因为新的社会关系的发展而产生的权利需求和主张，在法律或裁判中做了肯定的回应后，该需求和主张才可谓新型权利。在此意义上，所谓新型权利，只能是法（裁）定的权利，是被现实的法律规范或司法裁判所肯定了的权利。固然，这种肯定不过是立（司）法者主观意志的决断结果，但一旦其被立（司）法者所肯定，就变成法律内在视角的概念，同时，也与在它调整下的芸芸众生之间形成一种"命令—接受"或经由规范相互承诺的契约关系。这种契约就是现实的社会契约，就是从立法者到民众对法律之排他性的内心认可——哪怕在具体的社会交往中法律的规定和当下的理由不睦，当下的理由也要为法律规定让步。这表明，新型权利是被法律经由立法程序过滤并吸纳了的权利，它因此也获得了法律的内在权威。这表明：

首先，新型权利是被法律所吸纳的权利。法律之吸纳，是一种权利主张和需要从非正式状态进至正式状态的重要前提——即便它不是唯一前提。法律对一种权利需要的吸纳，乃是立法者对该权利事实的态度，虽然权利并不取决于态度，而取决于社会事实——主体交往关系的规定性，但针对同一社会事实中人们可能并不相同，甚至相反的权利主张，立法者所要统一保护的，只能是其中一种主张，而不能亦此亦彼、模棱两可地对冲突、对立的权利主张均等保护，因为一旦如此，立法不但无以构建良好的秩序，反而成为秩序的破坏者和解构者。① 立法者一旦将某种新生社会关系中的权利主张和诉求

---

① 例如，在前述继室去世后能否安葬在祖坟的争议中，倘若立法规定可以，则意味着否定了拒绝其安葬在祖坟的权利主张；倘若立法规定不可，则意味着否定了主张其能安葬在祖坟的权利主张。立法者只能在对立的权利主张中选择其一，形成立法决断，并将其普遍化为处理类似案件的权威根据。一旦立法对之模棱两可，其必然结果是鼓励争议双方不是根据排他的、权威的法律解决问题，而是根据"谁有力，谁有理"的决斗精神解决问题。一旦这样，法律的适用就不再具有排他性，其权威性也荡然无存。

升华为法律规定后，这种诉求就是新型权利，而其他诉求则是新型权利所排斥的内容和对象。

其次，被法律吸纳的权利经过了立法程序的过滤和选择。在立法议程中，一种权利主张是否被吸纳为新型权利，并不是立法者的信口雌黄、率性而为。尽管在人类历史上，有所谓"口含天宪""言出法随""一言九鼎"的情形，但人们熟知的立法过程，哪怕君主专制的立法，也每每是众人拾柴火焰高，是众人智慧的结果，而不是一人智慧的结果。[①] 而近、现代以来与法治相勾连的人类立法，更是把正当程序的过滤和筛选作为立法决断的基本要求。那些对立的权利主张，能否成为新型权利，并引导人们交往之预期，不经过立法的程序过滤——包括立法过程中草案的提出，对草案的反复讨论、辩驳、商谈、妥协，草案的修正以及对它的再讨论、再辩驳、再商谈、再妥协，草案的通过（或如西方立法程序那样，奉行严谨和严格的"三读"程序）等，就不能界定。只有经由这种严格的允许辩驳的程序保障，法律才能把一种权利诉求吸纳为新型权利。

再次，被法律吸纳的权利之所以是新型权利，乃是这种权利在以往的法律体系中是没有的，因此是法律之权利家族中的新成员。法律作为一套有机联系的规范体系，其实质是对人们交往中权利义务的一般性、普遍性分配。根据这种分配，人们在交往行为中获得了稳定的预期，并进而以之为基础，型构稳定可靠的社会秩序。但是，法律对人们权利义务关系的分配，既可能针对古往今来内在规定性区别不大的社会关系，也可能针对全新的或者在不同国家、不同民族有完全不同主张的社会关系。作为被法律所吸纳的新型权利，是否意味着只能针对新生社会关系及其规定性？这倒不一定。固然，新生社会关系及其规定性，是立法吸纳新型权利的主要场域，但即使一种古老的交往关系，只要其中所蕴含的权利义务关系之前没被法律所关注，从而没

[①] 如在我国历史上，彪炳史册的唐律，就不仅是唐朝天子们的功劳，更凝聚了譬如长孙无忌、房玄龄、杜如晦、于志宁、李绩等一干大臣的智慧。参见张晋藩：《中华法制文明的演进》，法律出版社2010年版，第369~378页。不难想见，在这些大臣手下，又有无数的人们为他们献计献策。因此，说专制时代的法律就是掌握权力者的率性而为，每每是论者在言论上的率性而为。

有上升为法定权利，但现在随着社会发展的需要，立法者意识到这一问题对全体国民的重要性，并通过立法程序将其上升为法定权利，那么，这种权利也属于新型权利——因为毕竟在既往的法律中，它没被吸纳、赋予为人们的法定权利。①

复次，新型权利的生成，既可以是立法创制的，也可以是立法认可的，这在前一问题的阐述中已经隐含了。众所周知，立法的形式有创制和认可两种。在笔者看来，创制是立法者针对社会关系中尚不稳定的规定性进行斟酌、选择和决断的活动，其结果是直接通过立法的决断，把不稳定的社会关系及其可能的规定性，予以稳定化，以法定的理由，排除或牺牲其他的理由。法律面对新生的社会关系及其规定性而吸纳为新型权利的活动，其实就是在创制权利。而认可则是指立法者针对业已成熟的、流传久远、其内在规定性已在实践中被人们习惯性地遵守的社会关系及其规定性，予以承认之而法定化。因此，新型权利经由立法的生成，既可由立法创制而生，也可由立法认可而生。

最后，一种权利一旦获得了立法的创制或认可，成为法定的新型权利，就意味着它获得了法律的内在权威。法律是一种权威的社会规范，无论人们对法律权威性的来源有多么不同的看法，也无论人们对法律获得权威性的条件和标准有多么不同的看法，② 但没人否定法律是权威的社会规范这一基本结论。一种社会关系中所蕴含的权利，如果只停留在人们的主张阶段，甚至人们在日常生活中业已遵循着该社会关系所内生的权利义务而交往，但只要这种权利主张、这种权利义务关系没有获得立法的创制或认可，那么，这种权利主张或权利义务关系就是临时性的，就没有稳定的保障机制，从而其预期性必然降低。反之，只要一种权利主张或者权利义务关系，获得了立法的

---

① 如追思权、祭奠权、节庆权、婚丧宴请权、婚丧仪式权、礼尚往来权等源自固有传统的权利现象，绝大多数至今并未作为法定权利规定，而是在人们的日常交往中将其作为"推定权利"。如果未来的立法者面对这些传统社会关系及其所蕴含的权利现象，并将其吸纳为法定权利时，它就应被视为新型权利。

② 参见［英］约瑟夫·拉兹：《法律的权威——法律与道德论文集》，朱峰译，法律出版社2005年版，第3~23页；许娟：《论法律权威的形成根据》，载《湖北社会科学》2006年第2期。

创制或认可，那么，它就和法律一样，获得了权威性，就是人们在交往行为中必须运用或遵循的权威规范，是能够排除、抗辩所有其他交往预期机制的权威预期——至于这一权威的缘由究竟是什么，限于本篇主题，在此不论。

(三) 内在视角2：裁判基础——司法吸纳

如前所述，尽管和立法对新型权利生成的意义相比较，在奉行立法至上，从而奉行白纸黑字的成文法至上的国家里，司法对新型权利生成的意义，只是一个次要角色，但是，只要司法通过裁判能够创制或认可新型权利，且这种创制和认可不仅能对个案的当事人产生规范效力，而且对其他类似案件的裁判法官、当事人也产生规范效力，从而对整个社会在类似问题上都有一定规范（裁判规范）之效，那么，由司法裁判所生的新型权利就具有一定的法律属性，不能不予以重视。另外，从司法裁判或司法权对当事人和社会而言的最终性、终决性[1]上讲，更可见司法之于新型权利生成的实际意义。当然，如果把判例法国家"司法即立法"的遵循先例原则也拉到这里来论述，就更可见司法裁判活动对于新型权利生成或吸纳的重要作用。但因无论从事实上还是从逻辑上讲，判例法国家的司法裁判及其判例生成活动，仍应置于前述立法吸纳的视角予以观察，[2] 故这里仅就成文法国家司法裁判中创制或认可新型权利的情形（或可能的情形）予以论述。

第一，由司法所创制或认可的新型权利，同立法所创制或认可的新型权利一样，也位处内在视角。众所周知，无论在判例法国家还是成文法国家，

---

[1] 公认为，作为判断权的司法权，也是一种终决权，相关论述，参见谢晖：《价值重建与规范选择》，山东人民出版社1998年版，第1~4页；孙笑侠：《司法权的本质是判断权——司法权与行政权的十大区别》，载《法学》1998年第8期。即经由司法所处理且生效的案件，再不能以任何理由被推翻——尽管在有些法治和司法理念尚处于摇摆的国度，这一点即使在法律上可以实证，但在社会上却很容易被证伪。

[2] 在判例法国家，法院在司法中创制或认可新型权利可谓天经地义——因为在一定意义上，"司法即立法"。不但如此，法院的创制或认可还会客观上连带地推动立法机关制定相关的成文法。如在美国《儿童保护法》出台前，"社会服务部门强制将婴儿从其母亲身边带走的法律依据一直是存在疑问的。但这并不是一个社会新现象。美国高等法院在监护程序中无疑拥有管辖权，以命令将儿童从医院带走，这可以证明这是法院所最擅长的。" Andrew Bainham, "Protecting the Unborn. New Rights in Gestation?" *The Modern Law Review*, 1987, 50 (3), p. 361. 法院后续的一系列判例，不仅仅具有判例法的效应，甚至最终推动了成文的《儿童保护法》的出台。

司法的基本使命在于严格依法办案。在判例法国家，司法遵循先例天经地义；在成文法国家，司法纵然不是"法律的自动售货机"①，也必须遵循"以法律为准绳"的基本职业操守。可见，司法本身天然地倾向于以法律为准则的内在视角，这就是司法的保守性——守法主义②（司法守成主义）。那么，这是否意味着司法创制或认可的新型权利，就逃离了司法守成的要求，从而新型权利位移到外在视角？回答是否定的。这是因为，一方面，司法所创制或认可新型权利时，只能针对法律自身所存在的问题。③ 另一方面，即便法官针对法律自身的缺陷，并面对当下需要裁判的案件而创制或认可新型权利时，也须尽量切合法律的原则和精神而展开，即它只能增益于既有的法律体系，而不能减损或破坏既有法律体系。再一方面，只要司法所创制或认可的权利能够普遍化，其事实上便发挥着和制定法相若的功能。

第二，在成文法国家，由司法所创制或认可的权利，理所当然是新型权利。司法创制或认可一种权利，其逻辑前提是制定法对相关权利法定化的缺漏。倘若制定法已经有完备无遗的相关权利之规定，那么，司法在裁判中就只需守成法律规定即可。但问题是，法律作为人的智虑而非神的指令，其出现意义模糊、意义冲突、意义空缺等缺漏，实在是在所难免。④ 当法律具有缺漏，而案件争议又必须法官出面裁判时，即便法官没有法律根据，或者直接法律根据不足，也需要权衡各个方面的事实，以及事实中所蕴含的规范（规定性），设法构造裁判规范，以解决当下的争议。可见，司法所创制或认可的新型权利，只能针对成文法未规定的情形，这在逻辑上必然预示着司法所生的权利，一定是新型权利。

---

① ［德］马克斯·韦伯：《论经济与社会中的法律》，张乃根译，中国大百科全书出版社1998年版，第62页。

② 有关守法主义的系统阐述，参见［美］朱迪丝·N. 施克莱：《守法主义：法、道德和政治审判》，彭亚楠译，中国政法大学出版社2005年版，第1~24页。

③ 司法创制或认可新型权利的前提，可以称之为"司法能动性"的场域，笔者把它归纳为三种情形：其一是法律调整不能，其二是法官的法律发现，其三是法官的法律续造。参见谢晖：《法律哲学——司法方法的体系》，法律出版社2016年版，第232~381页。

④ 参见谢晖：《法律哲学——司法方法的体系》，法律出版社2016年版，第27~381页。

第三，司法裁判所生的新型权利，其场域只能是在个案处理中。作为判断权的司法权，① 其执业之启动，是当事人出于解决纠纷目的的起诉。司法就是在证据事实基础上，在法律规定前提下，在司法程序规范中对个案进行裁判。司法除了应当事人请求、依法裁判案件纠纷，几无其他权力可言。② 当司法面对案件事实，相关的法律规定不足时，不能因此而拒绝裁判。这些都决定了司法所生的新型权利与立法所生的新型权利的重要差异，在于其只能针对个案裁判而创制或认可之，只能在司法程序中斟酌、裁断，并最终给当事人分配一种新型权利，这就不像立法创制或认可新型权利那样，只能置于立法程序中。此外，司法中尽管有陪审制与合议制，但更能彰显法官个人的价值好恶，这会直接影响法官对个案的裁断，进而影响新型权利在司法中的生成特质。这也明显不同于立法中新型权利的生成机制——它必须是立法者在严格的辩论、商谈基础上生成的，故更能彰显立法者的集体性。

第四，司法判决中所生的具体权利，只有可普遍化为一般权利时，才可谓之新型权利。并不是经由司法判定的成文法上不存在的权利，皆可称之为新型权利。当一个国家的法律制度严格规定司法裁判的效力范围仅限于两造或其他案件相关人时，司法在个案中所创制或认可的权利没有外溢效应，不能作用于其他社会主体的交往行为中——无论是其他类似案件的当事人据之主张权利还是法官据之裁决类似案件。一旦如此，司法判决所生的权利，就是只要履行完毕也就意味着完全结束的"死权利"，就不具有活动性，不具有可普遍化的属性。这样的裁判结果及其权利分配，仍可视为新兴权利之范畴，而不是新型权利。可见，能否使司法在个案中创制或认可的权利产生一定区域内广泛的外溢效应，并进而普遍化为主体运用时可参考、法官裁判时可适用的权利规范，乃是其能否被称为新型权利的重要衡量标准。

---

① 参见孙笑侠：《司法权的本质是判断权——司法权与行政权的十大区别》，载《法学》1998年第8期。

② 当然，就我国而言，司法权所从事的不仅是判断权，而且还有专门的游离于司法裁判之外的法律解释权（最高人民法院享有）、司法政策制定权（最高人民法院和高级人民法院享有）以及司法裁判的强制执行权（各级人民法院皆享有）。这是我国的司法（权）不同于绝大多数国家司法权通例之所在。

第五，司法裁判的可普遍化，需要判例制度这样的制度机制。值得关注的是，司法裁判自身并不是其裁判结果普遍化的根据，反之，司法的本质，决定了裁判结果只具有对案件当事人及相关人的效力。那么，如何使司法裁判普遍化，并进而使司法创制和认可的权利成为新型权利呢？这就必须谈及相关的制度机制。这种制度机制要么是判例法制度，要么是判例制度。在判例法制度下，司法不仅裁判个案，而且负有对后来者创造先例的义务。这样，司法裁判中的权利确定，无论是对先例的遵循，还是前无古人地针对个案的权利创制或认可，都是可普遍化的，相应地经由司法所创制或认可的权利，未必一定是新型权利。在实行成文法，但把判例制度作为对成文法拾遗补阙的国家，由于司法在立法有缺漏时，针对个案直接创制或认可一种权利，毫无疑问，这是具有示范意义的创制和认可，因此，其明显具有可普遍化的制度机制，故经由司法所创制或认可的权利，一定是新型权利。但当一个国家彻底否定判例制度时，即使司法面对立法缺漏，且针对个案创制或认可了一种权利，因其不能被普遍化，故不能径称为新型权利，而只能归于新兴权利范畴。

第六，经由司法裁判所生的新型权利，其普遍化的场域仍主要在裁判规范领域，很难作为行为规范，裁判规范和行为规范是埃利希所提出并使用的两个重要的概念。他指出："裁判规范像所有的社会规范一样是一种行为规则，但确实只为法院适用，它至少主要不是一种为在日常生活中活动的人设定的规则，而是为对他人的行为进行裁判的人设定的规则。因此，就裁判规范是一种法律规范而言，它表现为一种特殊种类的法律规范，区别于包含一般行为规则的法律规范。"[①]

笔者对这两个概念的修正性用法是：裁判规范仅是指在司法裁判中能被普遍运用的规范，因此，人们的日常交往行为，未必能据此展开。而行为规范，则不仅能被司法裁判所适用，同样也能被人们的日常交往行为所运用。

---

① 参见［奥］埃利希：《法律社会学原理》，舒国滢译，中国大百科全书出版社2009年版，第127页。

可见，司法所创制或认可的权利，一方面，直接适用于个案之两造。另一方面，类似案件的当事人可以据之主张权利；再一方面，法官可以据之裁判类似案件，但它很难普遍地作用于人们的日常交往行为，即便这种交往行为类似于既判事实。如此一来，则即便人们根据这种个案裁判结果而在类似争议中主张权利，也每每限于诉讼领域——即限于新的类似案件的权利诉求者。因之，经由司法创制或认可的新型权利，其普遍化乃主要是和裁判规范相关的普遍化，而不是和行为规范相关的普遍化。

三、新型权利概念的外在视角——社会学基础

如果把新型权利的概念完全放置在内在视角（法律及裁判）——教义学基础上，尽管对界定新型权利而言，并无大碍，但任何一个法律和法学概念，其产生的直接目的并不是为了图解概念本身，更重要的是，人们必须经由概念而导向实践。这就是法律和法学概念作为语言的"取效"之维。倘一个法律和法学概念在实践中无以取效，则其意义堪虞，功能将失。因此，在探讨了新型权利的内在视角——教义学基础后，进而探究新型权利的外在视角——社会学基础，才能更全面、圆润地认知其实践取效问题。其中，新型权利是根据什么事实产生的？新型权利是如何取得可接受效果的？新型权利又是如何创造新的社会事实和社会秩序的？这是笔者在下文中拟重点探究的话题。

（一）新型权利创生的事实根据

新型权利尽管是立（司）法者主观决断的产物，但立（司）法者的主观决断又不是凭空进行的。其创生须建立在一定的社会关系基础上，这正如有学者所言："无论是立法还是司法审判，都是根据关系而非契约而展开的。"[①]

立（司）法者创制或认可新型权利时所依赖的社会关系，未必一定是新

---

① ［美］罗斯科·庞德：《法理学》（第一卷），邓正来译，中国政法大学出版社2004年版，第223页。

生的，但必须是在既有的法律体系或司法裁判中未曾被关注的。这表明，新型权利据以创生的社会事实可以二分为既往社会事实（关系）和新生社会事实（关系）。

既往社会事实如何判断？或者它的时间判准是什么？这是一个值得探讨的话题。笔者认为，衡量既往社会事实之判准，至少有如下几个方面：

第一，它理应是现有法律调整之前存在的事实。既往社会事实，毫无疑问，是在历史上生成的，并且遗留至今的事实。但现有法律并未将之纳入其调整范围，因此，对现有法律而言，它不但是法律调整外的事实，而且是其调整之前的事实。这和新生社会事实适成对照。法律何以对这种事实关照不够？原因可能是多样的。有些事实在历史上曾被法律所调整，但因为移风易俗，被现有法律所抛弃。如订婚事实、婚姻仪式等，虽然在民间仍普遍存在，且曾存在于既往的法律中，但不受现有法律的保护。而有些事实却未曾被纳入法律调整的范畴。如我国南北公民都要过的小年节庆等，过去不是，至今也不是法定假日。

第二，它理应是活动的，在当下人们的交往行为中仍存在的事实。既往社会事实，有些早已消失在浩茫的历史烟海中，因此，人们只能在考古文献、文字材料、历史传说中寻其端绪。它们对当下的人们而言，只有发思古之幽情这类精神享验价值，并无现实生活中分配人们权利义务的价值，因此，法律理应对之完全忽略。但不少社会事实，虽然产生于某个遥远的历史年代，但它穿越了悠远的历史，在当下仍然活动着，并且直接影响、关涉人们的行为选择和情感取向。[①] 在法律未对其规范时，它总是以习惯的方式支配着人

[①] 行文至此，不禁想起2008年春节南方冰灾肆掠时，两位留学归来的法学家之争论：其中留学日本归来的、时任教于浙江大学的林来梵教授在网络撰文主张：如此劳民伤财，严重影响人们出行，且政治事功大于情感交流和文化传承的"过年"，不如取消。见此，留学德国归来的时任教于西南财经大学的吴越教授却对之赞有驳，反对取缔春节"过年"，并强调春节之于中华民族的情感价值等意义。参见林来梵：《反思"过年"的意义》，载http://linlaifan.fyfz.cn/b/250144，2019年1月30日访问；吴越：《认真对待过年：响应林来梵教授》，载http://lawandlife.fyfz.cn/b/164081，2019年1月30日访问。后来，林先生在其新浪微博中强调他每到清明节，都要去父亲坟前扫墓。见此，再联想到之前有关"过年"的争议，笔者在微博上进一步就节庆、情感和缅怀纪念等问题和林先生做了一次有意思的对话。

们的行为选择。如对国人而言传之悠久的春节节庆、清明习俗、端午传统等，如今虽已被纳入法律中，成为法定假日，也成为人们的新型权利，但过去很长时期，它们被抛弃于法律之外。目前仍有类似的不少传统，作为既往的事实，被抛弃于现有法律调整之外，而由相关的习惯调整之。

第三，它理应是涉及一定区域内人们相关权利义务分配的事实，因此，是法律理应纳入调整范围的社会事实，或者是具有现实法律意义的社会事实。既往社会事实在现今社会的活动性，业已表明它存在着在人们交往行为中分配权利义务的必要和可能，因此，即使现有的法律未将其纳入调整范围，也并不意味着它没有法律调整的必要。一种社会事实，无论它是既往的还是新生的，只要能够在一定时空范围内客观上制约人们的权利选择和义务取向，那么，它就有法律调整的必要和可能。法律对它的放任自流，不过是其自我减损调整范围，并削弱由此而构造社会秩序的功能而已。它只能导致习惯调整范围的扩大和法律调整范围的退缩。

而新生社会事实，与既往社会事实在判准上既有相近处，也有相别处。前者如两者都是法律调整之外的社会事实，因之，都是法律尚未调整，从而留有法律空白的社会事实。同时，只要它们都具有现实生活交往中权利义务分配的必要和可能，那么，也都是法律理应调整的社会事实。如下笔者更关注的是两者的两点主要区别，因为这在另一个视角上决定着这种事实接受法律调整的必要，决定着法律经由对此种事实的调整而生成新型权利的可能。

首先，既往社会事实一般都是业已成熟的、定型的，而新生社会事实未必一定是成熟的和定型了的。这就决定了对既往社会事实之法律调整，完全取决于这种事实在现实生活中的作用面，以及立法者对这种社会事实可能影响人们权利义务关系程度的评估及价值取向。例如何以春节、端午等可以成为全民的法定节日和假日，而重阳节却不是？这些，只能是立法者对既往社会事实之于当下人们生活的实际影响评估的结果。当然，司法面对相关问题的权利义务冲突时，也可借对纠纷之裁判而处理既往社会关系中的权利义务关系。面对新生社会关系，立法者只能将成熟了的社会关系纳入法律调整的范畴，并因之生成新型权利。对那些尚未成熟的新生社会关系，一旦因之产生纠纷并付诸诉讼，照例可由司法裁判解决其中的权利义务关系，以及时应对新生社会关系中的问题，救济法律之不足。

其次，既往社会事实是向后的，故其业已存在着相关习惯来调整，而新生社会事实是向前的，或许在其中也存在着人们面对它时的习惯做法，但这种习惯做法经常并不具有稳定性。在这两个意义上讲，新生社会事实需要法律调整的必要性更为强烈：一方面，从其"向前看"的意义上，这种社会事实更具有现实性和迫切性。因为一旦法律或裁判不能及时调控之，会对人类现实的交往行为，特别是社会秩序的构建造成妨碍。另一方面，从其习惯尚不成熟的视角看，更需要立法者或司法者出面，深入研习、探究、判断相关社会事实及其规定性，作出具有创制意义的普遍规范。相较而言，业已存在着成熟的习惯来调整的既往社会事实，就无此种接受法律调整的迫切性和必要性。

以上对既往社会事实和新生社会事实的论述，不是要说明这些社会事实本身，而是要借此进一步说明观察新型权利的外部视角和社会学基础。固然，新型权利的内部根据在于法律规范或司法裁判，但法律规范也罢，司法裁判也罢，其在创制和认可新型权利的时候，必须立基于上述两种社会事实之上，这样，新型权利的创制或认可才是有的放矢，否则，立法或裁判，就只能是立法者或司法者的天马行空、任由想象、无的放矢了。这不仅是对立法和司法资源的浪费，而且也是对人们内心透过法律和裁判稳定预期这一愿望的打击。可见，只有遵循了上述事实的法律、裁判及其创生的新型权利，才能溢出规范和裁判本身，在社会学意义上使人们接受规范和裁判。换言之，即经由规范或裁判创生的新型权利才具有可接受性。

（二）新型权利的可接受性

可接受性不仅是"接受美学"的一个重要概念，[1] 而且也被普泛化为人

---

[1] 有学者强调："艺术作品的历史本质不仅在于它再现和表现的功能，而且在于它的影响之中……只有当作品的连续性不仅通过生产主体，而且通过消费主体，即通过作者与读者之间的相互影响来调节时，文学艺术才能获得具有过程性特征的历史。"［德］H. R. 姚斯、［美］R. C. 霍拉勃：《接受美学与接受理论》，周宁等译，辽宁人民出版社1987年版，第19页。

文一社会学科领域在论述人们的社会交往现象时所广泛使用的概念。法律不仅属于"法律的作者",而且属于"法律的读者"。① 因此,只有当"法律的读者"接受法律规范时,法律才能发挥其应有的社会效应。这就涉及法律的可接受性。新型权利作为法定权利,要发挥其应有效应,也是如此。那么,如何理解法律以及新型权利的可接受性?法律以及新型权利的可接受性因何而生?可接受性何以是在社会学视角理解新型权利的一个剖面?下面分别予以说明:

第一,什么是法律以及新型权利的可接受性?对此,笔者曾这样表述:"接受或者可接受性,事实上表达的是……立法者与运用者之间'交往'的一种关系性概念。法律作为一种制度修辞,其接受也表现在法律文本和法律运用的关系中间,从而进一步体现为立法者和法律运用者之间的修辞关系。法律要能够被接受,必须把法律运用者带入法律的游戏活动之中,他们不仅是听众、看客、读者,而且是参与法律修辞活动的主体。没有他们的参与,法律修辞就不过是一出独角戏,成为立法者的自娱自乐,无法在普罗大众中间产生其自由与秩序被法律所结构的审美体验和修辞效果。"②

这一对法律可接受性的理解,自然也可以运用到对作为法定权利的新型权利之可接受性的理解上——只有把新型权利置于立(司)法者和运用者交互的关系体系中时,才表明新型权利不仅是立(司)法者的事,从而不仅是内在视角或教义学领域的事,还必须是运用者的事,从而也是外在视角和社会学领域的事。可见,可接受这一概念,对于在社会学的外部视角理解新型权利具有不可或缺性。

第二,法律以及新型权利因何可接受?限于篇幅,笔者在此简要阐述这一问题。法律的可接受,在法律发展史上可谓是多方面的。概纳之,大致有这样几种情形:其一,神圣灵启的可接受性。在人类历史上的不同地方和不同时期,法律都被视为神的启示。在宗教法世界,这种观念则天经地义,理

---

① 对"法律的作者"与"法律的读者"之于法律的不同理解图式的描述,参见谢晖:《法律的意义追问——诠释学视野中的法哲学》,商务印书馆2003年版,第176~246页。
② 谢晖:《制度修辞论》,法律出版社2017年版,第317页。

所当然。即使在当今时代的世俗世界，在有些地方和族群中，仍然存在着"神判"现象。这种以神灵为媒介的互动，很容易形成立（司）法者及其法律（裁判）和运用者之间的互动，并在互动中产生可接受性。其二，压制命令的可接受性。压制性命令，尽管在表面上看具有单向性，从而很难导致人们对它的接受。但这只是揆诸近、现代主体平权意识的看法。事实上，在人类迈入近代社会以前，几乎所有的法律都是压制性和命令性的，即便在近、现代国家，命令性的法律不但没有绝迹，反而大量地存在。但何以人们会接受这种法律？毫无疑问，它是人们权衡利弊的结果。当人们服从一种压制性命令更有益（无论精神上、身体上还是物质上的益）时，选择服从和接受便是自然而言的事。一旦作了这种选择，事实上就进入到一种"不完全契约"中。因此，这种可接受性也可以被称为"不完全契约的可接受性"。其三，完全契约的可接受性。近、现代以来，人类法律的产生越来越具有立（司）法者和运用者共同参与的特征，因此，法律本身越来越具有契约的特征，甚至法律就是社会契约的具体文本。无论是代议制立法，还是全民公决制立法，都在不同程度上彰显"法律的作者"和"法律的读者"在法律产生问题上的互动性。既然法律是自己参与或者授权参与而产生的，则在逻辑上无论立法者还是法律运用者，都有义务接受法律，接受契约之规制。这种情形，也可适用于司法裁判，毕竟一项司法裁判的产生，是两造自主选择法院作为裁判主体的结果。在其选择之时，即可视为达成了契约性的默契。如上对法律（裁判）可接受性之三种原因的剖析，也可适用于对新型权利可接受性的剖析，只是需强调的是，因为法定权利主要是一个近、现代法律的概念，因之，作为法定权利的新型权利，其可接受性理由主要是因为契约。即便其间存在命令的可接受理由，也只是可接受理由的补充，而不是主导。

第三，如何理解可接受性是在社会学的外在视角理解新型权利？这一问题，在前文中已有所说明。这里需再简要强调的是，新型权利的可接受性既来自立法者对"装载"新型权利的社会事实及其规定性的客观表达，也来自作为法定权利的新型权利，一旦经由立（司）法者之手而产生，就会以规范（新型权利）为中介的而形成社会的互动，即新型权利从规范世界溢出，投射到主体交往、互动的社会实践中。因此，可接受性不是观察新型权利的内部视角的教义学命题，而是其外部视角的社会学命题。

(三) 规范 (新型权利) 的普遍化与再社会化

作为立 (司) 法者在冲突的客观事实面前主观决断和价值抉择的产物，新型权利首先属于主体意志或精神的范畴。至于主体范围在这里有多大，是"口含天宪"的帝王，是大权在握的统治阶级，是接受授权的议员，还是取得了平等资格的全体选民，则另当别论。只要这些不同类型的主体，能够将其意志和精神价值选择制定为规则，并推向社会，成为人们所接受的法律，那么，它就实现了其意志和精神价值的规范表达。因此，这里拟继续探究的有如下三个问题：内在视角的新型权利规范通向社会的内在机理是什么？纸面的新型权利如何被普遍化或实践化？新型权利如何还原到社会，从而再社会化？

第一，新型权利通向社会的内在机理是什么？任何法律，都不以规范内部的游戏为目的，即便规范内部的游戏是十分必要且重要的，但它也只是实现法律目的的手段。法律的目的在法律外部，即法律必须关联实践，并且是一种受其制约的理性的实践。[1] 所以，作为法定权利的新型权利通向社会，调整相关的社会关系，来自新型权利"目的域"的当然指向。新型权利不可能在规范内部实现其目的，只有将其投放到规范外部——社会关系中去时，才能够与其目的接睦。这是其一。其二，新型权利之所以能够在投向社会时实现其目的，还在于它源于社会关系。在这个意义上，新型权利不过是立 (司) 法者在相关社会关系中"发现"的结果，而不是他们苦思冥想地臆造出来的。越是卓越的立法和裁判，越需要立 (司) 法者具有对相关社会关系的深刻洞察能力和总结活动。这一点，与法律或裁判是立 (司) 法者的意志

---

[1] 因此，自康德以来，把法律和实践理性勾连起来的学术思想屡见不鲜。参见 [德] 康德：《实践理性批判》，邓晓芒译，人民出版社 2003 年版，第 21~126 页；[英] 约瑟夫·拉兹：《实践理性与规范》，朱学平译，中国法制出版社 2011 年版，第 45~167 页；颜厥安：《法与实践理性》，中国政法大学出版社 2003 年版，第 85~212 页；葛洪义：《法与实践理性》，中国政法大学出版社 2002 年版，第 101~247 页。

决断这一判断并不矛盾，因为他们在社会关系中所发现的规定性，也往往是矛盾的，甚至对立的。他们必须在矛盾的事实中选取能够尽量减少或平息矛盾的规则。这表明，当我们说新型权利来自承载它的社会事实（关系）时，本身意味着它内含还原于社会，并使得社会关系向更有序的方向发展的可能。

第二，纸面的新型权利如何被普遍化或实践化？前文业已论及经由裁判产生的权利如何普遍化为新型权利的话题，但这一普遍化，仍属于经由法律（裁判）所生的新型权利规范内部的事，因此属于教义学范畴。这里所论述的普遍化、实践化，却指向法律规范如何为社会交往中的人们提供普遍指引，因此，是一个纸面的法律（裁判），如何维系和创生社会秩序的问题。所以，应当区分前述两种"普遍化"或"可普遍化"理念。在有些学者看来，纸面上的法律不过是应然的，它可能会普遍化地导向实践的实然，也可能永远停留在纸面上，无法化为"行动中的法"或者"活法"。① 但无论如何，学者们都不期望纸面上的法律只停留在纸面上，反之，都期待纸面上的法律和人们的交往行为相一致，和社会秩序的形成过程能够相吻合或符合。否则，纸面上被法定或裁定的新型权利，不过是出力不讨好、劳民伤财的成本挥霍而已。但是，纸面上的新型权利究竟如何被普遍化、实践化？或许人们对其中的机理有完全不同的回答，如表达新型权利的法律或裁判的神圣性、真理性、客观性、权威性，等等。但在笔者看来，归根结底，它的可普遍化，并进而实践化，源自已内化为人们精神结构中的法律的普遍有效观念、社会契约观念以及强制保障观念。正是这些观念以及法律运行中与这些观念的相互印证，才导致作为法定权利的新型权利能普遍化地展开为人们交往行为中构造秩序

---

① 众所周知，这两个概念分别是庞德和埃利希所首创的。两个概念都深刻地揭示了纸面上的法律与实践中的法律之重要区别。对两者之比较分析，参见王斐：《"活法"与"行动中的法"——兼论民间法研究的两条路径》，载《甘肃政法学院学报》2007年第3期。另外，现实主义法学者在这方面的论述更胜一筹，在他们的有关论述中，纸面上的法律就连应然的地位也没有。应然的法律是当事人及其律师对法官将作如何裁判的预测，而不是纸面上的法律。纸面上的法律之地位，最多是"并非支配而是指导判决"。参见[美]卡尔·N. 卢埃林：《普通法传统》，陈绪纲等译，中国政法大学出版社2002年版，第211~217页。至于实然的法律，正如庞德对该学派的一个总结那样："……它们都倾向于把所有影响受理某个案件的某个特定法官的因素视作是一种法律渊源。"参见[美]罗斯科·庞德：《法理学》（第一卷），邓正来译，中国政法大学出版社2004年版，第255页。

的实践活动。

第三，新型权利如何还原到社会，从而再社会化？由以上两方面的论述，我们已经大致掌握了新型权利还原到社会，从规范之内部世界通往实践之外部世界的机理。因此，新型权利的生成，并不是为了提取这种名为"新型权利"的精神意志，而是透过新型权利的规范，更合理、有效地还原到与新型权利相关的社会关系中，使其有序化、规范化，实现经由规范的社会控制和秩序构造。这一过程，自然是"徒法不能以自行"的，它还需要规范之外的一系列配套措施，从而以规范为前提，形成一个相互关联的制度体系。在该体系中，作为前提的法律规范、作为保障的法律观念、作为动力的法律主体、作为践行的法律行为以及作为反馈的法律监督必须同时具备。尽管观念、主体、行为以及监督皆生自于法律规范的规定，但一旦其从规范转型为具体的观念、主体、行为和监督时，就意味着作为规范的法律已然在构建社会，使源自社会的规范反作用于社会，从而得以再社会化。所以，当人们谈论法制和法治这些概念，而不是仅仅谈论法律的时候，已经意味着法律被还原到社会，并创造以法律为根据的社会，这即是法律（新型权利）的再社会化。

上述三个方面进一步表明：对新型权利概念的观察和理解，不仅需要在法律规范体系内部——教义学视角观察，而且也需要在法律规范体系外部——社会学视角观察。这两个方面的观察结果，共同构成理解新型权利的基础性理念。

四、新型权利与司法关怀

在上述有关新型权利的论述中不难推论：在人们的交往行为因科技一日千里的发展，新生社会关系因之层出不穷地呈现，其所导致的权利义务关系也复杂、多变的时代，把这些社会关系及其权利义务纷争悉数交由立法去处理、规范，势必会导致如下问题：

一方面，导致有关新型权利的立法不能集中于一个国家或地方事务的整体性思考，而不可避免地陷入对具体的琐碎事务的关注和考量，这与立法必须站在一个国家或地方的全局视角来考虑问题的本来要求会背道而驰。与此同时，立法程序和司法程序虽然都有极其严格的共同特征，但司法程序毕竟有时效性规定，而立法程序的不少环节在时效性上并没有严格规定，即司法必须在程序内取效（裁判），而立法则没有这样的要求（在一个程序内必须制定法律）。这导致立法创制或认可一种新型权利，不得不面对冗长程序以及预期不定的困扰，从而无法及时地应对新生社会关系及其问题。

另一方面，毕竟大量新生的社会关系，仍处于磨合性的多变状态，因此，未必一定是成熟了的社会关系。所以，当有关新型权利的立法一味因循这种尚在变动不居中的社会关系而制定时，立法者一面难于从中发现规定性——稳定的权利义务关系，另一面却容易因疲于应付而导致的法律及其新型权利内容的朝令夕改。显然，这与立法及法律的"科学性"、稳定性、权威性要求背道而驰，更与人们期望通过立法而实现社会交往的和谐有序、社会秩序的长治久安南辕北辙。

再一方面，立法是一项无论物质成本、社会成本还是人们精神（情感）成本都相当高昂的工作。在物质成本上，不要说一项有关新型权利的立法一旦因制定不当而推倒重来，哪怕因其中某一条款制定不当而重新修改时，都要投入不菲的人力、物力和财力。在社会成本上，一旦某种有关新型权利的立法因不当而付诸实施时，不但无益于社会秩序的构建，反而会导致社会交往的混乱，得不偿失。在精神成本上，一项有关新型权利的立法一旦因为调整不能、运行不开而导致其成为"僵尸"法律时，不仅会导致人们对立法者的失望，也会导致人们对整个法律和法治的失望。

立法在新型权利保护上的如上不足，并不意味着对新生社会关系或者尚未受法律调整的社会关系中实存的权利义务关系，以及因此导致的人们之间的交往纠纷就可以视而不见。反之，在制度上寻求、探究更能适时、有效且波及面较小地解决上述社会交往关系中的权利义务纠纷，使其尽管没有统一的法律之调整，但仍能有效有序地运行的机制，这无论在学术探究上，还是在制度建设上，都是颇有意义的事。这样的机制，只能在司法中才有可能，因此，赋予司法在面临法律未调整的社会关系时以"造法"的权力，建立判例制度，是解决这一问题的行之有效的方法。这是由于在这方面，司法既优越于行政，也优越于立法。

首先，之于新型权利的创制和认可，司法优越于行政。司法解决的是纠纷事项，具有明显的专业性，这不同于行政。行政主要解决的是按部就班的不存在冲突和纠纷的事项，具有明显的驳杂性。因此，在行政事务中，人们容易忽略一种社会关系中的权利义务关系，至少人们不是站在权利义务关系视角，来观察某种社会关系及其规定性的。但是，在纠纷事项的解决（司法）中，全部过程紧紧围绕着案件（社会关系）中的权利义务关系而展开。司法的直接目的，就是通过对纠纷中权利义务关系的厘清，决疑解纷，平息矛盾。因之，在司法的纠纷解决中更容易且便于观察一种社会关系的症结所在。兼之法官本来是法律专家，这也不同于公务员主要是行政管理专家，其更善于运用权利义务关系的基本法理，去分析当下所面临的纠纷及其背后的社会关系原理。除此之外，众所周知，司法具有终决性，这也不同于行政。行政即便能够依法解决一些纠纷，但一般来说，这和它处理的日常事务一样，仍具有可诉性。故通过行政以确立和保障新型权利，殊难实现，也不具有可普遍化的机制。而司法对纠纷的处理，一旦生效，就是终局的，是不可再诉的，并且司法对新型权利的确认和保障，具有可普遍化的可能。在此情形下，如果能健全司法及其判例制度，于新型权利的创制或认可、确定和保障而言，可得近水楼台先得月之效果。

其次，之于新型权利的创制和认可，司法优越于立法。因为其一，司法解决的是个案问题，因此具有明显的灵活性，这不同于立法。我们知道，立法每每解决的是一个国家或地方的整体性、全局性和一般性的事务。所有整体、全局和一般性事务的处理结果，更正起来颇费周折，所谓"船大难掉头"，故只能通过对法律的修修补补以解决问题。一旦法律立了之后推倒重来，其社会成本的高昂支出，无论在心理上、社会交往上，还是人力财力上，都是难以估量的——社会心理的不信任，社会交往的失范，立法调研、起草、审议等人力财力浪费，等等，谁能估量？但司法却不是如此。一份个案的裁判一旦出现问题，相对而言容易纠偏和转圜。即使一例个案已经生效，且其影响范围哪怕波及全社会，但一般来说，其实际影响仍主要在案件的当事人，故纠正司法裁判的失误，要比纠正立法的失误容易得多。其二，具体到新型权利的生成领域，它主要针对的是尚不稳定的新生社会关系，因此立法一旦处置不当，不但会弄巧成拙，而且会对新生社会关系的调整产生长久的不当影响，但司法处置即使不当，其影响面不但要小得多，而且不会产生长久的不当影响。其三，在功能指向上，诚如前文所言，纵然司法裁判的结果能够成为一种判例，进而产生其在某一个案中所裁判的权利能被普遍化的新型权利，但其在功能指向上仍主要作为裁判规范存在，而不是行为规范。可立法却不同——一种成文法，其功能首要地是作为行为规范，其次才作为裁判规范。所以，相较而言，司法的功能指向及其影响要远逊于立法的功能指向及其影响。这更有利于司法"低调地"保障新型权利，以免面对尚未成型的新生社会关系，立法的高调调整成事不足，败事有余。综上所述，对新型权利的创制和认可、确定和保障而言，司法显然要比立法更现实有效。

上述情形无不表明，借助司法以确立、规范和保障未受法律调整的社会关系，并把其中所蕴含的新兴权利升华为新型权利的恰当性、正当性和可能性。当然，这要求国家认真对待赋予司法以一定创造性和"能动性"[①] 的判例制度。这将是另一篇论文的话题。

[①] 前些年，我国司法界和法学界有关"能动司法"或"司法能动性"的探讨甚多。在笔者看来，司法能动在成文法国家只能是法律出现"病症"，特别是"法律调整不能"或法律意义空缺且没有类推根据时才能启动的事业。故应在法律方法视角，为这一概念找到其适用的基本条件。参见谢晖：《能动司法与法律方法——在第三届"长三角、珠三角法院院长论坛"上的发言》，载 http://longfu.fyfz.cn/b/405598，2019年1月30日访问。

论新兴权利的一般理论[*]

笔者在《论新型权利的基础理念》一文中,约略提及新兴权利的四个基本特征,即自发、自然、多样和流变。[①] 但该文的主旨是论述新型权利,因此,关于新兴权利,只是附带谈及,可谓浅尝辄止。为了进一步说明新兴权利,本文将在上文论述基础上,继续探讨如下话题:新兴权利是"权利"吗?如果是,那么,新兴权利是何种意义上的"权利"?新兴权利的生成根据是什么?新兴权利如何得到保障?并经由对如上问题的阐述,既深化对新兴权利的研究,也强化对新型权利的理解。

一、新兴权利是"权利"吗

(一) 权利研究的法律藩篱

权利这一概念,既有日常生活中的理解,也有在学术研究中的指称,还有制度实践中的规定。前者未必一定是权利概念的正式运用,中者和后者则理应是它的正式运用。自然,在学术研究中,人们更关注的是其正式运用——特别是在法律和法学上被运用的权利概念,更是如此。例如,在英语世界,"right 和 law 恰好是相互对应的"[②];而"在拉丁语中,法和权利是混合在一起使用的,jus 一词既包括客观意义的法的含义,也包括主观意义的权利的含

---

[*] 本文原载于《法学论坛》2022 年第 1 期。
[①] 谢晖:《论新型权利的基础理念》,载《法学论坛》2019 年第 3 期。
[②] 方新军:《权利概念的历史》,载《法学研究》2007 年第 4 期。另,该文全文所检讨的,基本上是法律权利概念的历史,而对日常生活中出乎法律之外的权利事实关注和检讨显然不够。

义,而且还包括非法律意义的正当的含义"。① 因此,对于法学者而言,一谈到新兴权利这一概念,就容易惯性地、理所当然地将其理解为法律上的、正式意义上权利。这样一来,新兴权利这个词就显得有些突兀,特别在法学学术圈里谈论这个词,就更觉突兀。因为它面临着这一个基础性的追问:新兴权利是"权利"吗?它在法律上能够证成吗?如果回答是,当然就有研讨的合法性基础,否则,皮之不存,毛将焉附?

在学界所秉持的观念中,权利概念完全可以在不同的视角上被阐释。如有人在总结和综述权利的学说时,得出在学术思想史上,权利观念的八种思维向度,即资格说、主张说、自由说、利益说、法力说、可能说、规范说以及选择说,② 不过无论上述哪种学说,大体上皆是在法律范围内界定权利概念的。因此,正如前文强调在西语世界,权利和法始终具有内在逻辑勾连一样,这些学术观点虽然在权利的本质属性以及内容取向上各有不同,但这些所谓本质属性和内容取向,最终都以形式理性的法律为依凭、根据和归属。所以,这些不同学术主张乃是被结构在法律规范的形式理性之内的,而不是游离于这种形式理性之外的。在此意义上,这些主张无疑仍是"从法律的观点看",因此,权利理念仍逃不出法律的手掌心。

还有,当人们在外延上对权利概念做类型处理时,常见的处理方式有四,即自然权利、习惯权利、法定权利和实在权利。自然权利是"天赋"于人的,习惯权利是人们在交往行为中日积月累、自发产生的,法定权利是通过国家实在法明令赋予的,实在权利是人们在生活交往中能够实际地享有的。这样看来,权利并不是囿于法律的概念,而且在法律之外的更为广阔的视野

---

① 本书编写组:《法理学》,人民出版社、高等教育出版社2010年版,第118页。
② 张文显主编:《马克思主义法理学——理论、方法和前沿》,高等教育出版社2003年版,第282~291页。另外,相关论述还可参见夏勇:《人权概念起源》,中国政法大学出版社1992年版,第37~60页;公丕祥:《权利现象的逻辑》,山东人民出版社2002年版,第94~519页。事实上,以上不同的学说,在内容和逻辑上并非互不关联、截然分开的。不少时候,同一位学者对权利的界定中会呈现上述诸说中的数层意思;还有时候,某一种权利学说必然意味着其他权利学说,因此,从一种权利学说中自然可以推导出相关的其他权利学说。

中，照例可以使用这一概念——尽管自然权利、习惯权利以及实在权利这些概念，一旦离开法律的规范，便顿觉失去了凭借，但毕竟在这里，已经给人们打开了在法律权利之外关照权利这一概念的窗口，使人们能够进一步开阔权利理解和研究的视野，不仅"从法律的观点"看权利，而且从"社会/文化/经济/历史的观点"看权利。

如此一来，新兴权利是不是"权利"的问题，就有了完全不同的观察视野。为了进一步理解和阐释这些认知新兴权利的视野和角度，对究竟什么是新兴权利作出基本的界定和阐释是必要的。那么，究竟如何界定新兴权利呢？

(二) 如何界定新兴权利

新兴权利，是指在人们的交往行为中，尽管于法无据，但实际上能够普遍地、一般地、经常地影响人们资格、利益、主张等得以拥有、运用和处分的情形。这种情形，实质上使新兴权利处于一种规范状态。由此可见，新兴权利具有如下特点：

首先，新兴权利根据的非法定性。新兴权利是于法无据的——尽管它完全应当在法律调整的射程之内，[①] 即新兴权利一定是非法定权利（非法定权利未必是非法权利，但不排除非法权利）。如果一种权利虽然很新，但已然被法定化，则不能谓之新兴权利，可以称其新型权利——法定权利或裁定权利。

其次，新兴权利之效力的时空—主体均布性。既然是权利，则它对交往行为中的主体而言，具有空间上的普遍效力，主体适用上的一般效力和时间上的经常效力。至于一种新兴权利具体的时空效力范围，端赖于该权利所依赖的规范的适用范围，它既可能是地方性、族群性的，也可能是一个国家的，甚至跨国界的。

再次，新兴权利对主体的增益性。新兴权利，无论其适用范围之广、狭，只要其对相关参与主体发生实际的规范效力，便能有效地、实际地决定人们

[①] 谢晖：《法律至上与国家治理》，载《比较法研究》2020年第1期。

社会地位（资格）、经济利益和精神主张，因此在实践中，其对交往行为中的人们具有赋权功能。例如，数据权、祭奠权、照顾权[①]等新兴权利都具有此种功能。

最后，新兴权利的规范依赖性。新兴权利尽管是非法定的，但这并不意味着其没有规范根据。作为对交往行为中的主体具有普惠效力的权利形式，它自身是一种规范，也存在于一定的规范体系中。说它自身是一种规范，在于在社会交往体系中的所有权利或义务，都是规范性的（无论是私契性的规范，还是公共性的规范），是人们利益分配的凭据而不是结果（只有具体个体分配到的权利和义务，才是结果）；说它存在于一定的规范体系中，是说新兴权利要么是一种社会事实，该社会事实的规定性即新兴权利的规定性，例如人们因为对祖先的普遍缅怀需要和行为而生成祭奠权；要么它通过非正式制度事实（民间法）的规范形式表现出来，如社区公约、乡规民约、家法族规、社团纪律、宗教教规、民族/地方习惯、公司章程、社会道德等。这些社会规范，都可能孕育和产生新兴权利，从而有所谓法律权利之外的习惯权利、道德权利、宗教权利、内部权利这样的概念。

行文至此，想进一步追问的是：按照前述权利的外延分类，那么，习惯权利、自然权利、实在权利是否皆为新兴权利？下面笔者将对此具体分析。

习惯权利是不是新兴权利？这里的疑问，或许出自新兴权利这一概念本身。顾名思义，新兴权利，其基本特点就在于"新"，即它和法定权利相比较，是晚出的权利，是更新的权利。在通常的理解中，"习惯权利针对法（国家法）定权利而言，它是指一定社区内的社会主体根据包括社会习俗在内的民间规范而享有的自己为或不为或者对抗（请求）他人为或不为一定行为的社会资格"[②]，因此，所谓习惯权利，总是存在于社会习俗中，从而可以

[①] 关于"照顾权"的相关论述可参见：Caracciolo di Torella, "E. An emerging right to care in the EU: A New Start to Support Work–Life Balance for Parents and Carers," *ERA Forum*, 2017, 18, pp. 187–198.

[②] 谢晖：《民间规范与习惯权利》，载《现代法学》2005年第2期。

说皆是历史上人们长期交往行为中交涉、博弈、斗争和权衡的结果，一般来说，它是老的、旧的、传统的。这种观点，乍然一看，似有道理，但深究起来，问题不少。这是因为：

其一，习惯确实与古老、传统等相关联，但它并非总是古老的、传统的。它也可以是新生的、当下的。如随着互联网的迅速发展，经由互联网交易、互联网交流以及互联网管理的新习惯就大量产生，并且已经在深入地影响着人们的日常生活。

其二，即便那些古老和传统的习惯，当国家法不能全然吸纳之，甚至被国家正式法竭力排斥时，它作为"在野的"规范体系，也常常会以"新"的面目呈现出来。如因为反对迷信的"进步"要求，在法律上长期否定，甚至制裁人们缅怀祖先的权利时，有人通过司法提出祭奠祖先的诉求，即便法院未予受理，也相对于法律的既有规定，明显呈现出其新兴权利的"新"特征来。可见，分析习惯权利时，尽管不能排除其老、旧、传统等特征，但相对于既有法律，它也是，或者至少可能是新兴权利。

自然权利能否是新兴权利？这一疑问的提出，则在于自然权利这一概念自从其产生起，就被明确地预设为拥有所谓天赋的、与生俱来的属性，进而言之，自然权利自来是和人的存在紧密关联在一起的概念，它不是外在于人的概念，反之，是内在于人的概念。若借用霍布斯的说法，则自然权利就是："每一个人按照自己所愿意的方式运用自己的力量保全自己的天性——也就是保全自己的生命——的自由。因此，这种自由就是用他自己的判断和理性认为最适合的手段去做任何事情的自由。每一个人对每一种事物都具有权利，甚至对彼此的身体也是这样。"[1]

这种权利是天赋的。而所谓天赋，不但是一条抽象的普遍法则，而且也具象地表现在人身权利、财产权利和土地权利等各个方面。[2] 这就自然地生出了问题：既然自然权利是天赋的，对人而言是与生俱来的，那它一定是先

---

[1] [英]霍布斯：《利维坦》，黎思复等译，商务印书馆1985年版，第97~98页。
[2] 赵明：《康德论"自然权利"》，载赵明主编：《法意》（第二辑），商务印书馆2008年版，第47~63页。

在于法定权利的。先于法定，是否也一定先于新兴权利？即自然权利还能成为新兴权利吗？确实，这是一个颇耐人寻味并值得回答的问题。

诚然，就自然权利是一种天赋权利，是人人生而即有的权利而言，它是先于法定权利的，法定权利只能对之予以认可，所有法律，必须顺应或认可自然权利，从而似乎不存在相对于法定权利的新兴自然权利。但是，必须看到，或许由于立法者的认识能力，或许由于立法者的主观偏好，那些被称为自然权利的东西，并不总是能够及时地被认可为一个国家的法定权利。反之，不少自然权利，不断遭遇国家实在法的排斥和对抗。例如针对平等权这一自然权利，即便把平等奉为圭臬的一些国家，也因为实在法上种族歧视、性别歧视和信仰歧视等而不断爆发抗争，从而派生出诸如族群平等、性别平等以及信仰平等等曾在历史上大放异彩的新兴权利要求（这些要求，在其后的法律上基本上得以保障）。除此之外，还需关注的是：自然权利也有其随着社会关系内容的更迭和变化，而催生出新的自然权利之可能。

实在权利能否是新兴权利？提出这一问题，是因为尽管实在权利一般是指法定权利的实际落实和呈现，但按照"活法"的理念，它不仅指落实为人们所实际享有的那些法定权利，而且也指向人们在法律之外所实际享有的权利，如前述自然权利、习惯权利以及宗教权利、社团组织成员依规所享有的权利等。固然，就实在权利是法定权利之落实这一层面而言，所谓实在权利，不过是法定权利的实然样态；但就实在权利还可能体现为其他规范规制下的权利，或者尽管没有具体规范，但在交往行为中，人们人同此心、心同此理地所享有的权利而言，实在权利则逃出了法定权利的范畴（尽管并未逃出法律调整的辐射范围）。

在前一种情形下，实在权利自然与新兴权利无缘，它只是法定权利的现实化、实践化。但在后一种情形下，无论实在权利是自然权利的实然化还是习惯权利的实然化，是道德权利的实然化还是宗教权利的实然化，是社团内部权利的实然化还是私人约定权利的实然化……它都存在于法定权利之外，因此，相对于既有的法定权利，都是新兴权利。和前述两种情形一样，这里所谓"新"，并不一定是指最新兴起的权利，而是指实际上普遍存在且有现实需要,但在法律上并未明文保护的权利。此外,还不得不说的是,后一意义上的实然权利,不仅因为传统的社会关系和社会事实而存在,而且也会因为新社会关系的产生而存在。例如,网络虚拟财产权、网名权、网络密码权、代码权、变性权、复姓使用权,等等。

(三) 新兴权利的"权利"属性

厘清如上问题后,再回过头来探讨新兴权利的"权利"属性。既然新兴权利不是常人所理解的法定权利,那么,它究竟是不是一种"权利"?如果是,那么,它又是什么意义上的权利?是自然权利,还是习惯权利?是宗教权利,还是道德权利?是社团内部权利,还是私人约定权利?抑或都不是,而完全是一种独立的,但具有全新综合特征的权利?

首先,新兴权利是"权利",但它是尚未定型的权利,即它没有经过立法者的加工从而使其法定化、程序化和"正当"化。这种权利,既是人们的主观需要,也是社会的客观事实。说其是人们的主观需要,在于人们普遍有借助相关权利保护或获得利益、自由的内在要求。例如,当人们注册了一个博客后,就在主观上有了该博客不受非法侵犯的权利要求,没有法律上的理由,任何人不得对该博客进行攻击,予以查封。这种权利需求,即使并未规定在法律中,也存在于博客主们普遍的心理中。与之类似,微信作为国人普遍运用的网络交际工具,对于所有依赖该交际工具交往的主体而言,拒绝非法攻击或关闭微信,是所有微信主的普遍需要,尽管它不是一项法定权利,但它毫无疑问是一项权利。说其是社会的客观事实,则在于人们在交往行为中已然实际地享有、运用并处分此种权利。对法定权利而言,它是一种后补的、待定的权利,但在法定化之前,只要法律并未明确禁止,它就以权利的方式客观存在。

其次,这种新兴权利究竟是何种性质的权利?即在规范归属上是什么意义的权利?如前所述,它既可能是自然权利,特别可能是因为人们认识能力或主观偏好而被漏列的自然权利,以及因社会关系变迁而产生的新的自然权利;它也可能是习惯权利,无论是因传统而存在的被法律漏列的习惯权利,还是因社会关系发展而新生的习惯权利。它可能是宗教权利,无论是既有的未被法律明令的宗教权利，还是因社会发展新生的宗教权利；它还可能是道德权利，无论是法律漏列的道德权利，还是因社会发展而新生的道德权利。它也可能是社团内部成员间的权利——这种权利虽因社团内部的规则而产生，但也存在着普遍化、法定化的可能，它也可能是私人之间因为契约（这种契约并非根据法定理由和程序而订立，而是纯粹根据双方的需要、爱好和意志自由而订立）而达成的权利。这样一来，新兴权利似乎是一种权利的大杂烩——法定权利之外权利之大杂烩，但它基本反映着新兴权利存在的事实状态。因此，把新兴权利归属于任何一种社会规范的名下，都不完全妥当。

这就需要对新兴权利予以新的界定，但是，这种逃离了上述既有规范的新兴权利界定，是需要承担一定论证风险的，因为它需要提供一种全新的、综合的规范依赖，为了避免这种风险，笔者准备在下文中摆脱规范羁绊，直接在事实中界定新兴权利。

二、新兴权利是何种意义的"权利"

（一）新兴权利是与法律相关的概念

如上论述业已表明，新兴权利并不是法定权利。一旦某种新兴权利法定化或者具有法律的直接效力，受法律的直接保护，那么，它就不再是新兴权利，而是新型权利了。这样一来，新兴权利就不是一个法律概念，而是和法律相关的概念。必须申明：不是法律概念，并不意味着就是和法律绝缘的概念，反之，只要是在社会交往中所形成和产生的概念，就一定是和法律相关的概念。所谓和法律相关，一般可在三层意义上理解，即合法律的（正相关）、不违法律的（容相关）和违反法律的（负相关）。那么，新兴权利和法律是哪种相关关系呢？

首先可以肯定，新兴权利与法律之间，并非合法律意义上的正相关关系，如果是那样，则新兴权利就是法定权利了。对此，前文已经把其排除于法定权利之外，自然，就不存在其与法律之间的正相关关系。这样，新兴权利与法律之相关，就只剩下不违法律和违反法律这两种相关的情形了。那么，所谓新兴权利与法律之相关,是涉及这两个选项,还是仅仅涉及其中某一个选项?在笔者看来,它涉及这两个选项。

新兴权利在不违法律情形下与法律的相关,笔者简称它为"容相关",即新兴权利的内容尽管没有上升为法律权利,但仍然在法律的放任性调整范围之内。放任性调整,是笔者对法律调整方式的分类之一,它与导向性调整、奖励性调整和制裁性调整一起,构成法律调整的四种类型。笔者在论及放任性调整时这样界定它:"权利规范决定着人们在法律面前自治、自决和自由的程度,法律上赋予人们的权利越多,也就意味着人们在实践中所拥有的自治、自决和自由也越大。亦即法律权利的多少与人们在法律调整之下的自由的大小成正比。其原因,就在于法律权利是通过放任性调整而实现的。所谓放任性调整,就是主体根据自治的需要将法律权利规范贯彻、落实于其行动中,因此,这一调整方式反对任何形式的外来干预,哪怕是借国家名义的干预……"[1]

现在看来,这种对放任性调整的界定,还有明显疏忽,因为它的规范依据是法律(法定)权利,而不涉及包括新兴权利在内的非法定权利。这就进一步涉及法律对非法定权利(即新兴权利)的基本态度,从而也决定着法律对它的调整方式。

法律对新兴权利的第一种态度是包容,即当新兴权利虽然于法无据,但并不违背法律的规则、原则和精神时,法律对之以包容的态度予以对待,在另一视角上,也可以推定是人们的权利——法无明文禁止即权利。这样一来,法律的放任性调整,其规范依据不仅是法定权利这一正式制度事实,而且直接指向虽于法无据,但在实践中实际存在的、与法律并无实质性冲突的新兴权利。例如同性恋(非同性婚)权利,即使在我国法律上并不是一项法定权利,但与法律规则、原则等并无实质冲突,法律对这种权利只能报以宽容态度,而不能强行禁止。[2] 显然,这种情形是新兴权利与法律之间的相容性相

---

[1] 谢晖:《法理学》,北京师范大学出版社2010年版,第201~202页。
[2] 参见《男子申请成立同性恋组织遭拒 官方:违背传统文化》,载《齐鲁晚报》2014年2月20日;《中国内地约有1000万女子与男同性恋结婚(境况凄苦)》,载http://www.sohu.com/a/275493083_100281680,2020年1月10日访问。

关关系，是一种不违背法律的相关关系。

法律对新兴权利的第二种态度，则是排斥，甚至制裁。按照这种态度，一种新兴权利的主张、运用或请求，在现行法律上是违法的，它不但不受法律保护，甚至不能被法律所包容。仍以同性恋为例，虽然同性恋是法律可包容的一项新兴权利，但是进一步发展到同性婚姻，在我国法律上就不但不能包容，而且要宣布无效，因为其是主体不合法的婚姻。这种在法律上被否定的事实，能否被说成是"和法律相关?"确实，一般以为，只要被法律所否定的社会关系，看似就是和它无关的，但这种仅凭感觉的结论，是明显不当的。因为所谓"相关"，不仅是指法律在保护和包容某种社会事实时，它才和法律相关，而且即便法律排斥或制裁某种社会事实时，该社会事实也与法律相关。[①] 法律作为形式理性的规范体系，就是通过命令并引导、肯定并保护、包容并放任、否定并制裁等方式与社会事实发生关联的。正因如此，法律才能对社会关系产生尽可能整全地调整的结果。[②]

以上表明，即使法律对新兴权利不包容或者排斥，但它仍与法律是相关的。随着时过境迁，那些不曾为法律所包容，甚至被法律所排斥的新兴权利，也可能升华为法定权利。如在很多国家，同性恋者的婚姻权，已从非法进至合法。[③] 特别是新兴权利作为一种权利现象，它一定是具有普遍性、社会性和规范性的社会事实，这进一步决定了它与法律的必然相关性。

(二) 新兴权利是法律未规定的概念

虽然，新兴权利和法律有前述相关性，但新兴权利是法律尚未明确规定的权利，即新兴权利并非法定权利。法定权利，顾名思义，就是有法律明文

---

① 更准确些说，这种情形，在法律上是一项强制性禁令（义务），但在人们交往行为的实践中，却往往是一项权利，即它以新兴权利的形式存在。这在法律强制计划生育（法律义务），但实践中不断超生（新兴权利）这一客观事实中明显可见。也在法律（或具有法律效力的政策）强制反对"封建迷信"，从而"平坟"（强制义务），但民众不顾禁令，又"起坟"（新兴权利）的冲突中也不难得见。

② 这或许是德沃金何以强调法律是诠释性概念，并强调"整全性诠释"之缘由所在。参见[美] 德沃金：《法律帝国》，李常青译，中国大百科全书出版社1996年版，第210~245页。

③ 据报道统计，截至2019年，全世界共有26个国家或地区通过立法肯定同性恋婚姻的合法地位，这些国家分布在欧洲 (17个)，美洲 (4个)、亚洲 (2个)、大洋洲 (2个) 和非洲 (1个)。

规定的权利。这里的法律明文，既可能体现为成文法的规定，也可能体现为法院的司法裁判和判例。无论是哪种规范形式，一种权利一旦被法定，即表明它被法律所肯定，并且明确地受法律保护。

然而，即便一个国家的法律制定得再周全，判例创制得再严谨，事实上，世上没有任何国家的法律和判例能兼容并包地裁定所有的权利主张和权利要求，无法明定所有实存的权利事实。反之，在法律规范之外，还存在并不断生成林林总总、多种多样的权利主张、权利需求和实然的权利事实。何以如此？这需要从客观、认识以及价值等多方面探因。

就客观因素而言，一方面，任何法律，无论成文法还是判例法，归根结底是以有限的语言文字表达无限的社会事实的形式理性和工具载体。虽然常言道：工欲善其事，必先利其器，但再完美有效的法律工具，也无以具象地承载每一件社会关系和社会事实，而只能抽象地规范类型化的社会事实。所以，法律就是把初民（简单）社会里普遍存在的个别调整，提升为复杂社会中一般调整的形式理性，并因此既节约了成本，也产出了公平。但要真正做到一般调整，并非一蹴而就的事，面对如此复杂的社会关系，立法者对社会关系的类型化、规范化处理，本身不可避免地会存在顾此失彼，甚至挂一漏万的情形。而语言文字自身的表达和记载能力，又限制了其对社会关系全方位地、无所遗漏地规范的可能，所谓言有尽而意无穷，就是对这种情形的恰当概括。另一方面，社会关系并非铁板一块的静态社会事实，而是不断流动变迁的动态社会事实。对这种动态的、流动性的社会事实的具体表现，笔者在后文将详细论及。这里只想说的是：正是此种动态的、流动性的社会事实，增加了人们认识它的难度，也增加了立法者或司法者把这些社会事实及其规定性周全地表达在法律中的难度。

就认识因素而言，虽然，人类作为天地之灵，具有洞穿自然、社会和心理的认识能力，特别是就人类存在的历史长河而言，其认识能力是一个不断积累、不断进步的过程，在此意义上，人们有信心坚持"可知论"。尽管如此，诚如一句民谚所言："人类一思考，上帝就发笑。"人类的认识能力面对浩瀚无垠、变化多端的自然事实、社会事实和心理事实，每每是捉襟见肘、顾此失彼的。自然，这种认识能力及其导致的认识结果，会进而引致立法上对新兴权利的遗漏和忽视。还有，社会的迅速发展即新兴社会关系、社会事实的层出不穷，也必然给人们的认识带来困扰。这就是人们强调要研究新情况、认识新问题、找到新办法的缘由所在。这也意味着，由于人们认识不能及时跟进，也会造成由社会变迁所导致的新兴权利被遗漏在法律之外的情形。并且这种情形是新兴权利存在的主要原因。

就价值因素而言，众所周知，法律不仅是一套形式化的工具理性，而且这种工具理性自始就是以记载以人为核心的价值内容为宗旨的。即使看上去"价值中立"的那些法定内容，如环境保护法、程序法等，事实上都是有价值倾向的。它们都是以人的需要为中心的，因此，是"人文的法"，而不是"见物不见人"的"物文的法"[①]。我们通过法律约束自己的能力最终取决于我们表达更好的共同生活方式的能力，以及致力于它。[②] 在法定的可为、应为、必为、必不为这样的规范模式中，每一种行为指向，无不渗透着对人的需要的关注。这时候，被法律所排斥的价值在实践中未必就一定被人们彻底抛弃。事实上，它仍会以新兴权利的形式存在于社会生活中。如在天主教国家和地区，甚至韩国，[③] 都曾禁止堕胎，但这不妨碍人们，特别是女性为堕胎权所做的努力。[④] 而在我们所熟悉的曾通过法律强制推行严格计划生育的年代，虽然法律在价值上选择了禁止多胎生育，但在"地下"，甚至公开场

[①] "物文的法"是笔者借用徐国栋曾经提出的"物文主义"的法这一概念而使用的。参见徐国栋：《两种民法典起草思路：新人文主义对物文主义》，载徐国栋：《民法典与民法哲学》，中国人民大学出版社2007年版，第226~273页。

[②] Sylvie Delacroix, *Legal Norms and Normativity*, Published in North America (US and Canada) by Hart Publishing, 2006, p.206.

[③] 韩国曾经通过刑法规定"堕胎罪"。这项已经执行了66年的罪名，于2019年4月11日经宪法法院裁定违宪。参见陆睿等：《韩国宪法法院裁定"堕胎罪"有关条款违宪》，载https://baijiahao.baidu.com/s?id=1630522760895719067&wfr=spider&for=pc，2020年1月11日访问。

[④] 最典型者，如爱尔兰实行了35年之久的"堕胎禁令"，经过数十年的一波三折，经由2018年5月26日的全民公决，而"最终被推翻"。参见《爱尔兰推翻堕胎禁令：孕期12周前，有医生证明允许堕胎》，载https://www.guancha.cn/europe/2018_05_27_458088.shtml，2020年1月11日访问。

合，人们为了生育多胎这项权利在不懈地抗争。① 如今，这些权利已然从价值上受制定法排斥，成为明确地受法律保护的内容。可见，新兴权利不受实在法规范在价值视角的限制。

如上对新兴权利何以法律未能规定原因之检讨，旨在说明新兴权利既没有法律或判例的直接根据，但又是一类实在的权利。作为权利，无论是需求、主张还是事实上的拥有，都表明，权利不仅表现在法律的直接规范中，同时也会表现在法律规范之外的社会事实或其他规范中。后种情形，就是新兴权利，即法律未明确规定的权利。

（三）新兴权利是可普遍化的概念

无论何种意义上的权利，都是一种规范性概念。所谓规范性概念，即是指它具有可普遍化的特征——对一定时空范围内的所有人而言，都会产生相类似的规范后果。例如当堕胎权没有法定化，而仍然是一种法律规范外的实在权利时，即便它并不为所有的人在价值和行为上所认可、同意，但只要人们产生了相关的意愿和主张，那么，作为一种实在的权利，对所有存在此意愿或主张者，都是平等地开放和分布的。这种情形，就是新兴权利的可普遍化问题。当一种权利主张或需要不能被普遍化的时候，它就只能是个别权利，而不是新兴权利。

第一，新兴权利排除人们的个别权利主张。新兴权利的可普遍化，要求一种权利不但对主张者有意义，而且对潜在的主张者也有同等的意义。如果一种权利主张只对主张者自己有利，而对其他所有主体不能产生同样的意义，那么，尽管主张者的主张在程序上属于其请求权的范畴，在实体上也表达着其实际利益要求或需要，但它不能进一步普遍化、一般化为所有主体的权利，因此，它就不能被称为新兴权利，而只是个别权利。相对于普遍权利而言，个别权利不具有一般规范性，而普遍权利必须要求一般规范性。新兴权利属

---

① 在这方面，最典型的是中国青年政治学院副教授杨支柱因为生二胎被该校解聘后，他所喊出的"上帝赐给我的，我自然不能放弃"的权利主张。参见《中国青年政治学院副教授生二胎遭学校口头解聘》，载 http：//news.sciencenet.cn/htmlnews/2010/4/230671.shtm？id＝230671，2020 年 1 月 11 日访问。

于普遍权利的范畴，因此，它排除不能普遍化的个别权利，即个别权利及其主张并不是新兴权利。一种新兴权利主张，即便在当下看是个别的、特例的，但只要其具有可普遍化、可一般化的属性，它就是新兴权利，否则就仅仅停留在个别权利。

第二，新兴权利表达人们相关的一般需要。权利是需要的产物，所有权利都生成于人们的需要。没有需要，就无须权利。这于新兴权利而言，也是一样。需要既可能是一种表达个体内心愿望的概念，也可能是一个表达社会群体内心愿望的概念。新兴权利自然表达的是后者。即便其实践形式最终不可避免地会呈现为每个个体的内心愿望，但这种情形，其实是对新兴权利的复制。在这个意义上讲，新兴权利的可普遍化，其内在的实质性根据，就是它表达着人们的一般需要。不能表达为一般需要的权利主张，或者只能表现为个别需要的权利表达，不具有可普遍性，因此，不是新兴权利。例如，当一个人主张"清贫权"，即过一种清贫生活的权利时，尽管它可以是个别权利，但它与人们普遍渴望富裕的需求背道而驰，故无论如何，它是无法普遍化的权利，因此它只能是个别权利，而不是可普遍化的新兴权利。

第三，新兴权利的可普遍化，实质上就是其在实践中可复制地、可反复地适用。一项新兴权利，既然是摆脱了个别权利的，既然是人们普遍需求的规范化表达，那么，其规范化或者可普遍化的实践根据、技术手段，就是可复制、可反复适用的。这既指向这一概念的空间域，也指向这一概念的时间流。就空间域而言，在一个国家范围内，无论身处何地的人们，只要涉及相关新兴权利都能够大体相同地主张之、要求之或实际拥有之。例如祭奠权，无论大江南北、长城内外的人们，只要主张、要求或拥有这项权利，其权利的基本内容是相同或至少相近的，不能把在一个人权利主张中缅怀逝者的内容，在另一个人的主张中变成批判和声讨逝者。那样，便不再是祭奠权了。所以，缅怀逝者是无论任何地方的人，在主张、请求或拥有祭奠权时均可复制的内容。就时间流而言，只要一项新兴权利产生、存在，就意味着无论时间流经多久，只要这项权利依然存在，那么，该权利的内容不仅适用于过往者，而且适用于现在者和未来者。这就是新兴权利和法定权利一样的可预期性。或以为，既然有些新兴权利是法律所否定的对象，那么，能否说它具有可预期性？如果有，那它的可预期性不就是被法律宣布为"非法"的可预期性吗？这确实是一个值得回味的问题。不过笔者要说的是，这仍是站在国家法视角的质疑和结论——尽管这一质疑和结论十分重要。笔者要强调的是，一方面，这确实是此类新兴权利的一种预期，但站在新兴权利及其所依赖的社会规范（民间规范、道德宗教、乡规民约、社团规约）的视角，它则具有上述法律预期之外的其他规范预期：即便它在法律上遭到否定，但在实践中人们并不以为忤。

强调新兴权利的可普遍化，事实上就是提醒人们，新兴权利虽然在当下法定权利之视野中是新的、例外的，但在法律之成长过程中，一种新兴权利完全可能成长为新的法定权利——只要被法律予以肯定，它就从新兴权利的普遍性升华为法定权利的普遍性。当然，在另一方面，一项法定权利，也可能会在法律中下架，或者不再具有权利的性质（如我国法律史上曾普遍存在的男子"纳妾权"），或变成法定权利之外的新兴权利（如法律取缔"封建迷信"、反对铺张浪费、主张移风易俗，但民间面对红、白事，依然大操大办，并视之为权利等）。

三、新兴权利的生成根据是什么

在如上论述基础上，我们再来看新兴权利究竟是如何产生的，即它的生成根据究竟是什么？为什么在尽量包罗万象，并因之而强调法治，强调"使人类行为服从于规则之治"[①] 的情形下，还会有新兴权利这种没有被法律明令规定的权利形式？对这一问题的回答，仍然要沿袭前文的思路，从法律遗漏、法律排斥和社会变迁三个方面进入。

[①] 这是在该书中，富勒所反复强调的观点，如他在另一处还强调说："法律制度的目的是一种很有分寸的、理智的目的，那就是：即使人类行为服从于一般性规则的指导和控制……将这种目的赋予法律似乎是一种无害的自明之理……"参见［美］富勒：《法律的道德性》，郑戈译，商务印书馆2005年版，第170~171页。

(一) 法律遗漏与新兴权利之生成

法律遗漏是指因为主客观原因或立法者的价值选择，导致法律对于客观实存的社会关系没有规定，从而疏于更强有力地调整的情形。其中主观因素，主要指人们的认知能力。对此，前文在阐述新兴权利何以是法律未规定的概念这一话题时，笔者已经略作说明。一言以蔽之，人类认知能力的限度是导致法律遗漏产生，并进而生成新兴权利的重要原因之一。人们认知能力的限度，取决于事物——尤其社会事实的复杂性。对社会事实复杂性的理解，除了要观察展现在人们面前的静态的社会事实之复杂以外，更要关注的是所有社会事实都是一种动态的变迁的过程。这对人类的认知能力而言，是种更大的考验。如下笔者将围绕着社会关系或事实的动态变迁所导致的人类认知能力的限度稍加展开论述。

笔者认为，从不同的视角看，社会事实的动态变迁性主要体现在如下两个方面：

其一，从法律规范的视角看，所有社会关系，都应是社会主体动态参与的结果，都应是人们在法律规范所设定的框架内所进行的动态的游戏。虽然游戏的规则相同，但游戏的主体、内容、对象等却大相径庭。因此，法律视角的社会关系，就是人们以法律规范框架为标准的交往行为。对于合乎这一框架要求或能被这一框架所包容的社会关系，法律保护或放任之，对于背离或破坏这一框架，从而导致被该框架所否定的社会关系，法律则否定并制裁之。所以，法律本来是以不变应万变来应对和规范纷繁复杂、变动不居的社会事实的，它面对的社会关系，从来不是一成不变的。尽管社会关系在此种意义上的所谓变，仍旧是在法律规范框架中的，不过它更能说明社会关系之变对人们认知能力的影响。特别从表面看去，法律规范在类型化过程中已经尽可能地穷尽了相关社会关系，但当人们根据该框架内容而游戏的过程中，又不免时常出现顾此失彼、捉襟见肘的情形时，更能领略法律内部视角展现的法律遗漏。

其二，从社会事实的视角看，首先，被法律所肯定、包容或否定的那些社会关系，可能会随着社会条件和环境的变化，随着人们价值观念的变迁，成为法律所否定、吸纳或肯定的社会关系,这意味着之前以新兴权利方式存在的主张、要求或事实,折射在法律中时也会呈现肯定、包容或否定、排斥的反复,进而在客观上形成有些社会关系不能在法律中明令的情形。其次,随着社会的发展和变革,新的社会关系层出不穷,法律作为一种"向后看"的社会关系,不能也不可能料事如神地前瞻未来的社会关系。与此同时,因为法律稳定性的要求所必然附带的法律的时滞性,① 客观上会导致人们对这些新生的社会事实,特别是新兴权利要求反应不敏,更兼之因为这些社会关系和社会事实是新生的,人们对它的客观认知只能循序渐进,不可能一蹴而就。不但如此,很多时候社会关系的变迁是不断的、持久的,但又缓慢的,这势必导致人们对它的认知也是一个延绵不绝、循序渐进的过程。人类的认知,只能跟着社会关系变迁的脚步,而不是相反,社会关系变迁跟随人类认知的脚步。这些,都很容易导致这些社会关系及其所含有的新兴权利主张、要求或事实被法律所遗漏,成为在法律规范之外的存在。换言之,面对变迁的社会关系及其蕴含的新兴权利,人们在认知中的无所遗漏是例外,而人们在认知中的有所遗漏是必然。

至于法律遗漏的客观因素,它是和上述主观因素紧密相关的话题,这里不再赘述。而法律遗漏的价值因素,完全可说是立法者根据其价值偏好刻意做的价值选择,因此是法律排斥的范畴,这在下文"法律排斥与新兴权利之生成"中,笔者将要述及,这里也不赘述。唯需继续探究的是:这些因素所导致的法律遗漏与新兴权利的生成关系。那么,究竟何以法律遗漏会导致新兴权利的生成?这是因为一方面,任何社会事实,都是对人们的交往行为的概括,或者是经由人们的交往行为而直接生成的。因此,每种社会事实中都含有交往行为主体之权利义务的内容。另一方面,当法律把一种社会事实直接纳入其规范体系中时,相关社会事实中的权利义务就以法定权利义务的形式存在;当法律对这些社会关系遗漏了时——不论是何种意义上的遗漏,则意味着相关社会事实中的权利义务内容,就以新兴权利(义务)的方式存

---

① 有关法律时滞性的论述,参见[美]E. 博登海默:《法理学、法哲学及其方法》,邓正来等译,华夏出版社1987年版,第388~389页。

在。因此，新兴权利的重要生成根据，就是法律规范对社会事实的遗漏——因为这种遗漏，人们针对该事实的权利主张、要求和实际拥有，只能表现为新兴权利。

(二) 法律排斥与新兴权利之生成

如果说法律遗漏在主观上出自立法者的认识不能或者认识不到位这类"过失性"的因素的话，那么，法律排斥乃完全是出自立法者的一种故意。这种故意是根据立法者的价值偏好做出的。当然，所谓立法者的价值偏好，在一定意义上也是立法者所代表的时代、人群的价值偏好，因为一种立法，哪怕被人们妖魔化的古代社会的法律，如果不能表达多数人的价值偏好，立法本身就没有运行的基本条件，就只能被社会所淘汰。而近、现代以来的立法，无论是议会的成文法，还是法院的判例法，无论是代议制立法，还是全民公决制立法，在根本上都以不违民意（价值）要求为旨趣。[1]

然而，法律不违背民意（价值），甚至追求民意（价值），并不意味着任何民意都受法律保护。通常所谓人情与法律冲突的说法，恰恰是作为民意的部分人情，并未在法律上得到保护，反而在法律中被排斥。一直以来，笔者主张情理与法理的一元论，[2] 但这只是一种应然的设想，它并不意味着实践中情理和法理的实然统一。例如大义灭亲的法律规定和"亲亲相隐"的亲亲伦理，在目前我国的法律上就存在明显的冲突。尽管2012年通过的《刑事诉讼法》修正案对此有所修正，[3] 但在其他法律中，这种"法不容情"的情形，

---

[1] 其他都好理解，但要说判例法也要符合民意，则一时让人难以理解，对此，可在如下两方面理解：其一，司法活动作为成文法或者判例法在个案中的适用，当它运用这些法律时，自然也是对表达在其中的民意（公民价值偏好）的运用。其二，即便在那些特别突出能动性的司法个案中，司法活动除权衡事实、规范外，还必须权衡民意，权衡价值。这就是我国习常所讲的追求裁判的"社会效果"，也就是西人所强调的追求裁判的"可接受性"。参见孙光宁：《可接受性：法律方法的一个分析视角》，北京大学出版社2012年版，第1～289页。

[2] 谢晖：《法治思维中的情理和法理》，载《重庆理工大学学报》2015年第9期。

[3] "亲亲相隐"这种社会事实，在中西法律传统中是存在一定暗合的问题，参见范忠信：《中西法律文化的暗合与差异》，中国政法大学出版社2001年版，第68～99页。这一传统，在当代中国刑事法律中直到2012年修正《刑事诉讼法》才有所突破，第188条规定，经人民法院通知，证人没有正当理由不出庭作证的，人民法院可以强制其到庭，但是被告人的配偶、父母、子女除外。（在2018年我国《刑事诉讼法》的最新修订中，这一内容成为第193条第1款的规定）。

无论在理念上，还是在规范上都明显存在。这说明，追求民意的法律，无法绕开价值，特别是无法绕开对那些有一定冲突性、对立性的价值之选择，因此，其每每在表达一部分民意（价值）的同时，放弃另一部分民意（价值）。仍以"亲亲相隐"为例，它的"小资情调"和我们一直以来强调的"公而忘私""大公无私""大义灭亲"的精神价值明显睽违。当立法者对此缺乏更周到的考虑，而社会集体无意识地接受了这样的价值观时，"小情小调"的"亲亲相隐"只能是法律所牺牲的价值。问题是，尽管这种价值在法律上被排斥，但在实践中，作为一项近乎"自然的"权利，一直被人们所坚持，从而以新兴权利的样态存在于社会实践中。

以上论述表明，只要强调法律的价值之维，就一定意味着存在价值取舍。当法律在矛盾的、冲突的，甚至对立的价值之间有所取舍时，被其所取的价值就进入合法的范围，每当人们行使，都予以法律的保护；而被其所舍的部分，则归入非法的部分，一旦人们突破，则必予以制裁。显然，法律的取舍，使不同的价值境遇完全不同。但正如我们所知道的那样，被法律所排斥的价值及其社会事实，仍然是价值，仍然会因为人们对这种价值的主张、需要和事实上的拥有而变成社会事实。如此一来，被法律所排斥的那部分社会价值，事实上变成一种价值的"在野存在"。法律对它的抛弃，甚至敌视，绝不意味着它就丧失了既有的价值。前述行文中笔者所列举的不少例证，都是说明这一问题的适例。

这些都表明：当法律明文排斥了某种社会价值及其事实，而该价值及其事实仍然被交往行为中的人们持之以恒地坚持时，被法律所排斥的相关价值和事实，尽管没有升华为法定权利，甚至可能还是法定的禁止性义务，但实践中人们依然把它当作一种权利。这种权利虽可能因为法律的不予认可而遭到扼制，但绝不会完全被消灭。例如订婚及其彩礼，虽然在我国法律上不但不受明令的保护，不是婚姻缔结的必经程序，甚至还是法律所有意反对的社会事实，但是在实践中却是一项被天南地北的人们所普遍运用和接受的事实权利。面对这种权利，法律的不予承认，甚至刻意排斥，并不能起到实际抑制的效果，反而即便在司法实践中，还需要尊重这种既成的作为新兴权利方式存在的事实。① 这表明虽然法律排斥地"规范了"一种非法价值和事实，但与此同时，这种非法价值和事实，却常常孕育着一种新兴权利。②

(三) 社会变迁与新兴权利之生成

谈到新兴权利的生成原因，还不得不谈及社会变迁与新社会关系的产生。众所周知，人类社会是一个动态变迁的过程。社会的动态发展——无论物质生产、生活方式，还是人们思考事物的方式以及通过规范（非法律规范）安排交往行为的方式，都是人类目光"向前看"的必然要求，也是其必然结果。在主观视角观察，它是人类追求"苟日新，日日新，又日新"③的必然要求；在客观视角观察，它则是人类社会"自然进化"的必然结果。这种"主、客观的相统一"，造成人类社会不像法律预设的那样稳定，而一定是在不断变迁中的相对稳定。在这一过程中，往往旧的社会关系类型消灭了，会产生新的社会关系类型。面对这种新旧关系的新陈代谢，如果立法者一旦疏于对其变迁性的考量，就会使趋于守成性的法律应接不暇。

这里不得不再次谈到法律的时滞性问题。既然社会的不断发展不是以人的意志为转移的，则法律的时滞性就是"自然天成"的。时滞性乃是稳定的、守成的法律面对发展的、变迁的社会事实时所无可避免地存有的问题，是已定的规范世界对迷离的事实世界应接不暇时的必然结果，在此意义上讲，时滞性是法律的一种普遍属性。只要法律是守成的，而社会是发展的，就意味着法律的时滞性是必然的。这样一来，就不可避免地存在面对新型社会关系和社会需求时，既有法律"调整不能"的情形，进而存在规范与事实之间的所谓"规范距离"。

例如，在当下随着互联网的勃兴，人们的日常生活和交往行为越来越倚

---

① 参见汤建国等主编：《习惯在民事审判中的运用——江苏省姜堰市人民法院的实践》，人民法院出版社2008年版，第46~79页。
② 当然，这绝不意味着凡被法律所排斥的价值及其事实都会孕育新兴权利，那些公然反人类、反文明、反科学、反民主的价值，既是法律所排斥的，也是无法涵化为新兴权利的——即使有人就此主张权利。
③ 《礼记·大学》。

重于互联网。在某些领域（特别是互联网的公权管理领域），立法者已经敏锐地抓住机会，制定了和互联网相关的管理机制、权利义务。但在某些领域，相关立法严重滞后。例如"人脸识别（刷脸）技术"在人们通行、住宿时被普遍运用，并"互联"到网络世界，但这一运用的法律根据是什么？限度是什么？权力能否不受制约地强制让经营者（如宾馆、车站、机场）通过"刷脸"索取公民的肖像？或者公民面对没有法律根据的强制刷脸，能否拒绝？因为这一拒绝使公民的出行、住宿需要无法满足时，能否获得司法救济？因为刷脸机器的放射性导致公民的人身权利受损时如何救济等，[1]都还没有提上日程。再如因为互联网的方便导致的工作形式：足不出户，就可远程指导学生、远程提供公司业务、远程推销，这算不算劳动？能否计入人们的劳动中，在此种情形下，劳动权有什么变迁，又需要什么样的保护，等等，也没有得到制定法之明确、系统的规定，从而客观上存在一个法律一时难以规定的新兴社会事实领域。这一领域，也是新兴权利得以生成的广阔的地带。

问题不止于此，既然社会是发展的，那么，对守成的法律而言，新兴社会关系领域就是既定的法律在其调整的时空范围内，必须随时地、不断地面对的"未竟事业"。即便立法者再勤于观察社会变迁，随时为社会变迁提供立法规制的方案和技术，仍无法未卜先知地规范所有未来世界的新型社会关系，而只能亦步亦趋地用规范适应、应对新生的社会关系。这正是笔者在前文得出"时滞性"是法律的普遍属性的缘由所在。正是此种情形，使得新兴权利在新兴社会关系中的生成，不是一时的，而是不间断地呈现的，不是一地的，而是在任何地方、任何国家都会产生的；也使得新兴权利是既定法律和法定权利所面对的永恒问题，而非权宜性的问题；还使得法律因为新兴权利主张和要求的倒逼而不断改革，相应进步。

与新兴权利生成的其他两个原因相比较，因为社会变迁而致的新兴权利，具有广、恒和新的特征。所谓广，是就空间广阔性而言的。在凡是有国家法

---

[1] 对相关法律隐忧的思考，参见劳东燕：《人脸识别技术运用中的法律隐忧》，载 http://www.aisixiang.com/data/118805.html，2020年1月13日访问。

律存在的地方，都存在着因为社会关系变迁而产生的新兴权利。无论一个国家的法律在逻辑体系上是严谨的，还是不严谨的，完善的，还是不完善的。所谓恒，是就时间延展性而言的。无论什么时代的法律，都会面临社会关系的时过境迁问题，而在民治时代，更面临着因此种时过境迁而导致的新兴权利之不断生成问题。所谓新，则是与其他原因产生的新兴权利相比较，由社会变迁所产生的新兴权利，不存在传统根底，而全然奠基于新生的社会关系中。在这里，不难发现对新兴权利的生成而言，社会关系变迁这一致因比前述两种致因更加重要，更加实在，更加复杂。

四、新兴权利如何得以保障

法律是用来保障权利的规范体系，因之，一般情形是，因为有了法律规定，才能使权利得以保障——这似乎意味着法律所保障的权利，主要是法定权利。如果对法律之保障予以阶梯化处理的话，那么，法定权利一定是法律保障的"一阶权利"，而新兴权利最多只是法律保障的"二阶权利"。尽管如此，面对新兴权利，法律不能放任不管，而应或者对之予以特殊保障——权利推定，或者对之依法予以取缔。除此之外，对新兴权利的保障，还有其他规范形式，这属于新兴权利的社会保障形式，即通过民间规则的保障。在以上规范保障之外，在具体纠纷解决中对新兴权利的保障，具有明显的动态保障属性，故也是其值得关注的一个方面。下面分别予以阐述。

（一）新兴权利的法律保障——权利推定

和法定或裁定权利相比较，新兴权利是种萌芽性质的权利，它并不要求有完整的规范形式，但事实上被人们所主张、要求或拥有，也事实上给人们带来具体的精神的或物质的利益。这种情形，也导致新兴权利法律保障面临难处。我们知道，在法律上，所有法律漏列的，或者法律尚未规定的权利，其基本的保护措施是权利推定。何谓权利推定？有学者这样认为："……以法律上已明示的某个或某些权利或法律原则以及法律的基本精神与立法宗旨为依据，推定与之相关的其他应有权利的合法性。它大多表现为法律解释上的推论或推拟。从而将那些由宪法和法律予以确认的明示权利所隐含（或暗示）的权利揭示出来。这种在立法中虽未明确授权，而在法律上可视为具有授权意图的权利……称之为默示权利，通过一定的法律程序（如法律解释和新的立法）对默示权利予以确认，就使其具有了明确的法律地位，并可与明示权利一样得到法律的保护。"①

对郭先生的这一论述，在和新兴权利关联时笔者持不同意见。首先，郭先生所强调的已经是新型权利的范畴，而笔者重点论述的，仅仅是新兴权利。其次，郭先生强调被推定的对象是法定权利之外的"应有权利"，而新兴权利则是实有权利或至少是人们的实有主张和要求。再次，郭先生强调权利推定时要寻找法律的"授权意图"，而新兴权利未必一定在既有法律中能够找到这样的授权意图，但它还在以新兴权利的方式存在，并应当得到法律的保护。又次，郭先生强调经由法律程序推定（权力主导的推定），而在笔者看来，除权力主导的推定外，还有权利的社会推定。最后，郭先生期望被推定的权利能够与明示（法定）权利一样"得到法律保护"，而笔者强调即便一种新兴权利被推定，也只是"二阶权利"，法律对之所做的也是"二阶保护"——除非经由权力的正式认定，但那已经是新型权利，而非新兴权利了。

在如上五个区别中，第四点尤为重要，不妨略加展开说明。权力主导的权利推定，乃是经由立法或司法的正式程序，对新兴权利的官方确认或认可。这种推定尽管是正式的、合法的、具有明确法律效力的，但只要经由这样的推定，一种新兴权利（或默示权利）就已然升华为新型权利（明示权利），从而会获得郭先生笔下和明示权利一样的地位。其实，它之所以获得这样的地位，乃是因为在事实上它获得了法定（裁定）权利的地位。因此，与其说它是权利推定，毋宁说它是权利立法（裁定）活动。并且不得不关注的是，一方面，权力主导的权利推定，一定是可能被法律容纳的那一部分；另一方

---

① 郭道晖：《论权利推定》，载郭道晖：《法的时代精神》，湖南出版社1997年版，第303页。另外，对权利推定问题，夏勇也曾以独特的论述，把权利推定二分为"经验式的推定"和"先验式的推定"。参见夏勇：《人权概念起源》，中国政法大学出版社1992年版，第147~152页。

面,即便能被法律所包容的新兴权利,也未必全然能得到权力主导下的权利推定。

对权力而言,面对新兴权利的时候,还有一种保护方式,那便是默认和放任,即不经过法律的正当程序,当人们在实践中主张或运用相关权利时,法律或保持默认的态度,或放任人们主张并拥有之。法律无须耗时费工,启动相关的推定程序。法律的这种态度,有如下三点益处:一方面,新兴权利还是新兴权利,即它以原来样貌客观存在;另一方面,也有利于权力继续认真考量,看其能否升华为新型权利这种法定的或裁定的权利;再一方面,节约权力运行成本,赋予社会以更多自治。

这就不得不涉及社会主导的权利推定。它表明这样一种情形:尽管人们主张或拥有的权利,在法律上没有明确根据,但在社会实践中,人们对相关主张不但不以为忤,而且认为理所当然,并予以默认或明确的肯定与支持。显然,这里包含两个方面的问题:其一是人们对它的态度,这属于心理向度,即面对一种新兴权利的主张或拥有,人们的态度是理所当然、毋庸置疑。其二是人们对它的行为支持,即行为向度。无论是默示的还是明示的,都表明社会主体对这种主张和拥有的行为支持。这两个方面,构成社会主导的权利推定。还值得关注的是,社会主导的权利推定,既能保有被法律所包容的新兴权利,也能宽容被法律所否定的新兴权利,例如,于欢对辱母者的报复行为,尽管在法律上不是一项权利,但在社会主体心目中,它不但是为人子女的权利,而且是期待国家法律支持的权利;在社会主体的行为中,对这种维护父母人格的行为,大都予以支持,从而用普遍价值维系了一种法律否定的新兴权利。这一问题,与下文将论述的新兴权利的社会保障又息息相关。

(二)新兴权利的社会保障——民间规范

如果说国家法律所保障的"一阶权利"是法定权利的话,那么,民间规则所保障的"一阶权利"则是新兴权利。新兴权利滋生于社会事实,这种事实对法律而言,具有三重意义:

第一,它是一切作为思想的法律得以制定的客观准据。一切时代的法律,只要它不是荒腔走板的,就一定是根据社会主体的价值好恶对社会事实及其规定性所作的规定。离开社会事实这一客观准据，所谓法律，毋宁是无源之水，无本之木。这种情形，这正如埃利希所言："法和法律关系是一种思想之物，它不存在于近在眼前、可被感官感知的现实领域，而存在于人的大脑之中。若不存在携带法观念的人，那么就不存在法。但在这里，正像在其他任何地方一样，我们人类的观念也是由我们从近在眼前、可被感官感知的现实领域提取的素材形塑的。它们总是以我们观察到的事实为基础，这些事实必定在我们的人脑从根本上意识到法和法律关系之前即已存在。"①

在这个意义上，新兴权利就是社会事实的规范形式之一。它的更完整的称谓是民间规范（民间法），进而，民间规范是"初阶社会规范"，它是"高阶社会规范"——法律之基础。同时，新兴权利也在民间规范那里获得较为完整的保障。

第二，它是一切作为思想的法律予以保护的客观对象。当法律这种"思想之物"一旦根据社会事实形成，那么，法律反过来又安排和规范社会事实。所有与法律相关的社会事实，都在法律的安排和规范之中。尽管法律不能无所遗漏地、分毫不差地安排和调整社会事实，但至少，在人的观念中，应当把它看成是整体性地调整社会事实（社会关系的）规范，因此，体系化、规范化、逻辑化以及通过阐释的圆润，是法律调整的必然要求。

"作为整体的法律……既是法律实践的产物，又是对法律实践进行全面阐释的激励。它向裁决疑难案件的法官们提出的程序是基本的阐释而非偶然的阐释；作为整体的法律要求法官对它本身已有完美法律阐释的同一材料继续予以阐释。它在开始时所作阐释的部分内容继续提供更详尽的阐释。"②

在这种意义上，新兴权利是法定权利的例外，法律虽然仍是社会关系调整的高阶规范，但与此同时，它已经成为社会建构的基础规范——尤其当人类社会由简单的熟人社会进入复杂的陌生人社会之后。在这里，民间规范也退居其次，但对新兴权利之保障而言，它在事实上优先于法律对新兴权利的

---

① ［奥］欧根·埃利希：《法社会学原理》，舒国滢译，中国大百科全书出版社2009年版，第87页。
② ［美］德沃金：《法律帝国》，李常青译，中国大百科全书出版社1996年版，第202页。

保障，缘由在于新兴权利每每存在于民间规范之中。

第三，它是一切作为思想的法律予以变革的基因。众所周知，法律一旦制定，不可常变，但也不能不变，这就是所谓法律的稳定性与灵活性、继承性与变革性的关系问题。这不仅是法律存在的一项基本理念，而且也是法律存在的基本事实。尽管法律制定后，因其系统性、逻辑性和现实规范性，成为安排和调整事实世界的"一阶规范"，最高规范，但这并不意味着具体的法律是"天不变、道亦不变"的。它必须面对变迁的事实世界进行规范内部的调整。并且正是这种调整，既保障着法律之动态活力、现实有效，也避免了因为法律对社会事实的应对不力而导致的社会的急剧变革，混乱失序。

这表明，新兴权利及其依赖的社会事实——民间规范，是不断地支持法律变革的活水源头，尽管它存在于法律规范的幕后，但它从来没有缺席对社会关系的调整。相应地，存在于民间规范中的新兴权利，无论法律对它是何种态度——是宽容、放任与保护，还是排斥、制裁与消除，它都客观地存在于民间规范这种规范化的社会事实中。再完备无遗的法律，也不可能不留下那些新兴权利缺席的事实。

但是，毕竟法律对新兴权利要么抱着否定态度，要么即使肯定之，也是在法律调整的辐射范围内予以间接的保护，即对新兴权利而言，法律所能提供的，只是一种"二阶保护"，尽管它可能是强有力的保护。能够对新兴权利提供"一阶保护"的，只能是民间规范——尽管民间规范是包含了诸如习惯规范、道德规范、宗教规范、社团纪律、社区规约、乡规民约、行会会约、民间合约等在内的一大堆杂乱无章、缺乏统一体系和逻辑闭合性的规范，但在实践中，它们既各自为政，又相互协作地调整着新兴权利，并对国家法律内容的变革提供着源源不断的清流。

（三）新兴权利的运行保障——纠纷解决

新兴权利不仅是一种社会规范事实，而且这种事实一定会从规范领域导入行为领域，从而实际地规范人们的交往行为。一旦其发挥实际的规范作用，进入人们行为领域，则它们对社会秩序的整体塑造作用是毋庸置疑的。但这种作用，在不同的民间规范及其所承载的新兴权利内容之间，即在不同的新兴权利之间，在新兴权利和法定权利之间，不可避免地会产生冲突。这也势必给新兴权利的运行带来隐忧。某地发生的这例案件就颇有说服力：

甲、乙系邻居关系。甲为了房子的采光和通风，在自家房屋后墙开了个窗户，正对着一巷之隔的邻居乙家之正门。根据当地习惯做法和说法，甲的这种行为是破坏乙家风水的。故乙提出交涉，要求甲把后墙窗户封死，或改由在远离乙家院子正门处开窗。甲不同意，为此，两家开始打闹，继而诉诸法院。法院对之予以受理。

显然，这是一例法定的采光权、通风权和作为新兴权利的"风水权"的冲突。① 法定权利虽然在一个国家是最权威，从而也是保障力最强的权利，新兴权利似乎无法与之在实践中相提并论，更遑论分庭抗礼了。但在乡村地区熟人之间的实践中，一旦遇到这类问题，破坏人家"风水权"等习惯性新兴权利的人们，其道德合法性（常表现的"面子"或"脸面"上）的感觉会大为下降，即便开始时会强硬地诉诸法院、寻求"正义"的当事人们，最终也会在法定权利和新兴权利之间寻求一条可接受的妥协之路。

这就意味着新兴权利的实践运行，并非一帆风顺的，反之，由于它是一种非法定的，甚至有时是被法律所否定的存在，它的运行，极容易引致和法定权利的冲突，也极容易导致不同的新兴权利相互之间的冲突。一旦发生冲突，那么，通过有效妥当的纠纷解决方式，也能起到保障新兴权利的作用。

我们知道，纠纷解决在形式上可分为正式解决和非正式解决。前者是指以国家名义出现的司法裁判（调解）、行政调解和法律授权的人民调解等纠纷解决行为；后者则是指以地方长老、民间组织、熟人亲人等出面的纠纷解

---

① 类似的冲突在实践中甚为多见。如它见诸红、白事的事主状告酒店把两事同时并邻近地安排的纠纷中；也见诸离婚女为辟邪，把"照妖镜"挂在自家阳台，但反光射进对面楼上的人家，并引起讼事的纠纷中；还见诸因为"遗嘱继承"与"顶盆继承"（习惯继承）而发生的诉讼纠纷中；等等。前者和后者可谓作为新兴权利中的"喜庆权""哀悼权"与作为法定权利的企业经营权、新兴权利中的顶盆过继权与法定权利中的遗嘱继承之间的冲突；而后者则是同属于新兴权利的"辟邪权"与"辟邪权"之间的冲突。可见，这些权利之间的冲突，既可能是新兴权利与法定权利之间的冲突，也可能是新兴权利相互之间的冲突。从而既可能是其他社会规范与法律规范之间的冲突，也可能是承载不同新兴权利的不同社会规范之间的冲突。

决行为。与此相应，还可以分为实质上的正式解决和非正式解决。无论哪种纠纷解决形式，只要解决结果得到两造及社会其他主体的接受，则是实质性的、正式的解决；同样，哪怕是纠纷的正式解决方式，只要解决结果无法得到两造的接受，那么，对纠纷的真正平息而言，它仍是非正式解决，因为纠纷仍然存在。

在上述两类四种纠纷解决中，形式上的正式解决，又可以一分为二：一是司法裁判这种"高级司法"；二是司法调解这种"次级司法"。"高级司法"之于新兴权利，既可能保障之（在国家法律能够包容新兴权利的场合或领域），也可能是排斥或否定新兴权利（在国家法律对某些新兴权利予以禁止、否定的场合）；而"次级司法"之于新兴权利，更多地予以保障和保护，因为"次级司法"作为以调解为手段的司法形式，必须在两造之间寻求妥协方案。其中民间规范以及新兴权利，每每是这种妥协方案的重要资源。这种情形，也可适用于行政调解和人民调解这样的正式纠纷解决机制中。

而形式上的非正式解决，其产生的重要前提，就是要设法尽量尊重人们习以为常，或者更富有弹性精神的新兴权利，以便使两造不伤和气地解决纠纷。显然，这种纠纷解决所追求的，不仅是解决有形的、可见的、物化的那些纠纷，而且解决精神的、心理的、内在的不平，即解决所谓"气"和"面子"的问题。[①] 所以，在形式上的非正式解决中，纠纷解决的主体、纠纷当事人以及它们的目的，都不是按部就班地拿法定权利说事，而是合情合理地把两造的纠纷解决了，并且让两造都能"满意"。显然，在这种纠纷解决方式中，纠纷解决的目的，就是实现两造和社会其他主体的自主的接受，并进而使新兴权利在纠纷解决中拥有一席之地。

至于笔者在此提出的实质上的正式解决和非正式解决这一分类和命题，既出于人们对纠纷解决的现实考量和实效追求，也出于对纠纷处理结果是否对纠纷双方，乃至其他社会主体产生了实际的权利义务约束。因之，这一分

[①] 陈柏峰：《秋菊的"气"与村长的"面子"——〈秋菊打官司〉再解读》，载《山东大学学报》2010年第3期。

类及其命题，自始就把民间规范及其新兴权利作为纠纷解决的重要事实（或规范）依据。在这里，依然奉行着那句深刻地表达了经验理性的名言："不论白猫黑猫，抓住老鼠的就是好猫"。对纠纷解决而言，不论运用官方法律还是民间规范，也无论保障法定权利还是新兴权利，能够让两造接受的，就是好的解决结果。显而易见，这种情形所蕴含的对新兴权利的可能保障作用。

综上所述，新兴权利是一种在法律规范之外实存的社会权利。它不是法定权利，但可能升华为法定权利。一旦从新兴权利升华为法定权利，则可谓之新型权利，从而溢出新兴权利的范围。因此，新兴权利又不同于新型权利。所以，区分新兴权利和新型权利，并非笔者刻意地咬文嚼字，而是对两种不同性质的权利（法定权利和非法定权利）之必要的学理梳理。

数字社会的"人权例外"及法律决断[*]

一、主体性、现代社会与人权的法理

敏感而叛逆的思想家阿甘本，在论及身份社会的演变时，激情而又忧心忡忡地指出："19世纪下半叶，监控技术得到了前所未有的发展，身份概念也发生了决定性转变。身份基本上不再和他人的认可以及个体的社会声望联系在一起。实际上，身份现在是对另一种类型的认同需要的回应：便于警察机构识别惯犯。我们习惯于被各种高精度的文档和数据库记录在案，因此，对我们来说，很难想象一个没有影像和身份资料的社会中如何确定个人身份，这是一件相当费劲的事。"[①]

然而，在20世纪人类进入所谓"数字社会"以来的事实表明，当数字主宰成为"数字"社会时，近代以来随着"人的创世纪"[②]而致的人的主体性，却面临着相当尴尬的局面。这种局面就是主体性被颠覆和不再，不但如此，甚至连"去主体性"[③]也不复存在："那些任由自己被'移动电话'装

---

[*] 本文原载于《法律科学》（西北政法大学学报）2021年第6期。

[①] ［意］吉奥乔·阿甘本：《裸体》，黄晓武译，北京大学出版社2017年版，第91~92页。

[②] 参见［美］阿历克斯·英格尔斯：《人的现代化——心理·思想·态度·行为》，殷陆君等编译，四川人民出版社1985年版，第15~270页。

[③] 在阿甘本看来，资本主义现阶段的权力装置，"其特征主要不再是通过生产主体来活动，它们更多地通过所谓去主体化的过程来活动。去主体的时刻无疑暗含在每一次主体化过程中……不过，我们现在所见证的，是这么一回事，即主体化过程和去主体化过程似乎彼此都不重要，因此，它们没有导致新主体的重构……"［意］吉奥乔·阿甘本：《论友爱》，刘耀辉等译，北京大学出版社2017年版，第25页。

置捕获的人——无论驱使他的欲望有多强烈——无法获得一种新的主体性,他得到的只是一个号码,他最终因为这个号码而被控制。""与历史终结论恰恰相反,事实上,我们正在见证这部机器无休止的、尽管也是无目的的运动。通过对神学上的家政做出十足的滑稽模仿,这架机器接过了神意治理世界的遗产;然而,这架机器非但没有救赎我们的世界,反而正在把我们引向灾难。(这忠于神意原初的末世论天职)"①

这种对此时代主体性状况的鞭辟入里、入木三分的剖析,令人印象深刻!在这样的时代,我们一方面深深感受着因为技术的高度进步所带来的前所未有的种种方便和实惠:人们之间的距离感消失了,人们只要拨通对方的电话号码,对方只要轻轻地一摁接听按键,就能够像在当面一样家长里短,谈天说地;人们只要在微信上邀请对方视频,对方照例一摁接听键,就能虽相隔千里万里,但和在当面一样无所隔阂、谈笑风生。一款抖音或者快手这样的短视频社交软件,把自己生活的细节录下来,稍加编辑加工,传上网络,瞬间可以传遍天下;一个诗歌APP,"写"出来的古诗,超越今人,媲美古人。诗作者,这种最能表现人类之内心柔软的歌者,面对这样一款软件,似乎要失业了;而世界最知名的弈者,却屡屡成为算法和数字控制的机器人手下的败将;未来,哦不,就是现在,汽车的驾驶,也不需要人手来操作……不但如此,而且机器还能自主感知人的需要,甚至,我们人类,不再需要什么血肉之躯充当伴侣,一款纯粹由数字控制的机器人,更知冷知热、温柔体贴地陪伴在你身旁,即便它并不会和你自主地恋爱,但它经不住你的引诱,会把你的一切心思猜透并掌握,然后,它比你的心思更懂得你的心思,完成对你的百依百顺,同时,也完成你对它的百般依赖。在它面前,你不再是主体,你也无须去主体,而成为新的主体。你是机器的奴役对象,甚至是它的客体。

或许,我们坚定地认为,再伟大的机器,归根结底是人类智慧的产品,它不可能超越人类智慧。但一方面,或许我们忘记了前贤早已警告人类的洞见,我们人类,创造了对象,却被对象所奴役,这便是我们熟知的、著名的

---

① [意]吉奥乔·阿甘本:《论友爱》,刘耀辉等译,北京大学出版社2017年版,第25～28页。

异化理论。诚然,异化理论的驳杂混乱和视角多样,使得这一概念自从黑格尔论述以来,就在三个不同的领域内被人们理解和阐述,即"一是绝对精神—自然界—主观精神;二是伦理—教化—道德;三是服役意识—劳动—自为存在意识。"① 黑格尔曾强调:"通过怀疑主义,终于在苦恼意识中达到了自己的真理性……这现实的真理性表明:自我意识的这种普遍的效准、客观的有效性,即是从自我意识异化而成的实在性。"②

但之于本篇之主旨,这里所讲的异化,大体上相当于黑格尔的第三种异化,即劳动或者人类创造之对象的异化。对此,马克思曾有一形象说明:"钱是从人异化出来的人的劳动和存在的本质;这个外在本质却统治了人,人却向它膜拜。"③

如果以马克思的这个例说为套路,那么,大体上可以说人类在其所创造的对象面前,面临着一种全面的异化,人类劳动的成果,越来越倾注了人类的精神内容,因此也越来越高档。但一方面,这些高档产品的设计者和创造者,面对其自身创造的劳动成果,无可奈何地使创造者自身被创造对象所奴役和挟持,走向了其创造的对立面。另一方面,这些劳动成果的普通消费者,更是面临三种奴役:其一是产品中所包含的技术和数字的奴役,他们无法作为高层次的技术发明和创造者,但一旦技术发明和创造成为一种商品,成为劳动的创造物和人们的消费物,消费者就无一例外地依从于这种物的指令,而丧失了其主体能力。其二是技术创造者和所有者的奴役。他们的所有活动,其直接目的是奔着利润而来。但是,这种利润的得来看似,也确实是取悦消费者的结果,可消费者一旦上钩,哪怕囊中羞涩,也要满足自己对技术的依赖并被技术创造者和所有者的利润贪婪所绑架。这种情形,与史上少数人统治多数人的情形相比,不仅何其相似,而且怕是有过之而无不及。不过史上的情形,每每是愚民兼高压的结果,而如今的情形,却是智慧的掠夺和人们

---

① https://baike.baidu.com/item/%E5%BC%82%E5%8C%96%E8%AE%BA/3497963?fr=aladdin,2020年8月15日访问。
② [德]黑格尔:《精神现象学》(下卷),贺麟等译,商务印书馆1981年版,第42~43页。
③ 《马克思恩格斯全集》(第1卷),人民出版社,1956年版,第448页。

自甘被愚。其三是在现代技术条件下无所不能，只怕想不到，不怕做不到的"利维坦"，把数字技术完全运用于对人的全方位控制上，即便一位谨守法纪的人感受不到这种控制的危险，但他必须接受这种控制，从而数字技术在增进社会控制及其秩序的同时，成为一切人的主宰者。风靡世界的指纹、虹膜、人脸识别，以及通过这些识别所得的数据而对人的高度控制，尽管遭到不少人（尤其学者们）的怀疑和诟病，也引发了若干官司，① 但无论学者的呼吁，还是司法的纠偏，都不但未使"利维坦"伸得极长的手有丝毫收敛，而且变本加厉，乐此不疲。这进一步使主体性陷入某种劫难。

但是，我们知道，近代以来的人类进步，既不仅是因为工商文明的发展，致使经济高速增长，从而在一定程度上缓解了人们的衣食之忧的结果，也不仅是技术的进步、知识的普及、交通的方便增进了人们交流的结果，而是思想的解放、平等意识的崛起以及制度变革的保障所带来的人的主体化的结果。人的主体化即人的主体性，它既表明人对自然、神灵等压迫、遏制人类能力提升的外在力量在一定程度上的摆脱，也表明在人的交往中，千百年来一以贯之的命令和服从关系，迈向了人与人之间的平权交往关系。尽管在一开始，这种关系只在特定族群、特定性别、特定身份主体之间有效，但因其理念的引导，数百年间，它业已成为跨族群、跨文化、跨身份和跨性别的理念、追求和事实。正是这种事实，才表明人类的实质性进步。相关的制度模式：自由民主体制，甚至被人称之为"历史的终结"②。

恰是此种主体性，奠定了近、现代人权的法理，即使对理想的普遍人权——"无论何时何地都由全体人类享有的某些权利……"保持相当怀疑态度，从而主张"作为最低限度标准的人权"的米尔恩，也强调此种人权的主

---

① 参见倪光南：《加强监管虹膜识别的安全隐患不容忽视》，载《环球时报》2017年8月18日；邹小平：《谁来守护你的"身体密码"？》，载《南方日报》2019年11月5日；崔爽：《人脸识别第一案：用法律拦住"伸得太长的手"》，载《科技日报》2019年11月8日；《对于人脸识别技术，西方国家为什么如此纠结？》，https://tech.sina.com.cn/roll/2020-01-02/doc-iihnzahk1547267.shtml，2020年8月25日访问。

② 参见［美］弗朗西斯·福山：《历史的终结及最后的人》，黄胜强等译，中国社会科学出版社2003年版，第267~382页。

体性基础,因此,"任何要求或者只是容许将人仅仅作为手段来看待因而违反普遍标准的特定道德,就是有道德缺陷的",这样的"道德",自然不能担当其所主张的"作为最低限度普遍道德权利的人权"[①]。这反证了人权——哪怕是最低限度的人权所共同秉有的道德基础和主体性前提。

所以,现代社会及其自由、人权、法治等核心理念,其基本的法理皆是以人的解放和人的主体性之获得为根据的——这是因为"……在每个社会中,当他或她与这个社会发生重大的决裂时,一个个体就成为一个能够为他或她的言行负责任的社会主体"[②]。显然,这是对人类既往历史上一切神权压制人权、专制奴役民意、强权支配自由、人治俘虏法治、偏爱左右博爱的反动和颠覆,也是对现代法治背景下一位人权主体同时一定是责任—义务主体的人类学揭示。因此,完全可说它是人类史上一场真正的革命,是人的主体性对非人的革命,是人从那种弱肉强食的自然状态向真正的自由平等交往的社会状态、人文状态转变的革命。在这场革命中,人尽管不可能全然摆脱自然和社会的制约,但至少实现了"从来就没有救世主,也没有神仙皇帝,要创造人类的奇迹,全靠我们自己"的自信、自治、自力和自由。

但人的这种不无得意的自诩,在现代网络社会和技术统治的时代,从一种曾经的事实,蜕变为一种反事实,从主体化蜕变为去主体化。往日,作为特殊性的自我在人们的相互交往中,被作为普遍性的社会所承认,因此,人权这个近代政法体系中的核心概念得以产生并盛行;同样,作为普遍性的社会得到了作为特殊性的自我之肯定与信赖,因之,人们能够团结在普遍性的社会构型中。然而,机器社会的出现,却改变了这一切。它横陈于自我和社会之间,自我即便得到了社会的承认,也受制于机器的束缚和一定意义上的解构;社会即便得到了自我的信赖,也需要交付于另一种信赖——社会对机器的信赖。因为社会是由机器及其数字所构成的,也只能由机器及其数字来

---

① [英] A. J. M. 米尔恩:《人的权利与人的多样性》,夏勇等译,中国大百科全书出版社1995年版,第5~153页。

② [法] 莫里斯·郭德烈:《人类社会的根基:人类学的重构》,董芃芃等译,中国社会科学出版社2011年版,第128页。

判断和操纵。从而不仅作为殊相的自我仆从于机器，而且作为共相的社会也越来越仆从于机器——于是，在个体与社会之间，似乎正在兴起第三种主体——机器主体。这种昔日只在科幻小说中才可得见之虚拟事实，已经活生生地呈现在人类的交往行为中。由此导致现代社会面临着前所未有的真正危机，这似乎不是危言耸听。

虽然这是一种令人无限担忧的事实，但或许人类之于此种事实，又不完全身处被动状态，毕竟再伟大的机器，仍然是人类智慧作用的结果，它必须经过人脑设计和人手加工，成为人的产物，并附属于人，因此，能否从眼下的主体仆从进入到"共主性"的"人机结合"①，再进而实现人的主体性的"凤凰涅槃"，不再使人类只能欣赏来自机器人的卓越——无论下围棋、象棋，写诗歌、散文……但这种乐观的憧憬似乎近在眼前，事实上还远在天边。所以，本篇仍专注于集中检讨数字社会中人的主体性（人权）现状，并对"人权例外"的情形提出法律补救的决断措施。

二、数字（机器）宰制、主体离场与传统人权法理之殇

（一）数字宰制、精神离场与人类思想之稀释

人是精神性存在。此种存在的核心，就像人们习常引用的帕斯卡尔的那句名言一样，人"是一根能思想的苇草"。何以有这样的结论？何以说没有思想的人，不过与苇草一样？不妨就此出发，我们继续玩味帕斯卡尔的洞见："人不过是一根苇草，是自然界最脆弱的东西；但他是一根能思想的苇草。用不着整个宇宙都拿起武器来才能毁灭他；一口气、一滴水就足以致他死命了。然而，纵使宇宙毁灭了他，人却仍然要比致他于死命的东西更高贵得多；因为他知道自己要死亡，以及宇宙对他所具有的优势，而宇宙对此却是一无所知。因而，我们全部的尊严就在于思想。正是由于它而不是由于我们所无

---

① "如果由机器帮助初步筛选，人再来分析，结果可能就是比较准确的。人机合作应该是代表未来的发展方向。"王延斌：《人脸识别：机更智还是人更强》，载《科技日报》2017年月28日。

法填充的空间和时间，我们才必须提高自己。因此，我们要努力好好地思想，这就是道德的原则。"①

这种有关人的精神性定位，其实由来已久，无论在古代中国，还是在古代西方，都是如此。如在中国，"惟人万物之灵"②的观点已提出数千年，中经"间于天地之间，莫贵于人"③"天生万物，唯人为贵""精神入其门，骨骸反其根，我尚何存？"④直到"世间一切事物中，人是第一个可宝贵的"⑤，可谓千百年来，绵延不绝，脉流相承。这些精辟论述，与古代西方思想家主张之"认识你自己"（苏格拉底引德尔菲神庙铭文）⑥"人是万物的尺度"（普罗泰戈拉），近代西方思想家主张之人是"宇宙之精华，万物之灵长"⑦何其相似乃尔！可见，在此意义上，帕斯卡尔的思想，只是有关人乃精神动物思想的承前启后者，不过，他以更加形象和精辟的论述，通过独特的修辞说服了人们。

这是由于人所秉有的任何物种所没有的精神特质，使得人类只有认识自我，方能进一步认识世界，获得知识。因之，卡西尔在其《人论》中开宗明义地写道："认识自我乃是哲学探究的最高目标——这看来是众所公认的。在各种不同哲学流派之间的一切争论中，这个目标始终未被改变和动摇过：它已被证明是阿基米德点，是一切思潮的牢固而不可动摇的核心。即使连最极端的怀疑论思想家也从不否认认识自我的可能性与必要性。他们怀疑一切关于事物本性的普遍原理，但是这种怀疑仅仅意味着去开启一种新的和更可

---

① [法]帕斯卡尔：《思想录》，何兆武译，商务印书馆1985年版，第157~158页。
② 《尚书·泰誓上》，载（汉）孔安国撰，（唐）孔颖达疏：《尚书正义》，廖明春等整理，北京大学出版社1999年版，第270页。
③ 《孙膑兵法·月战》，载骈宇骞等译注：《孙子兵法、孙膑兵法》，中华书局2012年版，第153页。
④ 《列子·天瑞》，载景中译注：《列子》，中华书局2007年版，第14~16页。
⑤ 《毛泽东选集》（第4卷），人民出版社1991年版，第1512页。
⑥ [古希腊]柏拉图：《斐德罗篇》，载《柏拉图全集》（第2卷），王晓朝译，人民出版社2003年版，第139页。
⑦ "人类是一件多么了不得的杰作！多么高贵的理性！多么伟大的力量！多么优美的仪表！多么文雅的举动！在行为上多么像一个天使！在智慧上多么像一个天神！宇宙的精华！万物的灵长！"[英]莎士比亚：《莎士比亚全集》（9），人民出版社1978年版，第49页。

靠的研究方式……怀疑论往往只是一种坚定的人本主义的副本而已……"①

迄今为止，人的主体性以及与之相关的人权、人道、人本等，仍是雷打不动的人类基础理念。即便诸多的动物权利论者，仍不能脱离人的主体地位而谈论动物权利，因为只有人能够把动物的需求表现为其精神意志，并用"权利"之类予以命名。② 任何其他动物都没有、也不可能有此种思维水平和精神担当，为自己争取权利，哪怕是争取所谓"天赋"之权。所以，没有精神、思维和思想的中介，人和其他动物，乃至苇草就没什么两样。这说明，人的精神—思维天赋决定了其万物灵长之地位。尽管在终极意义上，人是被决定者，但在人类及其精神存在的过程意义上，人极力想成为，且能够成为决定者。所以"人定胜天"不是空穴来风，而是人类作为精神动物的必然要求。

然而，这种情况正在被打破，人类通过赋能于机器，创造了一种通过数字模拟，完全可以掌握、支配，甚至操纵人类智慧的机器。③ 人类需要这种机器予以"赋能"，才可能会领会机器的意图，但机器却无所不能地通过搜集、加工、综合，并迅速模拟一个人的日常思维，并且其智慧程度远高于常人，甚至也远高于那些人工智慧产品的创造者。譬如下棋，纵使象棋界和围棋界的顶尖高手，也可能在这种智能机器面前灰头土脸；譬如作诗，无论擅长写古诗者，还是现代诗者，在一款诗歌APP面前可能会黯然失色。现在还不能确定的是，人工智能机器能否创造出老聃、康德的哲学，创作出曹雪芹、

---

① ［德］恩斯特·卡西尔：《人论》，甘阳译，上海译文出版社1986年版，第3页。

② Aysel Doğan, "A Defense of Animal Rights," *Journal of Agricultural and Environmental Ethics*, 2011, 24, pp. 473–491; Sparks Tom, "Protection of Animals Through Human Rights: The Case–Law of the European Court of Human Rights," *Global Animal Law*, 2020, 290, pp. 153–170.

③ 2019年年中，马斯克宣布已经找到高效实现脑机接口的方法。参见《马斯克称已找到高效实现脑机接口的方法》，载http://finance.sina.com.cn/stock/relnews/us/2019-07-17/doc-ihytcerm4326850.shtml，2020年8月31日访问。仅仅一年之后，马斯克又宣布脑机接口获得了重大突破，参见《马斯克脑机接口重大突破：一小时植入，当天出院，已获批人体实验》，载https://baijiahao.baidu.com/s?id=1676414524156078353&wfr=spider&for=pc，2020年8月31日访问。由此足见不仅高智商的人在控制机器，而且对于绝大多数芸芸众生而言，脑机接榫，意味着机器对人的身体变化、精神思想等具有全面控制的可能。即便那些本来赋能机器的高智商的精英们，在创造超越当前智慧机器之机器时，仍需依赖被自己赋能的当下的机器，否则，超越便是天方夜谭。

托尔斯泰的小说,创作出关汉卿、莎士比亚的戏曲……这种种情形,正在朝向一个目标,即人机协同与融合智能:"人机协同正在催生新型融合智能形态。人类智能在感知、推理、归纳和学习等方面具有机器智能无法比拟的优势,机器智能则在搜索、计算、存储、优化等方面领先于人类智能,两种智能具有很强的互补性。人与计算机协同,互相取长补短将形成一种新的'1+1>2'的增强型智能,也就是融合智能,这种智能是一种双向闭环系统,既包含人,又包含机器组件。其中人可以接受机器的信息,机器也可以读取人的信号,两者相互作用,互相促进。在此背景下,人工智能的根本目标已经演进为了提高人类智能,更有效地陪伴人类完成复杂动态的智能职能任务。"[1]

这一桩桩事实,还不足以说明在机器神奇的智慧面前,主体自身的精神在随着机器智慧而增长的同时,也在和机器智慧的较量中一步步在退场吗?

或云:虽然机器智慧之于普罗大众确实如此,但对于知识精英,特别是那些科学精英而言,仍在其掌股之间。但众所周知,主体性是惠及芸芸众生的一个概念。特别是经由法律的公平分配后,这一概念从理想模式转化为实践事实。哪怕如人所说,法律的功能,是拉低人的平均水平,甚至把高智商拉低到"人渣"的水平,[2] 也表明现代国家、现代法治对于平等的主体性之关注。倘若机器智慧的发展,只是保障了个别科技精英们的精神主体性,而与芸芸众生、普罗大众的精神主体性无法挂钩,则只能说明在智慧机器面前,数字对人类宰制力越强,作为精神动物的人之精神在社会交往中就愈易离场。

可见,这种在数字宰制下精神离场的法理效应是:现代法律、法治和人权赖以建立的思想——精神自由和人格尊严、人身平等——将不复存在,思

---

[1] 李平等:《人机融合智能:人工智能3.0》,载《清华管理评论》2018年第7期。
[2] 雾满拦江:《青面兽杨志:法律默认你是个高智商人渣》,载 http://www.360doc.com/content/20/0826/12/9232250_932283136.shtml,2020年8月27日访问。当然,该文的观点是值得商榷的,法律过去不是,现在和未来也不是以"人渣"的标准衡量和分配正义的。衡量和分配正义,法律借助的从来是变迁中的"中民"的标准和立场。

想及思想自由这一人类存在的本质性规定被稀释,甚至抽离。我们不能想象,在知识精英和普罗大众二分为两种不同的实在——操纵数字的实在和被数字宰制的"实在"的情形下,会有什么思想与精神自由、人身与人格平等的主体,毋宁说这是一种赤裸裸的等级存在,是数字特权对普遍权利的恣意毁坏,是普罗大众被知识精英的任性支配和绑架。如此情形,彰显的是权利和义务的差异性,而不是其平等——"如果为差异辩护的人要求差异既能获得平等又能获得承认的话,那是绝不可能的"①。显然,数字宰制的精神离场,导致近、现代人权与法治的根基——思想的尾草在根基上被稀释、抽离、拔除。

(二) 数字宰制、行动离场与人类自由的失落

机器智慧及其数字宰制,不仅使得人的精神越来越离场,并导致近、现代人权与法治的法理根基被抽离,而且也使得人的行为也越来越依赖机器,成为机器指令下的跑龙套的人,进而导致近、现代人权的法理动力被消磨。这不禁令人深思:精神智慧之于人类,是不是成于斯,也败于斯?谈到这样的话题,让笔者不禁再次想起帕斯卡尔,想起计算机。帕斯卡尔是计算机的发明者。对此,有人写道:"1641年帕斯卡尔十八岁时,开始设计计算机;他曾先后草拟设计过五十种模型,终于根据齿轮系的转动原理制成了世界历史上第一架计算机,能够手摇计算出六位数字的加减法。计算机制造的成功是当时国际科学上的一件大事。"②

帕斯卡尔的发明固然泽惠后世,但也许他当时并未料到,有一利便有一弊:计算机技术及其数字处理、分析的方便,在带给人们快乐体验的同时,也让这种快乐体验俘虏了万物之灵。人类尽管指令机器,但机器一旦接受指令,人类便丧失了应有的主动性——任由机器反过来指令人们——虽然这种指令每每以十分温情的方式给人们以服务。所以,机器及其数字社会不但让人们的精神心智渐渐离场,而且让人们的行为亦日渐离场。进而人在社会交

---

① [法] 路易·迪蒙:《论个体主义:对现代意识形态的人类学观点》,谷方译,上海人民出版社2003年版,第234页。
② 何兆武:《帕斯卡尔的生平和科学贡献》,载 [法] 帕斯卡尔:《思想录》,何兆武译,商务印书馆1985年版,第458页。

往中的身份究竟是什么？是主体，还是被机器奴役的对象？这很让人迷茫！在机器及其数字化控制中，人的行为，从决策、劳动到日常交往皆被机器所控制。

谈到数字社会在决策层面对人的控制，以及人在决策行为中的离场，有人指出了其三点影响，即与程序相关的对个人尊严之影响，与结果相关的假冒及道德欺诈问题以及与先发的预测导向型个性化相关的严重危害："如果可以通过先发的预测实现信息环境和个体数字接触机遇和障碍的个性化，且能够系统普及，那么相关道德问题应被视为系统'风险'，个人自主、社会团结和民主共同体的社会根基可能会因此功亏一篑，而我们的集体自由和共同人性的社会纽带都植根于此。……这些道德问题可能会直接威胁个体、群体和整个社会的存在、自治和发展，且我们对此的重视程度远远不够。"[1]

决策是人们行动的前奏，也是其指南。无论一个国家、一个族群、一个社团，还是一位个人，没有先行的决策，就意味着行为之盲目。在一定意义上，决策就是对未来行为之预测，古人云："凡事预则立，不预则废"，所揭橥的就是这种真理。决策理应是自主的，并且能够自主决策在逻辑上意味着无论是自然人，还是法人，无论是一般社会组织，还是国家组织，无论是主权国家，还是国家间联盟，必须有自主性和主体性。也意味着当一个国家、族群、社团、个人之决策操之于他国、他族、他社团或他人之手时，其便是在他人控制和制约下的行动，是主体性沦丧的行动。同理，当人们在决策行为中，由机器决定的成分远大于人的决定因素时，自然，人就是机器的跟班，甚至奴仆。人因机器而在，而不是相反。

劳动既是人类与世界发生作用的直接方式，也是人类以主体性姿态展现其精神存在的行动要素。尽管劳动使人辛苦、叫人付出，但人因劳动而在。这不仅是指人们通过艰苦的劳动而获得维生的基本所需，获得精神主体应有

---

[1] ［英］凯伦·杨等编：《驯服算法：数字歧视与算法规制》，林少伟等译，上海人民出版社2020年版，第41页。

的肉体需要，还因为艰苦劳动的背后，肩负着精神主体更为重要的精神性满足和超越。上述两种需要及其满足，分别可谓人的第一需要及其满足和人的第二需要及其满足。^① 可以说，用于人的第一种需要——维系精神主体肉身需要的物化劳动，每每是被动的，除非通过劳动而积累财富的动力成为一种精神性的动力，它才是主动的。但是，用于人的第二需要——精神性满足和超越的劳动，却每每是主动的，它与人类作为精神性存在的本质相契合，是这一本质的外在行为展示。如果人的第一种劳动被机器所取代，在一定程度上是减轻人们的负累，自然有助于人们的精神愉悦和满足；但如果连第二种劳动都被机器所取代了，就意味着人的精神愉悦本身被机器所取代了。

试想，当我们日常的劳动行为、交流和交往分别被机器人医生、机器人职工、机器人监护人、机器人保姆、机器人侦探、机器人交易员、机器人驾驶员、机器人管理者、机器人服务员、机器人打手、机器人被告以及机器人审判者所取代，并分别导致机器人医疗、机器人做工、机器人监护、机器人照料、机器人侦察、机器人同意并交易、机器人驾驶、机器人管理、机器人服务、机器人打架、机器人接受审判、机器人审判，甚至连人类最隐秘、最神圣的性行为和生殖现象，也由性爱机器人越俎代庖，这样情形下，^② 人类自身作为精神主体的行为究竟会表现在哪里呢？即使这些机器人产品及其行为，仍然是接受高级的人类命令的结果，那么，对于无数倍于这些高级的人类而言，是不是接受机器人的奴役，等同于接受高级的人类之奴役？如此，他们还是精神主体吗？他们还存在行为的自主性吗？这是不是意味着机器统

---

① 众所周知，马斯洛从心理学视角提出了需要阶梯说：即人的需要乃是从低级的生理需要出发，逐级向上，发展为安全需要、归属和爱的需要、尊重需要、自我实现的需要、对认识和理解的需要以及对美的需要。参见［美］弗兰克·戈布尔：《第三思潮：马斯洛心理学》，吕明等译，上海译文出版社 1987 年版，第 39～47 页。但笔者的分析，不取在这种细节上的需要学说，而宁愿对其做这种人所共见的粗线条的处理，以期更好说明问题。

② 有关性机器人的讨论，参见辛赞娜·古图：《同意的机器人化》，载［美］瑞恩·卡洛等编：《人工智能与法律的对话 1》，陈吉栋等译，上海人民出版社 2018 年版，第 188～216 页。在 2020 年 8 月 30 日举办的该年度"法律与社会科学"研习营上，其中一个专题是："科技还是科幻：未来的法学研究"。演讲者岳林的演讲题目是：《当机器人学会生殖——重读〈埃里汪奇游记〉》，笔者虽然未亲临听讲，但仅就该题目可以推测演讲者的意图。

治下的主体行动之离场?[①]

数字宰制下人们行动离场的如上种种情形，实质是人们行动被数字所裹挟，而不是相反，由人来主导和支配数字。这不仅是数字对主体意志无形的消磨，而且是对主体行为自主的潜移默化的掠夺。它不但导致思想—精神主体日渐陷于黄昏，而且诱使交往—行为主体成为依附于机器，并接受机器决策、指挥，甚至摆布的"交往行为者"，由自由人堕为机器襁褓里的人。现代人权法理所要求的意思自治、行为自主（权利自享、责任自担）明显减弱，甚至消磨，人反而成了（或可能成为）机器的机器、机器的客体。显然，这对人权及其法理的威胁是颠覆性的。它不但是对人存在价值之反动，而且是是对人本身的彻底否定。在霍布斯看来，人可被定义为两个方面："所谓人要不是言语和行为被认为发自其本身的个人，便是其言语和行为被认为代表着别人或（以实际或虚拟的方式归之于他的）任何其他事物的言语和行为的个人""言语和行为被认为发自其本身的个人就称为自然人，被认为代表他人的言语和行为时就是拟人或虚拟人。"[②] 可霍布斯没有预料到的是：如今，数字的宰制，使人赖以行为的言行都不出于自己，更遑论代表别人。这样的"主体"，在法理上究竟是人权的享有者还是人权的例外者？这样的"主体"，其人权行动的动力还是言语和行为发自本身的"个人"，或言语和行为代表他人的"拟人"吗？这样的"主体"，是人权享有和法治秩序的建构者，还是机器奴役下失却人权，乞怜于机器的奴隶？面对这些问题，既有人权的法理似乎失灵。

[①] 对此，中南大学博士生陶文泰和笔者讨论时，他提出了如下建议："'主体性 vs. 机器的反主体性'，或许在一个思想实验上存在一个小漏洞。从宏观层面上看，该论点非常值得被推敲、反思甚至解构，但在微观层面上似乎并不必然。假如有一个喜居山林之间的富豪（当然，他会与外界保持某种程度上的联系和沟通），其生活起居达到了机器化，那么该富豪精神层面的主体性在人本这个场域离场了吗？机器不能代替主体（该富豪）诸如阅读一类的信息接收及处理，他甚至可以自主性地选择居家机器的组合，或排除，或优化……或许，他最为根本的主体性并未丧失。但若作'黄昏'解，未免不可，微观层面的考虑可忽略。"虽笔者很欣赏他的这个建议，但基于本篇的整体观点，笔者未予采纳其建议。

[②] ［英］霍布斯：《利维坦》，黎思复等译，商务印书馆1985年版，第122页。

（三）数字宰制、身体离场与人类尊严的沦丧

如果说思想、精神是内蕴于人身体之中，而行动是表现于人身体之外，从而两者分别是人之内、外两面的表现的话，那么，肉身便是精神和行动得以内蕴或展现的载体——尽管哲学家有时候对肉身不太在乎，甚至不屑一顾。[1] 在一定意义上，所谓人"活着"，就是针对肉身而言。人存在的基本根据，就是活着的肉身。人的精神和行为，在一定意义上只是肉身的附着物——尽管在修辞意义上，人们常说肉身灰飞烟灭，精神万古长存，但这种美妙修辞，只能针对那些个社会精英。对于普罗大众，它可能是一种激励，但于事实而言，并没有实际的帮助——因为普罗大众并没有精神长存的爱好和才气，能够被子孙后代"音容宛在"地怀念一下，就算是精神永在了。所以，没有肉身的支持和表现，对于绝大多数人而言，无论精神还是行动，即不存在。这或许是吾国民间把人去世了称之为"病殁（没）了"的一种意义指向；又或许是佛教所谓"空"的意义指向吧。

所以，主体性的标志之一，是人身体的独立性、平等性及其神圣地位。人身体的独立性，乃是指无论外形，还是气质，每位主体如同世界上没有两片绝对相同的树叶一样，不可能、也没必要保持绝对地一致。绝对一致的情形，或许只能在克隆人那里去寻找，在自然生殖的人类群体中，人们既未发现之，也或许并不存在。外形和气质的差异，正是其能保持身体独立性的基本物质依凭。所谓平等性，则是指在近、现代以来，肉身的社会—法律地位，众生平等——尽管就肉身的自然出生及形态而言，绝不像一些仁人志士所讲的那样"天生平等"，而宁可说天生不平等，如果肉身天生是平等的，那么，法律赋予人们以平等权利就显得多余。众所周知，每个人生来此世，天然地天资有聪愚、意志有强弱、性格有刚柔、能力有大小、相貌有美丑、身材有

---

[1] 如在苏格拉底心目中，"……哲学家并不关心他的身体，而是尽可能把注意力从他的身体引开，指向他的灵魂……"；"……仅当灵魂与身体分离，独立于身体，获得知识才是可能的。只要我们还活着，我们就要继续接近知识，我们要尽可能避免与身体的接触和联系，除非这种接触是绝对必要的，而不要允许自己受身体的性质的感染，我们要洗涤我们自己受到的身体受的玷污，直至神本身来拯救我们。"［古希腊］柏拉图：《斐多篇》，载《柏拉图全集》（第1卷），王晓朝译，人民出版社2002年版，第61~64页。

高低、体形有胖瘦、皮肤有黑白、骨骼有硬软……但法律的使命，就是对这种种天生的不平等赋以平等，即每位肉身的资格平等。

这正是近、现代宪法及民法通过对人身权——包括生命权、身体权、健康权、姓名权、名称权、名誉权、肖像权以及与人身权紧密相关的身份权——包括亲权、配偶权、亲属权、荣誉权的规定，通过形式平等的规则，实现对不同肉身的平等保护之缘由。恰是这种保护，使得完全不同的肉身秉有了抽象的平等内容，从而无论人们之间在肉身上以及性格上有多大的差异，但在法律身份上应一视同仁，无所区别，不能歧视。这样一来，每位主体就被法律平等地赋予了意义，从而成为意义主体。

但是，人类近代以来通过其千辛万苦奋斗而获得这一重大法律和社会成果，在机器人及其数字所宰制的社会里，却面临坍塌之虞。因为人作为意义主体的事实越来越面临着一种比普通人智慧更高、力量更大、思维更敏、行动更灵的机器人之挑战。机器人不是机器而是人，获得了人的权利——无论其人身，还是人格。有人在描述苹果智能助手Siri时这样描述："她愿意随时倾听随时交谈。她能解答数学难题而且擅长地理。她的研究能力胜过许多经验丰富的图书管理员。显然，她异常聪明——她的知识面超过了牛津大学和剑桥大学的所有教员。虽然她不能对每一个问题都作出有意义的回答，但她确实掌握了许多问题的答案。她对所有人都彬彬有礼，即使对那些待其粗鲁的人也一样。当有情感需要的人向她求助时，她便是一个善解人意和鼎力相助的朋友。"[①]

可见，这款机器人不但拥有聪慧，而且秉有温情和道德。但人类的创造物越是高级、越是温情，意味着人对其依赖也越是强烈，人自身的禀赋越容易被消磨。对此，早在两千多年前，不太欣赏文字表达的苏格拉底，就借助一则埃及神话中创造了文字的塞乌斯和埃及国王的对话，表达了其对人类创造的文字的"偏见"：

[①] ［美］罗纳德等编：《机器人的话语权》，王黎黎等译，上海人民出版社2019年版，第32页。

(塞乌斯)："大王，这种学问可以使埃及人更加聪明，能改善他们的记忆力。我的这个发明可以作为一种治疗，使他们博闻强记。"

(国王)："多才多艺的塞乌斯，能发明技艺的是一个人，能权衡使用这种技艺有什么利弊的是另一个人……如果有人学了这种技艺，就会在他们的灵魂中播下遗忘，因为这样一来他们就会依赖写下来的东西，不再去努力记忆。他们不再用心回忆，而是借助外在的符号来回想。所以你所发明的这贴药，只能起提醒的作用，不能医治健忘。你给学生们提供的东西不是真正的智慧，因为这样一来，他们借助文字的帮助，可以无师自通地知道许多事情，但在大部分情况下，他们实际上一无所知。他们的心是装满了，但装的不是智慧，而是智慧的赝品。这些人会给他们的同胞带来麻烦。"①

尽管在该叙述中，苏格拉底扮演了一个反对技术进步的保守者的角色，但事实上，他洞穿了一切技术进步背后所隐含的人的危机，或者技术带来的人的异化。又尽管苏格拉底在这里叙述的目的，不是说明文字技术的发明造成人的身体的离场，但它已然表明技术日精，身体日锈。故两千年前智者的这种论述，在我们分析机器人及其数字化社会的宰制迫使人的身体离场这一问题时，不无帮助——虽然苏格拉底所叙述的情形，和今天人造的机器人、数字社会对人的异化相较，简直是小巫见大巫。苏格拉底的论断，不得不迫使人们思考：机器人及其数字社会的宰制，特别是连人们身体的离场，是否真正意味着主体性的黄昏？之于人权，它所伤害的，除了自由的思想、行为之外，还有什么？

还有人的尊严。人的尊严，就其外在的意义讲，是所谓面子。就其内在意义而言，则表达着人之所以是人，而不是任何其他事物的内在规定性，因此，在一定意义上，它包含了思想和行为的自由。由主体性观念所导致的现

---

① [古希腊]柏拉图：《斐德罗篇》，载《柏拉图全集》（第2卷），王晓朝译，人民出版社2003年版，第197~198页。

代人权与法治，自来就关联着作为人权的尊严，维护、保障人的尊严，甚至成为法治的基本使命，也成了人权的人权。尊严不存处，人也不成为人。尽管人的尊严有前述外在和内在两个方面，但在很大程度上，其都发端于外在的身体。"身体是生理的既定的，但却是受训练的和可操作的，这对于理解人类社会中象征的性质和作用，的确是个理想的焦点。"① 当身体因为数字宰制而离场时，人权也罢，法治也罢，皆成皮之不存、毛将焉附的情事了。因为身体，人们才需要面子，需要对面子及其精神内质的规范化呈现和保护。这正如有学者在研究"夸富宴"中的"给予—接受—回报"这种"总体性呈现"的事实背后，所展示的精神关系、自我（面子）象征时所揭示的那样："……法律关联，亦即由事物形成的关联，乃是灵魂的关联，因为事物本身即有灵魂，而且出自灵魂。由是观之。馈赠某物给某人，即是呈现某种自我……顺理成章，我们就能够明白，在这种观念体系中，所要还给他人的东西，事实上是那个人本性或本质的一部分；因为接受了某人的某物，就是接受了他的某些精神本质，接受了他的一部分灵魂……"②

所以，尽管在法律的世界，肉身这种人存在的物质形态之尊严，不是顶顶重要的，但如果肉身不存，则一切顶顶重要的人类尊严，都不过是海客谈瀛、雾中看花——这或许是基督教世界强调"三位一体""道成肉身"的缘由吧。③ 缺了这最基本的物质依据，重要的尊严还能附着于哪里呢？可以说，在数字宰制下，连主体的肉身都离场，从而也尊严不再了，还能指望数字宰制能更好地实现高于身体尊严的人格、思想、行动的尊严吗？

---

① ［英］菲奥纳·鲍伊：《宗教人类学导论》，金泽等译，中国人民大学出版社2004年版，第72页。
② ［法］马塞尔·莫斯：《礼物》，汲喆译，商务印书馆2019年版，第23~24页。
③ 有人在评论皮克的《论人的尊严》时这样写道："它赞颂人是自由的造物，能认识并能管理住一切存在物。不过……这个形象未被先天规定的造物，必须通过一段长途跋涉才能实现自己的完善，即，要从道德自律出发，通过形象和知识的多元性朝向一个更高的、无法言说的终点。"［意］皮尔·凯撒·博里：《中译版导言》，吴功青译，载［意］皮克·米兰多拉：《论人的尊严》，顾超一等译，北京大学出版社2010年版，第9页。

三、数字奴役、主体性危机与"人权例外"

(一) 主体之争

在19世纪末20世纪初,那位善于解构偶像、引领一时风气,并真正开拓了后现代批判意识的思想家——尼采的一些手记,被人们整理为一部颇有影响的小书——《偶像的黄昏》。在该书中,作者一如既往地以全新的思想,解构史上的一切权威和信仰,对流传千年的西方信仰及偶像,发出了振聋发聩的质疑:"……人仅是上帝的一个错误?抑或上帝仅是人的一个错误?"[1] 其离经叛道跃然纸上。

在上帝自从文艺复兴以来被一步步改造,并日渐从绝对中心位移到相对边缘,并把长期以来被神权所奴役的人——主体置于绝对中心的位置以来,上帝不断被人们剖析和解构,在此过程中,作为主体的人,也不断被人们反思,但既往对作为主体的人之反思,并未实际地导致目前的这种景象——作为主体的人,面临着他所创造的对象——机器的严重奴役和解构,并日渐显露出其主体性的危机。何以有此判断和喟叹?因为人工智能机器正在和它的创造者在竞争主体资格。我们知道,人工智能有强弱之分:"强人工智能具有与人类相当或者超过人类智能的智力水平,因而能够像人类那样解决任何问题以及在任何社交场合和人类交流互动。当前,强人工智能仍是尚未实现的幻想。然而,弱人工智能则完全是另一回事。弱人工智能只能在电脑中创造出人类智能的某些方面。我们对待高级弱人工智能会不由自主地像对待生活中的其他人一样,也就是说我们信任高级弱人工智能以及将高级弱人工智能纳入我们生活的方式将会区别于我们现在对待机器的方式。"[2]

然而,仅就目前人类所面对的弱人工智能,尤其其中的高级弱人工智能,已然使关注社会控制和治理的学者们忧心忡忡。例如,人工智能系统,特别

---

[1] [德]尼采:《偶像的黄昏》,周国平译,湖南人民出版社1987年版,第4页。
[2] [美]约翰·弗兰克·韦弗:《机器人是人吗?》,刘海安等译,上海人民出版社2018年版,第3~7页。

是数字及算法能否导致歧视——所谓人工智能歧视或算法歧视？如果能导致，那么在法律上应如何予以规制？再如人工智能（机器人）能否导致伤害，能否发生机器人和机器人之间的代理战争？如果能，如何在法律上加以避免；如果已然导致其发生，那么，又如何在法律上科以其责任？[①] 对这些问题，学者们已经有初步结论。例如针对人工智能歧视或算法歧视，有学者指出："数字歧视，指的是依据算法所作自动决策实施的直接或间接歧视性行为。"[②]"数据挖掘专家、社会学家和法律学者都开始质疑自动决策的合理性和客观性。尤其大数据驱动下人工智能的歧视性潜力越来越受到关注……在概念上，歧视性人工智能的现象可以追溯到三种不同的缺陷：有缺陷的数据收集……有缺陷的数据聚合……和标准的无响应……即便没有任何人旨在造成任何伤害，人工智能也可能表现出歧视性行为。"[③]

需要指出的是，这里讲的数字歧视，并不是智能机器对其"同类"的歧视，而是智能机器对人的歧视；它不是人为指令机器的结果，而是机器运行中自主产生的结果。显然，在这个意义上，智能机器，哪怕尚处在高级弱人工智能阶段，已经以主体身份作用于我们的生活。人们不但无可奈何、不由自主地依赖于它，而且在依赖它时，所获取的绝非皆是令人怡悦舒心的精神享受，而且也会受到来自智能机器人的伤害——不仅因为前述数字歧视导致的伤害，而且由于智能机器人的决策失误、行为过失（如智能驾驶导致的车祸）和恶意行为（如智能机器人自主发起进攻或引发战争）。可见，对于人而言，不但面临大自然可能带来的伤害和其他人可能带来的伤害，而且面临着人造对象——机器人可能带来的、或许是更大的伤害。

所有人造的对象，都有可能对人造成伤害，哪怕一架最简易的架子车、

[①] 与之相关的问题亦可参见：Solaiman S. M., "Legal personality of robots, corporations, idols and chimpanzees: a quest for legitimacy," *Artif Intell Law*, 2017, 25, pp. 155–179; Gerlick, J. A., Liozu, "S. M. Ethical and legal considerations of artificial intelligence and algorithmic decision-making in personalized pricing," *J Revenue Pricing Manag*, 2020, 19, pp. 85–98.

[②] [英] 凯伦·杨等编：《驯服算法：数字歧视与算法规制》，林少伟等译，上海人民出版社2020年版，第91页。

[③] [德] 亚历山大·蒂斯比克：《人工智能与歧视：对歧视系统的歧视》，韩旭至译，载 [德] 托马斯·威施迈耶等编：《人工智能与法律的对话2》，李辉等译，上海人民出版社2020年版，第115页。

自行车或缝纫机，皆可能因为人对这些产品的操作不当而给人们带来伤害。但是，它们对人的伤害，一定是以人的过错为前提的，这完全不同于智能机器人对人的伤害。后者尽管可能因为人的过错（操作、使用不当）而引火烧身，但更存在即便人没有过错，机器也以某种准主体，甚至主体的身份，自主地给人们带来伤害和损失。因此，不少学者开始把注意力转向研究智能机器人自主的法律责任。例如有学者强调，涉及人工智能的法律责任，在符合条件时，其不但能够并应当承担，而且要由人工智能担负有关赔偿费用。[①]凡此种种，皆意味着给主体——无论是静态的主体存在，还是动态的主体交往，都带来种种隐忧，甚至重大冲击。没有这些隐忧和冲击，人工智能、数字社会以及智能机器人就不可能形成当下社会理论中的重大话题，就不可能引致哲学家、社会学家、经济学家，特别是法学家对该问题的深入追问、反思，并提供对策建议——当人类以主体资格独霸世界数百年之后，人造的机器出来和人竞争主体资格，[②]竞争话语权，对人类而言，如果这是不危机，还有什么能称为危机呢？

（二）主体竞争与人类主体性之黄昏

在目前的弱人工智能时代，人类所做的一切举措，在很多方面是给机器以主体化赋能，即增加其人的，甚至超人的智能。这一结论包含两个方面：

第一，人通过技术给机器赋能。即人类把其智慧赋予机器，并使机器能够模拟，甚至在某些方面——例如数字收集、加工、分类和运算能力，在满足给定条件下的决策能力，对人的需求的独特满足能力等——超越人的智慧。这种赋能的后果，一方面减轻了人的负担，并通过驾驭机器而获得（满足）人在各方面的需求；另一方面，一旦人类过度依赖于机器，既会让其放松对

---

① 参见［美］约翰·弗兰克·韦弗：《机器人是人吗？》，刘海安等译，上海人民出版社2018年版，第26~35页。

② 当然，在绝大多数学者看来，人工智能至少目前仍然是法律关系的客体，因之不能拥有主体资格。但有些学者，甚至有些规范性建议却持有完全不同的看法。如《欧盟给机器人民事法律委员会的报告与建议》第52条就将人工智能定义为"非人类的代理人"，从而在政策性报告中，人工智能取得了电子人格权。有些学者从义务论视角和目的论视角，分别对人工智能类自然人或类法人的主体地位予以阐释。参见张弛：《论人工智能的法律地位》，载《上海法学研究》2020年第4期；［意］乌戈·帕加罗：《谁为机器人的行为负责？》，张卉林等译，上海人民出版社2018年版，第158~180页。

外部世界的探知和求索，从而产生更多思维惰性，也会让机器反过来支配给它赋能的人，这些人或许是机器的纯粹接受者，或许也是机器的创造者。如此看来，人对机器的赋能明显具有正、负两个方面的作用。

第二，人通过规范（法律）和规范化管理给机器赋能。这种情形，与其说是人给机器赋能，不如在直观的层面说是人对机器限能。但人对机器的限能，业已表明另一种事实，即在所谓限能的背后，实际上预示着对机器主体资格和能力的实际肯定。例如有学者就提出了机器人三大定律，并在此基础上提出了机器人的人格：

（1）机器人不得伤害人类，或者坐视人类受到伤害而袖手旁观；

（2）机器人必须服从人类的命令，除非这些命令违反了第一定律；

（3）机器人必须尽可能地保护自己的生存，前提是这种保护与第一或第二定律不冲突。

尽管人工智能不会有自由意志，法律应当认可将有限权利和责任赋予弱人工智能，以保护与它们交流互动的真实的人，以及（理想地说）将人类置于从中获益的更好位置。[①]

可见，尽管人们想通过对智能机器的法律控制而将其对人类的威胁和危害降到最低，但在作出这样的规定时，已然意味着人们对智能机器的人格赋能。机器虽然是人造的结果，但它在一定程度上已经脱离了人的制约，反而成为控制和制约人类的力量。因此，在涉及责任问题时，在有些情形下由机器自主地承担并履行法律责任。[②] 显然，如果没有人在法律上对机器的人格赋能，则其应为其某些行为承担法律责任的论断也就游

---

① [美] 约翰·弗兰克·韦弗：《机器人是人吗?》，刘海安等译，上海人民出版社2018年版，第3～6页。

② "除了机器选择实施犯罪的情节，一旦我们反思技术的进步，'法律责任机器人'的假设就应该被认真对待。例如，人工智能体作为在线交易员的能力，购买商品并以更高的价格转卖，表明不需要科幻小说来想象人类向机器人转账大量金钱用于在线交易；当机器人不履行其义务时，其债权人可以直接起诉人工智能体。"参见 [意] 乌戈·帕加罗：《谁为机器人的行为负责?》，张卉林等译，上海人民出版社2018年版，第36页。

谈无根。

但这时人类不得不面对的是：一方面，人们通过其智慧向机器赋能，另一方面，机器获得智慧后，又以主体的面貌和资格与人或者分享智慧，或者分庭抗礼。无论分享智慧，还是分庭抗礼，智慧机器一旦接受人的赋能，就与人之间形成竞争。这种竞争，显然不是与机械机器时代的人造产品所导致的和人的劳动之竞争能够相提并论的。人类对机器的赋能越大越多越强，意味着机器与人类分享智慧或分庭抗礼的能力也相应地越大越多越强。特别当人对机器的赋能，实现了机器的独立人格、独立行为和独立责任时，机器的自主性和人的自主性之间必然产生冲突、对抗。结果要么是机器主体对人的主体性的削弱，要么是人类选择"抱朴守拙"、撤开机器依赖，重回主体控制一切的自我依赖时代。人类所面临的这种窘境，可谓之主体性的黄昏。

之所以是主体性的黄昏，而不是主体性的灭失，是因为一方面，毕竟迄今为止，人类还是智能机器的主导者，尽管智能机器已然对人类某些方面的主体资格带来严重挑战，出现了人类对机器的依赖在一定程度上超越了对其"类"的依赖之情形，但在总体上，机器对人类的宰制，并未逃离人类对机器的总体控制。另一方面，人类认知和智慧在总体上是不断进步的，而机器的主体资格总是相对的，是由人的赋能而派生的。但这并不意味着主体性的黄昏对人类而言可以听之任之，甚至忽略不计，相反，即便是主体性的黄昏，对人类而言，显然是从神权式微、人权普及以来，主体及其人权所面临的最严重的挑战，[①] 为什么？

[①] 当然，这种挑战还是仅仅站在弱人工智能视角的观察。倘若站在强人工智能或超人工智能的立场上，世间的主体，或许只剩下智能机器，作为主体的人将不复存在了。彼时，则由机器去安排秩序，而不是由人来安排秩序。因此，相关的讨论也似乎变得有些多余。正如有作者所提到的那样："超人工智能可能会对人类的'至高地位'甚至生存构成威胁，因此是否会深入投入研究以及是否能实际投入使用仍是未知数，故很可能无须讨论其法律地位。或者说，强人工智能和超人工智能一旦出现，就可能控制人类甚至消灭人类，这种情况下没有必要去讨论人工智能的法律地位问题，因为届时人类都不复存在了。"张弛：《论人工智能的法律地位》，载《上海法学研究》2020年第4期。尽管这种忧心或许有言过其实之嫌，但面对已然咄咄逼人的人工智能，未雨绸缪的忧心总比大大咧咧的毫不在乎要好。

因为主体资源是恒定的，这一结论意味着只要人所拥有的主体资源被智能机器所分享，那么，主体资源之于人类享有的部分在总量上必然减少，人类的主体性也因之必然受到影响，人的主体能力自然受机器的主体能力之挟制和影响。其结果，显然不是壮大人的主体性，反而是削弱人的主体性——即只要承认人工智能之主体性，就意味着人的主体性资格和能力必然受到减损。可能最典型的是自动驾驶汽车以及各种智能化的性生活用品。以后者为例，夫妻或情侣双方各自一旦依赖上它们，那么，不但夫妻之间相互冷遇，而且以致各自的主体性严重受制于智能性产品和各类性机器人。在此情此景下，人的存在，特别是夫妻之义，在主体性视角下还有什么意义？难道他们之间只剩下了所谓"嫁汉嫁汉、穿衣吃饭；娶妻娶妻、做饭缝衣"的简单的物质性功能了吗？

（三）数字奴役与"人权例外"

一个数字社会的到来，不仅预示着智能机器的主体属性开始被人们重视，[1] 而且在社会交往和司法的事实中已经得到一定程度的呈现。智能机器的主体化，意味着其既拥有主体身份，也拥有和主体身份息息相关的权利。所以，有些学者专门研究机器人的主体属性，提出"机器人是人吗"这样的命题，并在强调机器人将会"为那些长期困扰我们的世界性难题找到解决之道，并且提供无数书籍、电影和音乐供娱乐之用"的同时，又指出："然而，假使人工智能可发挥其潜能，又可能对我们造成威胁，取代人类发明家、天体物理学家、科学家、作家、演员与音乐家，就像工业机器人在20世纪取代了产业工人一样。威胁，这并不夸张。"[2]

---

[1] 即便如此，针对弱人工智能，人们在总体上并没有把它真正纳入主体之列。例如张弛分别在义务论和目的论这两个视角，以自然人主体的三个属性：智能、自主性和意志自由，再以法人主体的两个作用：经济作用和社会作用为标准，考察完智能机器之后得出结论说：智能机器既不是自然人主体，也不是法人主体，因为其虽然有智慧，但自主性及意志自由皆欠缺；虽然有经济价值，但社会价值尚不够。参见张弛：《论人工智能的法律地位》，载《上海法学研究》2020年第4期。当然，这个考察视角及其结论，仅仅作为一家之言，它并不垄断、也不能否定对相关问题的其他观察视角和别样结论。

[2] [美] 约翰·弗兰克·韦弗：《机器人是人吗？》，刘海安等译，上海人民出版社2018年版，第159页。

有些学者的研究则更进一步，从机器人的主体性直接深入到机器人的权利。以言论权为例，有学者以美国宪法《第一修正案》中的"无意图的言论自由"作为分析工具，并从"接收者"，而不是"发出者"视角，来分析智能机器人的言论自由问题："可以……考虑从'接收者'的经验中评估机器人言论的含义和重要性的概念后果。如果你考虑到这些因素，你就会明白《第一修正案中》'没有意图的言论自由'理论的道理和意义。……宪法《第一修正案》保护词语、文本、图像、声音和数据的表达意义，而表达意义实质上是由'接收者'（无论是读者、倾听者、观察者还是数据用户）的思想和经历（如果不是全部）构成的。到那时，大多数反对宪法包括机器人言论的观点将会消失……从宪法的角度来看，真正重要的是，接收者将机器人的言论视为有意义的，潜在有用的或有价值的。从本质上讲，这是对机器人和接收者交流的宪法认可。"①

上述论断，一方面表明作为主体的智能机器，将会给人类及其人权带来严重威胁。如果说机械机器时代机器对人类的威胁，是其大规模地取代了体力劳动者及其简单劳动，从而只是在局部上影响人类的主体行为的话，那么，智能机器时代机器对人类的威胁，则直奔脑力劳动或复杂劳动。是故机器对人的威胁，由体力到脑力，由简单到复杂，由行为到思维，机器尽管是人造的道具，但如此一来，人反倒成为机器役使的道具，机器成为规训者，人必须接受机器的规训，否则，不但寸步难行，而且一旦蔽聪塞明，会遭受数字（智能机器）歧视："算法依靠机器学习之类的人工智能技术对用户的个人数据（包括收入、学历、性别、年龄、民族宗教等）进行分析，进而生成自动化决策，当决策无法保证公平、道德、一视同仁，就会引发数字歧视。随着我们对计算机、移动设备和自治系统的依赖愈发加深……数字歧视也逐渐成为一个严峻的问题。"②

---

① ［美］罗纳德等编：《机器人的话语权》，王黎黎等译，上海人民出版社2019年版，第67～68页。

② ［英］凯伦·杨等编：《驯服算法：数字歧视与算法规制》，林少伟等译，上海人民出版社2020年版，第89页。

但是，智能机器所带来的威胁以及歧视，远不止于此。它所带来的是机器的共和国而不是人的共和国。它通过有效的过滤技术，屏蔽对机器偏好有害的信息，让人类更加依赖于机器，做机器的道具；它通过敏捷迅速的数字收集，判断一位具体个人的偏好，然后无所不用其极地按照个人偏好推荐产品、信息以满足个人需求，但事实上却让其自觉不自觉地堕入智能机器设下的温柔的陷阱，丧失人的主体性；它可以方便地在网络世界"挑动群众斗群众"，煽动不同社会群体之间的仇恨，链接或绑定内容接近者的网站，组织"网络联盟"，[①] 对抗其他"网络联盟"；如果不受制约，它甚至能轻易地、全方位地搜集一个人的不利信息，以败坏一个人的声誉，把一个人轻而易举地逐出社会，并永远地、无可挽回地损伤其名誉。

显然，这不仅是算法及智能社会对人权的一般威胁，而且这种已然的或者可能的歧视，会或必将会导致一种"人权例外"的情形出现。这里所谓"人权例外"，是笔者借用施密特等思想家专门论述的"例外状态"（专政或独裁）[②] 时所提出的概念。我们知道，只要一个国家出现紧急事项，被宣布进入紧急状态，就必须根据条件和程序，推出强有力的权力并克减公民的一些权利，以保障公民、社会的更大的或者整体性的权利。这种情形，被有些

[①] 参见[美]凯斯·桑斯坦：《网络共和国：网络社会中的民主问题》，黄维明译，中国政法大学出版社2003年版，第36~74页。

[②] 有关"例外状态"的论述，不仅在西方政法学界，甚至也在哲学界都很受关注。但施密特及不少欧美法律与政治学者对该问题的讨论，大都起因于著名的《魏玛宪法》第48条规定："联邦大总统，对于联邦中某一邦，如不尽其依照联邦宪法或联邦法律所规定之义务时，得用兵力强制之。联邦大总统于德意志联邦内之公共安宁及秩序，视为有被扰乱或危害时，为维护公共安宁及秩序起见，得取必要之处置，必要时更使用兵力，以求达此目的。联邦大总统得临时将本法一百一十四、一百一十五、一百一十七、一百一十八、一百二十三、一百二十四及一百五十三各条所规定之基本权利之全部或一部停止之。本条第一第二两项规定之处置。但此项处置得由联邦大总统或联邦国会之请求而废止之。其详细，另以联邦法律规定之。"载 https://baike.baidu.com/item/%E9%AD%8F%E7%8E%9B%E5%AE%AA%E6%B3%95/8516506? fr = aladdin，2020年9月4日访问；另，对该条款在制度层面的介绍和讨论，还可参见钱端升：《德国的政府》，北京大学出版社2009年版，第102~108页。施密特提出了即"委任独裁"和"主权独裁"，其目的，"是对当时的政治话语不加区分地使用独裁这一做法的抗议"。[德]维尔弗里德·尼佩尔：《拯救宪法：欧洲关于独裁的讨论》，曹浩瀚译，载《国外理论动态》2014年第1期。

学者称之为宪法专政①，被另一些学者称之为例外状态②。借用这些学者的观点，则可以把数字社会中的人权例外描述为如下情形：

它是指在智能机器及其数字控制、支配和操纵下，人的权利被数字社会或智能机器所压制、隐藏、转移、绑架、克减，甚至剥夺的情形。它表明，在数字社会中，人的权利面临的不仅是智能机器的一般威胁，而且在事实上已经被智能机器所严重操纵。权利享有或其他处置方式，已然不是由人自主地决定的事情，其予取予夺，很大程度上取决于机器。人们必须依赖于智能机器，方有权利，方能得到权利保障，否则，权利靠边站，人权没保障。最近有关因"老人没有健康码，搭公交被劝下车"的报道③，就典型地说明了智能机器对人权的直接危害，④因此，连一些异邦学者，都对该报道予以特别关注。⑤其他诸如入园、入住、出行等必须刷脸，否则不得行动等问题，都可谓机器经由人的赋能，又迫使人们就范于机器，否则就剥夺其权利。⑥

尤为值得关注的是，如果说例外状态必须受法定的条件、权力、程序、适当性以及目的等的限制，从而只是一种"日常之例外"的话，那么，不得不说，智能技术的迅猛发展以及人们对智能技术的无端依赖，加之权力对智能技术在社会管制（而不是治理）中的特别推崇和推销，导致所谓"人权例外"有日渐演变为"例外常态化"的严重危险。这种"例外常态化"乃是

---

① 如美国学者罗斯托。参见[美]罗斯托：《宪法专政——现代民主国家中的危机政府》，孟涛译，华夏出版社2015年版，第16~27页。

② 最典型的是意大利学者阿甘本。参见[意]吉奥乔·阿甘本：《例外状态：〈神圣之人〉二之一》，薛熙平译，西北大学出版社2015年版，第1~140页。

③ 参见《老人没有健康码，搭公交被劝下车！》，载https://www.sohu.com/a/414646499_120365037，2020年9月4日访问。

④ 对此，已经有人作出了一定的分析。参见《"我不会用智能手机，就真的不配拥有尊严了吗？"》，载https://baijiahao.baidu.com/s?id=1675736177632733490&wfr=spider&for=pc，2020年9月4日访问。

⑤ 如日本人山谷刚史就此专门写有评论。参见《疫情中，不懂智能手机的中国老人需要帮助》，载https://baijiahao.baidu.com/s?id=1676129982830954917&wfr=spider&for=pc，2020年9月4日访问。

⑥ 为此，已经在我国引发了一些诉讼。如被称为"人脸识别第一案"的浙大博士生诉杭州野生动物园案。参见《中国人脸识别第一案：浙大法学博士拒绝刷脸入园后打官司引发热议》，载http://www.heluo.cc/article-50931-1.html，2020年9月4日访问。

"机器常规"所导致的必然结果——既然机器成为常规的,那机器对人权的可能威胁和实际危害就相应也成为常规的。对此,完全可以说智能机器、数字社会在已经并不断带给人类前所未有的方便和幸福的同时,也已经并不断给人权带来前所未有的常规性的威胁和伤害。面对此种情形,人类究竟如何应对和救济?显然,这不是这篇小文所能够展开论述的。目前人们的相关讨论,大都集中在通过法律予以施救上。

四、智能社会中"人权例外"的法律决断

(一) 智能社会中人权的双重倾向

公认为,智能社会对人权而言,是一把双刃剑,正如有些学者所阐述过的那样:"数据信息既可能会增进人权、发展人权,也可能会威胁人权、侵蚀人权。"[①] 具体而言,一方面,它催生了以数据(如知情、同意、采集、修改、可携、管理、支配、使用、收益、删除)为核心内容的信息权。这些权利被统称为"新兴权利"[②],成为所谓新的人权,也被有些学者称之为"第四代人权"[③]。另一方面,它对传统人权造成严重的威胁,如你要注册并方便购买或消费,必须出示你的几乎所有身份信息:姓名、电话、身份证、住址、电子信箱等,让所有注册人、消费者失去传统的隐私。从而对消费者而言,不仅要付出金钱的代价(一手交钱、一手付货),而且要付出比金钱价值不知高出多少的额外代价;同时又遏制新兴权利的实现。即便数字社会能给人

---

① 马长山:《智慧社会背景下的"第四代人权"及其保障》,载《中国法学》2019年第5期。
② 也有人称其为"新型权利"。笔者对"新兴权利"和"新型权利"两个概念作了较为严格的区分,认为它们是两种不同的权利。参见谢晖:《论新型权利的基础理念》,载《法学论坛》2019年第3期;《论新兴权利的一般理论》,载《法学论坛》2021年第4期。
③ 参见马长山:《智慧社会背景下的"第四代人权"及其保障》,载《中国法学》2019年第5期。"第四代人权"这样的说法,大致是接续第一代人权:以消极自由为指针,以言论等政治权利为核心的人权;第二代人权:以积极自由为指针,以生存权为核心的人权;以国家、社会或集体自由为指针,以发展权为核心的第三代人权。如今把数据信息权作为第四代人权,其事实根据虽有,但其规则根据以及较为完善的理论阐述还需认真对待。更何况这种所谓人权的"代际论",自身的逻辑严谨性还很值得认真玩味。

们带来种种权利及便利，也因为数据和信息的消费者总是处于技术劣势地位，因此，不得不屈从于位处技术优势的智能机器之摆布。正是这种情形，导致了智能社会中人权趋势的双重倾向：一方面，人权无论从内容，还是在形式上，确实在扩展；另一方面，这种扩展了的人权却使传统人权遭到恣意欺凌，使新兴权利遭受有形无形的限制。这样看来，数字社会所导致的人权趋势，究竟对人类而言是福还是祸，尚是一个值得认真观察和研究的话题。

值得一提的是，即使由于数字社会的发展所带来的种种人权增量和增益，在很大程度上也附带了对人超出其天然本性的评判。权且以所谓四代人权的划分为例分析：如果说第一代人权——消极自由权建立在人的自然本性基础上（人本质上是自由的动物，是秉持其生物属性而生存、生活和交往的动物），这是人权及其法律保护的人性原点，[①] 而第二代和第三代人权——积极自由权则建立在人的社会本性基础上（人本质上是城邦的动物，是合作互助，以便自足的动物）。如果这是人权建立的另一人性原点的话，那么，"第四代人权"呢？它所立基的人性基点是什么？有自然人、社会人这样的称谓，那么，存在不存在一个信息人或数字人的概念？如果不存在，那么信息权在什么意义上是自然人的人权？在什么意义上是法人的权利？在何种意义上这种权利属于智能机器的情形？如果存在，则又在什么意义上它属于机器人的权利或人权？这一系列问题，无疑会深化相关研究应解决但并未解决（或至少解决得不彻底）的问题。譬如，倘若这种权利受到人类或智能机器的侵犯，又如何予以救济？

(二)"人权例外"：法律保护人权的难题

"人权例外"现象，说明数字社会提供给人们的种种方便，在有些视角看是人权，在另一些视角看，却是人权的悬置、对立，甚至是灾难。就悬置

[①] 相关话题，参见史钧：《疯在人类进化史》，重庆出版社2016年版，第10~262页。该话题在法理学上也有重要的意义。对此，有学者在分析两性博弈及一夫一妻制时，以之作为其分析工具，很有创意。参见李拥军：《自私的基因与两性博弈：人类婚姻制度生存机理的生物学解释》，载《法律科学》2012年第3期。

而言,"人权例外"意味着在人的交往行为中,人权的离场、不在场或者被搁置、被雪藏。那些五花八门、光怪陆离、近乎爆炸般的信息,并不是出自人类本质的需要,恰恰是这些信息,遮蔽、搁置、放逐了和人类本质相关的信息需要。就对立而言,这种种看似眼花缭乱的"权利现象",究竟是人的权利还是机器的权利?如果是前者,那么,法律出面予以保护完全符合有关人的法理;如果是后者,那么,究竟要不要保护?如何保护?这势必涉及智能机器的主体资格问题(对此,笔者将在后文专论之)。就灾难而言,一旦机器拥有主体资格,并在法律上保障其权利,那么,就意味着芸芸众生所面对的竞争者,总是绝顶聪明的智慧机器。这对任何个人,无论其作为所谓聪明者的社会精英,还是其作为所谓"愚昧者"的普罗大众而言,不但是挑战,而且是打击。可以预料,当所有伟大的弈者都难以与象棋、围棋机器人较量时,弈者还有曾经的那些自尊和自信吗?当所有伟大的医者与机器人手术刀相较,都难以企及,甚至被机器人手术刀蛮横地取代时,医者还能重拾曾经的权威和主体地位吗?当一款智能软件在瞬息之间所写出来的诗歌,远高于人间所有伟大的诗人皓首穷经、寻经问典所写出来的诗歌时,诗人,这种伟大而纯洁的称谓,还有什么意义?智慧机器,对于这些灵动的主体而言,不是灾难,还能是什么?而当智能机器千百万倍地节约劳动成本,取代劳动者的日常劳动时,那些世世代代以劳动谋生、以劳动取乐的普通劳动者,生存的意义又是什么?他们还能以主体的身份生存吗?凡此种种,不是假象,而是我们正在面对的现实;凡此种种,既然是现实,就必然造成"人权例外",也造成人权保护的重大难题。

其中最困难的所在,是法律究竟保护的是谁的人权。[①] 是智慧机器的人权,还是人类的人权。自然,从一般的常识、常情和常理讲,人类所设计的

[①] 有学者通过将这一议题分为实然(is)和应然(ought)两个层面来展开讨论,具体分为了(1)"机器人能拥有权利"和"机器人不能拥有权利";(2)"机器人不能拥有权利,因此机器人不应该拥有权利"和"机器人能拥有权利,因此机器人应该拥有权利";(3)"即使机器人能拥有权利,它们也不应该拥有权利"和"即使机器人不能拥有权利,它们也应该拥有权利"这三个阶层。参见 Gunkel, D. J., "The other question: can and should robots have rights?" *Ethics Inf Technol*, 2018, 20, pp. 87–99.

法律，其价值指向必须侧重于人类自身的人权。但问题在于，机器不但在一定意义上获取了主体资格，而且日渐成为和人类分庭抗礼，甚至超拔于人类的主体。对人类而言，其中可能存在最好的情况，也可能存在最坏的情况。[①]如果把这种好坏的二元判断运用于说明法律保护之于人的意义，则倘若法律只保护人的权利，而不考虑保护作为主体的机器的权利，自然，对人而言这种保护是更有意义的；反之，如果法律不但保护人的权利，而且公平地，甚至优先地保护机器人的权利，则毫无疑问，这种保护之于人类而言，问题重重，弊害多多。

显然，这是一种两难抉择。那么，法律之人权保护能否摆脱这种两难，实现人与机器人的共赢？在笔者看来，尽管这种可能性存在，但要真正实现，很难。只要机器人接受人类赋能后成为在智慧上超迈于任何个人、更超迈于绝大多数普罗大众的主体，那么，法律的公平保护本身就有意味着对人类的不公平。起点或机会公平的保护原则只有针对智慧、能力大体相当的人而言才有意义，否则，毋宁是一种嘲讽或歧视。例如，当田径赛场起点线的公平针对的分别是兔子和乌龟时，这条起点线还有什么意义？对兔子而言，它毋宁是嘲讽；对乌龟而言，它毋宁是歧视。为什么拳击以及举重等比赛活动，需要根据运动员不同的量级制定不同的规则？原因就在这里。这个道理，运用之于法律平等地保护人权和机器权利，也可适用。

那么，法律可以无视机器权利吗？这也不可能。因为一方面，智能机器作为主体，其权利已然产生：机器人拥有知识产权。"当人工智能可以自主生产新的知识成果而没有任何有意义的人际互动（除了开/关按钮之外）参与其中时，人工智能是作者或发明者……"[②] 机器人拥有话语权。"机器人言论由可发送和可接收的实质性信息组成，这些信息可以被识别为交际性言

---

① 一位美国学者就通过理论和实践之多方面的总结，剖析并阐述了人工智能带给人类的利弊二重性，并详细列地举了其最糟的和最好的各7种表现。参见［美］约翰·弗兰克·韦弗：《机器人是人吗?》，刘海安等译，上海人民出版社2018年版，第222~225页。
② ［美］约翰·弗兰克·韦弗：《机器人是人吗?》，刘海安等译，上海人民出版社2018年版，第230页。

论";"机器人技术就像我们的交流代理人;从经济交易到学术公式,他们是代表我们'说话'的代理人"[①]……因为拥有权利,机器人还负有法律责任:"……机器人可以(或应该)被认为是有法律责任的";"我们应该在事实面前屈服,迟早有一天,机器人将成为有权处理自己事务的一类,能够'对法律义务有意识',甚至'具有对惩罚的道德情感',最终呈现为让我们'原谅一个计算机'。"[②] 当机器人既以权利主体、也以义务(责任)主体、有时还以权力主体(如智能机器强制刷脸、智能机器决疑解纷、智能机器自动过滤、自动识别、自动推送)等多元主体身份呈现在我们面前时,法律对机器权利不予保护,有违社会进步的技术原则;法律对之无动于衷,自然不行;法律以人类进步的名义优先保护机器权利,也显然失当;法律以公平保护的理念既保护智能机器的权利,也保护人的权利,看似起点(机会)平等,但它严重忽略了两类主体智能的天壤之别。

如此矛盾,如此纠结,那么究竟怎么办吗?在笔者看来,这或许始终是个问题。因此,法律面对数字社会中的"人权例外",不可能实现一劳永逸,尽管它可以在一定程度上缓解机器权利与人类权利的矛盾,尽可能多地使机器权利惠及人类权利,减轻数字社会中"人权例外"导致的人类处境的幽暗、昏昧,甚至灾难的境况。

(三)"人权例外":法律救济人权的限度

广义而言,所谓法律救济,也是法律保障的题中应有之义,是法律保障的另一个维度,另一个重要方面。但由于法律救济在法律保障中的地位如此重要,因此,这里不得不单独论述——尤其在涉及"人权例外"的法律救济时。具体言之,所有法律救济,皆源自法律保护的社会关系和社会秩序遭受到损害——无论是来自外部的损害还是来自内部的损害。这一界定,也意味着法律救济是法律保障的极端形式。法律保障可以二分为日常保障和纠纷裁断。

[①] [美]罗纳德等编:《机器人的话语权》,王黎黎等译,上海人民出版社2019年版,第60~111页。

[②] [意]乌戈·帕加罗:《谁为机器人的行为负责?》,张卉林等译,上海人民出版社2018年版,第36~37页。

日常保障意味着把人们交往行为的方方面面纳入法定的或者法律所许可的权利义务框架体系。只要在这个框架体系内，人们的交往行为便是自治的，相应的社会关系和社会秩序也是自治的。不需要国家权力出面予以强制性协调，大家相互交往，相安无事，安静自若。当然，这并不是说法律对人权的日常保障就是自然而然地完成的。事实上，立法究竟要选择保障谁的（人的、机器的）人权（权利），或如何分别保障人的人权和机器的权利，这本身是需要权衡利弊才能成就的。在智能社会中，如前所述，这本身是个正在面临的重大难题。

而纠纷裁断，则意味着智能社会中人权的常态保障受到威胁，常态的规定和保障被打断，公权主体必须依法进入其中予以救济，以便恢复智能社会的人权秩序。这必然意味着人权的冲突——既包括不同人权之间、不同主体人权之间的冲突，也包括智能机器人权利与自然人、法人权利之间的冲突。前者在所不论，因为智能社会中人与人权利的冲突，与非智能社会中人与人权利的冲突虽有可能在内容上有所不同，但在基本原理和解决机制上并不会有太大差异。对智能社会中人与人之间权利的冲突——哪怕是那些涉及智能问题的权利冲突之处理，只要把有关解决日常权利冲突的基本原理、基本的责任机制以及处理权利纠纷的程序代入其中即可实现。即便期间有变化，也会万变不离其宗；即便关系再复杂，也不会逃离基本法理有多远。可见，即便在智能社会中，涉及数字（智能）的权利冲突，如果仅仅发生在人与人（人与法人、法人与法人）之间，则法律是完全能够救济的。

但我们知道，在智能时代，人们面对的不仅仅是人与人之间的数字权利冲突，而且更面临着作为主体的智能机器的权利与人权的冲突。如前所述，所谓"人权例外"，所要表达的正是智能社会或机器主体对人权的威胁甚至危害。因为在人类赋能机器时，不仅赋予其有益于人的智慧，也会赋予其有害于人的智慧。甚至制造出"机器犯罪人"——机器犯罪人是人类努力创造机器人不可避免的副产品[①]。机器犯罪人对人类的犯罪及其危害，就潜藏着

---

① ［以色列］加布里埃尔·哈列维：《审判机器人》，陈萍译，上海人民出版社2019年版，第20页。

其对人权的危害，导致"人权例外"。当然，任何冲突每每都是双向的，既然智能机器能够对人类权利造成伤害，也意味着人类可能会对智能机器的权利造成损害。那么，一旦这类权利冲突出现，究竟应如何予以法律救济？针对用刑法来制约犯罪机器人，有学者对此自信满满："如果技术能向着创造机械人快速前进，这将使现行刑法更适于应对人工智能技术，因为该类技术模仿人类思维，而人类思维已经受制于现行刑法。因此，人工智能技术越接近完整模仿人类思维，现行刑法就越能够适应。"[①]

然而，不得不指出的是，即便这种自信是有道理的，但其在法律的相关救济中已然前设了犯罪主体，即在这里，适用刑法的原因只能是因为机器人犯罪。然而，诚如前述，即使在数字社会中存在"人权例外"，但作为纠纷或冲突，从来是"一只巴掌拍不响"，不是一个单向性的概念，而是双向性的概念。这里的双向性，既可能发生在人与人之间，也可能发生在人（包括法人）和机器人之间，还可能发生在机器人和机器人之间。这里所讲的法律救济人权，既不针对第一种情形，也不针对第三种情形，而只针对第二种情形。其关键是当机器权利和人权发生冲突时，选择人权优先的救济机制，还是机器权利优先的保护机制？[②] 抑或两者都不选择，而由司法主体根据情况进行自由裁量？

毫无疑问，人权所能接受的基本救济原则是人权优先。所以，在人工智能的管理上，应坚持机器辅助、以人为本和文理融合的原则。[③] 因为这样的原则可以尽量避免人权"例外""遮蔽""悬置"甚至"放逐"的情形，但它毕竟是以妨碍人工智能的进一步发展为代价的。长远来看，它也不可能真正让人工智能恰到好处地止步于机器辅助和以人为本，它迟早会冲破这种原则的藩篱，而迈向更高级的人工智能。且这种更高级的人工智能对于更广泛

[①] ［以色列］加布里埃尔·哈列维：《审判机器人》，陈萍译，上海人民出版社2019年版，第22页。

[②] 需稍加说明的是，既然在此预设了人权与机器权利在主体性场域的冲突之存在，那么，也就自然意味着机器权利存在的事实，以及其存在的正当性。对此一话题，尽管在前文中笔者已经借助其他学者的论述有所提及，但因其属于另一个专门性话题，只能候专文论述。

[③] 参见李平等：《人机融合智能：人工智能3.0》，载《清华管理评论》2018年第7期。

的人权保障而言，具有难以取代的价值。以特定时期入门乘车必须出示扫描的健康码为例，作为一种人工智能，它确实妨碍很多人权，但它有利于确保更多人的人权。因此，即使机器和人之间发生冲突，即使我们强调以人为本，但人工智能背后却是更多人的利益。那么，究竟以哪个（些）人为本？是否以机器所代表的人的利益为本？是否以后者为本，进而以机器人及其权利为本？在这里，甚至可能带来看似更为荒诞的问题：智能机器可以被冷遇、紧闭或虐待（哪怕其出自公权主体依照法定权限和程序而作出）吗？进而，智能机器可以被判刑吗？如果能被判刑，如何落实其刑事责任？反过来的情形则是：智能机器的权利或欲望是不是应予满足，以促使其更大程度地保护人的权利？如果需要，则智能机器的欲望如何被满足？满足到什么程度，才能真正使人权与机器权利或井水不犯河水，和睦共处，或只能相互促进，不会产生相害？

（四）"人权例外"：保护和救济之外的法律决断

如上桩桩件件的事实和问题，更进一步表明在数字社会中，人机冲突所导致的"人权例外"，在经由法律救济时不存在完全妥当的所谓解决限度。在此意义上，当数字社会导致"人权例外"的情形时，尽管无可奈何地需要法律来保护或救济，但法律的保护或救济在这里不是万能的，只是相对的。在人类对智能技术的无限追求和法律解决纠纷、救济权利的有限规范之间，存在一对无法克服的矛盾，也是永恒的矛盾。由此所致的，是一旦数字社会导致"人权例外"（如前所述，这种"例外"已逐渐成为常态），那么，法律保护和救济当然是必要的，可无论如何处理，也常常是会顾此失彼的。因此，这时法律所面对的任务，不是八面玲珑、面面俱到，而是必须以法律的名义进行决断。

在这里，决断这个概念，笔者是在施密特意义上使用的。他在定义主权时特别强调："主权就是决定非常状态。非常状态真正适合主权的法理学定义，这种主张具有系统的法理学基础。对非常状态作出决断乃真正意义上的决断。因为常规所代表的一般规范永远无法包含一种彻底的非常状态，所以，在真正的非常状态下所做的决断完全不能从常规中引导出来。"①

可见，法律决断，就是主权者运用法律处置非常（例外）状态的一种非此即彼，而不是左右逢源、面面俱到的，突出当下价值选择的暴力强制机制。问题是所谓"人权例外"，是否构成必须主权者出面，依法采取决断措施的紧急（例外）状态？其实，紧急状态，即例外状态。在汉语世界，两者异词而同义。所以，学者们在翻译这一术语时，每每相互替代。究竟用哪个词汇更好？主要看作者的行文偏好。笔者运用"人权例外"这一词，业已表明笔者的行文偏好。因此，说"人权例外"，尽管不能全部与"紧急状态"或"例外状态"相挂钩（毕竟还有日常地、偶尔地、个别地、小规模地呈现的"人权例外"），但至少表明因数字宰制，人权可能或必然面对的紧急状态或例外状态。

这是不是有些夸大其词，言而不实？尽管我们确实面临着机器奴役人，从而"人权例外"的现实与长远的威胁，但用当下人们的习用词汇，这种威胁，毕竟尚是零星的、可控的和有限的。毫无疑问，这种说法符合事实。但是，一种学术理论，既需要对当下作出客观的描述和有效的解释，也需要未雨绸缪，直面人类可能或必将面对的一切危机和例外，并提出一种可用的解决方案。虽然数字社会的发展尚没有真正宰制人权，但它对人权的威胁却不时可见。这正是当克隆羊安莉及其后的种种克隆事件频繁问世时，国际组织和不少国家果断地通过法令决断，或禁止克隆人（同性繁殖），或限制克隆人体的某些方面及其独特用途②等的缘由；这也是当深圳科学家贺建奎"基

---

① ［德］卡尔·施密特：《政治的神学》，刘宗坤等译，上海人民出版社2015年版，第24页。
② 如在当时，美国时任总统克林顿就下令在该国禁止人体克隆试验；意大利时任卫生部长罗萨丽娅·宾迪宣告该国暂时禁止任何形式的同人体或动物克隆有关的试验。参见《齐鲁晚报》1997年3月5日和3月7日第16版的相关报道和评议。以色列犹太教前首席教主拉比·以色列·芬按照犹太教律令禁止克隆人，参见《参考消息》2017年3月10日的报道。1997年11月11日，联合国教科文组织第29届大会在巴黎通过的题为《世界人类基因组与人权宣言》（该"宣言"由联合国大会1998年12月9日第53/152号决议通过）的文件，明确反对用克隆技术繁殖人，参见http：//www.doc88.com/p-9883913677203.html，2021年5月10日访问。1998年1月12日，欧洲19个国家在巴黎签署严格禁止克隆人的协议，其后，多国还就相关问题立法予以禁止。参见《世界各国反克隆之战》，载http：//news.sohu.com/87/10/news205301087.shtml，2021年5月10日访问。

因编辑婴儿事件"披露后，在我国以及世界各国负面反响极大，[①] 贺本人也在我国受到了包括刑罚在内的严厉处罚[②]之缘由。

所以，面对因数字宰制而导致的"人权例外"，权力主体出面进行法律救济，或主权者出面进行法律决断，表面看似乎没什么两样，但事实上，无论从适用对象、规范根据还是在处置方式上，两者都理应有所不同。在适用对象上，前者乃是针对日常的、个别的、小规模的"人权例外"，而后者则针对的是非常的、普遍的、大规模的"人权例外"。在规范根据上，前者适用日常状态的法律处理即可大功告成，后者必须适用"紧急状态法"，才能奏效。在处置方式上，前者允许在不同的纠纷主体间进行调和，作出两造都能接受的处罚，因此，只要秉持法律原则和价值，具体结果则可协商产生。但后者不同，在冲突的价值间，主权决断者只能选择其一而不能模棱两可。例如，在劳动者就业和智能机器生产之间，当后者已然严重妨害公民就业权，进而严重影响社会安定时，主权者的决断，是必须优先保障劳动者的就业权。智能机器参与生产的度，只能以不妨碍公民就业权和劳动权为限，而不能相反。

可见，一方面，"人权例外"的法律决断和"人权例外"的法律救济是两个不同的概念，也是两种不同的"人权例外"之纠错机制。法律决断是法律保护和法律救济之外的"人权例外"的第三种保障机制。另一方面，"人权例外"的法律决断，与一切紧急状态下的政治决断一样，更着意于价值决断和以主权者意志之名呈现的价值选择，甚至由于其关涉着公民人权这个现代法治的核心要素，因而，其决断的价值选择更为果决。当然，主权者法律决断的结果，或者有利于人，或者有利于机器（尽管前者是普罗大众更期待的，更倾向于公平价值的决断；后者是社会精英更期待的，更倾向于效益价值的决断），但无论如何，既然是法律决断，也就意味着顾此失彼之可能和

[①]《Nature 热议基因组编辑婴儿 世界各地科学家的震惊和愤怒》，载 http://www.ebiotrade.com/newsf/2018-11/20181127120220780.htm，2021 年 5 月 10 日访问。

[②]《基因编辑婴儿案宣判：贺建奎被判刑 3 年处罚 300 万》，载 https://www.sohu.com/a/363670746_100165512，2021 年 5 月 10 日访问。

必要，只要顾此失彼不是丢了西瓜拣芝麻；法律决断，也意味着一旦主权者作出有利于人或者智能机器的裁判，那么它就创造了一个规则准据。根据这个准据，在相当长的时间内，要么优先保障人权而限制机器权，要么优先保障机器权而限制人权——企图在两者之间实现不偏不倚的兼顾，之于法律决断，不得不说：此路不通。

论紧急状态中的权利扩展*

紧急限权（权）或者"权利克减"，是紧急状态中人们思考公民或其他社会主体权利变动的一个基本思路，也是紧急状态中政府扩权以应对之的理由之一。因之，它也是国内外学术界在相关领域探究较多的话题之一。[①] 然而，不得不检讨的是，由于一方面，紧急状态类型是多样的，并不是在所有类型的紧急状态中，都适宜于对社会主体的权利克减。在有些类型的紧急状态中，权利克减的结果，不但不能确保公民和其他社会主体应受保障的权利，反而还会极大地损害这些权利；另一方面，权利克减要以权力应急到位，甚至为此合理扩展为前提，并在此基础上维护公民和其他社会主体必须受到保障的权利，否则，权利克减的结果，就是在紧急状态中公民和其他主体的束手待毙；再一方面，如前所述，权利克减的目的不是权力对社会的控制，而是权力对社会主体及其权利的服务。如果权利克减不但无以导向这一目的，反而有损这一目的，则通过权利扩展以保障紧急状态中的权利，不失为一种可行之策。那么，何谓紧急状态中的权利扩展？一言以蔽之，它是指在紧急

---

* 本文原载于《学术界》2022年第5期。

[①] 在国外，从福柯、本雅明、施密特、罗斯托到阿甘本，都对紧急状态中权力扩展的典型性和权利的克减问题予以研究。参见叶仁杰：《例外状态的神学起源——从福柯到阿甘本的主权—治理问题辨析》，载《马克思主义与现实》2021年第2期。在我国，研究相关问题的学者，也对权利克减多有涉猎，特别是李卫海、刘小兵、滕宏庆、王祯军和陈璇，在这方面着墨尤多。上述分别参见李卫海：《紧急状态中的人权克减研究》，中国法制出版社2007年版，第34～202页；刘小兵：《国家紧急权力制度研究》，法律出版社2008年版，第173～278页；滕宏庆：《危机中的国家紧急权与人权：紧急状态法制研究》，群众出版社2008年版，第200～234页；王祯军：《国家紧急权的理论与实践》，法律出版社2015年版，第89～172页；陈璇：《紧急权——体系建构与基本原理》，北京大学出版社2021年版，第13～84页。

状态中,当公权力应急无力、不当和未及时,社会主体为了进行自救、他救或相互救助而自主扩展的应然权利、事实权利和习惯权利。因此,本篇将从紧急状态之类型出发,分别探究紧急状态中权利扩展的场域、内容和方式。

一、紧急状态之类型与权利之克减和扩展

紧急状态,是日常状态之例外。一旦紧急状态发生,即意味着日常状态下的有些法律失去其效用,需要异于日常状态的紧急状态法来取代。因之,社会主体的权利,自然亦不同于日常状态下的权利。对社会主体而言,为了更好地保障其在紧急状态中最迫切的权利,根据紧急状态法或应急事实的要求,或予以权利克减,或予以权利扩展。顾名思义,前者是对社会主体的法定或推定权利予以限制;后者是在法定权利或应急事实基础上,推定其为应急所采取的法外措施,是正当权利。权利克减或扩展的基本事实根据,是应急的不同类型。

紧急状态的分类,或可采行不同的标准。本篇拟以紧急状态中主体的权利救济(应急)模式,把其三分为外力救济的紧急状态、自力救济的紧急状态和混合救济的紧急状态——当然,这三种类型的划分,只是一种纯粹的逻辑抽象,实践中殊难存在。

(一)外力救济的紧急状态及权利克减

外力救济的紧急状态,是指当一种紧急状态发生后,其救济实施者,只能是经过专业训练、拥有专门资源、秉有法律授权,且有能力影响和组织在紧急状态中的受害者接受其管理,听从其指挥,并予以救助的主体(尤其是国家机关)。如此次肆虐全球的新冠疫情防控工作中,不但靠任何个人自助救济无济于事——即使一个人在一段时间内完全把自己封闭起来,以为"救济",但最终结果仍"躲得了初一,躲不过初十"。传染病不长眼睛,不会因为一个人曾自我隔离过,当其再次走出隔离时为其格外开恩。只要碰上它,就有可能"中招"。因此,这一类的紧急状态,显然需要具有专业知识、拥有相关独特资源、运用特殊的救济方式,且有组织能力和水平的主体出面

应急，以救助更广泛、更迫切的主体权利。尽管在这其中，被救助的其他主体并非完全被动的，但其有限的主动，也主要是配合相关管理主体的管理要求，而不是自己直接主动出击，以克服紧急状态所带来的风险和危险。

这是因为，面对这种紧急状态，不具专业知识、没有应对资源、无力独特应对，也缺乏组织管理能力的个人或组织，只能眼看病毒肆虐，却对之束手无策，无可奈何。甚至对绝大多数人而言，在疫情之初，知识上并不具备面对这一病毒，必须佩戴口罩、保持社交距离、进行必要隔离、大规模核酸检测、强化疫苗注射等要求。这些只有在相关专家等技术人员，甚至技术官僚根据科学知识的要求提出建议后，由拥有决策权的行政官僚来组织落实、实践和行动。显然，在这种情形下，对紧急状态危机的基本救济力量，不是来自一个个具体的、活生生的自我，而是来自"外部"力量，来自他人根据法定的或授权的公权力出面所展开的帮助和救济。这里的他人，既可能是掌握相关专业知识的，接受了法律或公权主体授权，从而行使一定公权力的个人或社会组织，也可能是不仅拥有专业信息，而且拥有公共管理职能和组织能力的组织，特别是国家公权组织。当然，这并不意味着在公民和其他社会主体能够组织自救的紧急状态中，就不存在社会或国家组织出面的救济。但这在逻辑上已然是紧急状态的另一种救济样式——混合救济了，对此，笔者将在后文专门论述。

外力救济、特别是政府出面应急的紧急状态，在本质上是扩展政府权力（政府权力的扩展，必须是依法扩展，因为权力不能推定①）、克减其他社会主体权利的过程，因为不如此，就难以发挥公共组织或权力主体的整合功能。对此，只要对比一下威权国家和民治国家在应对疫情中的行动方案，就不难得见。尽管在民治国家，种种克减公民权利的命令，如"口罩令""居家令""社交距离令""租客保障令""封城令""紧急状（事）态令"等层出不穷，不一而足，但其控制效果还是不尽如人意，原因之一，或许在于面对这种紧急状态，权力仍不够强大。但在威权国家，平时权力主体就主导着社会运作，

---

① 相关论述，参见谢晖：《价值重建与规范选择》，法律出版社2019年版，第139~168页。

弥散于社会运作的各个层面、方面和细节中，从而具有极大的组织力和动员力。一旦紧急状态出现，需要权力更有作为时，权力扩张便顺理成章，缺乏明确自治和自主性的公民和其他社会主体，也容易接受此种权力扩张，从而紧急状态似乎也容易得到有效控制。但必须明确的是，无论在民治国家，还是威权国家，政府的外力救济及其权力扩展和权利克减，从应然性上，都需遵循一个国家紧急状态法的一般规定，因之，它是法治范围内的权力扩张和权利克减，而非相反。

（二）自力救济的紧急状态及权利扩展

任何一种紧急状态，都需要外力救济，因为毕竟紧急状态本身就是对个体、群体，甚至全人类所秉有的天赋力量的超越。所以，面对紧急状态，而抛弃外力——无论这外力是接受法律授予，行使一定公权的他人、社会组织还是专门的公权组织——政府的救济，既不现实，更无必要。但是，在外力救济无力、不当或不及时，每个主体或主体之间，自己或通过协商救济危机，克服或减轻紧急状态已经或可能带来的巨大风险，就是作为主体或消极规避风险，或积极抗击风险，最终减损止损的本能选择和应有姿态。我们知道，在法理学上，一个人为假设的个案经常被人们提及，论者论及之也能常论常新，这就是被誉为"史上最伟大的法律虚构案"的"洞穴奇案"[①]。尽管这个案件所言的内容和背景，说不上是一般意义上的紧急状态，但对困于洞穴之中，没有外援，无吃无喝，几乎只能坐以待毙的探险者而言，他们的处境，形同紧急状态，乃至甚于紧急状态。这提示我们，当人们困于紧急状态，而无法获得外力救济时，主体的自力救济，就不但在事实上是唯一选择，而且

[①] "洞穴奇案"并非一例真实的案例，而是由美国法学家富勒所设想出来的疑难案件。案情是五位探险者被困于洞穴，难以脱身，也水尽粮绝，故由威特摩尔提议（虽然其后他收回提议）抽签以牺牲其中一人性命，来挽救其余四人性命。结果恰好提议者被抽签选中。后来活着的四人虽得救，但被控谋杀。富勒设计它的意图，不是为了说明人们面临紧急状态时的自救，而是说明面对疑难案件，秉持不同法学主张的法官会有完全不同的判决。参见[美]萨伯：《洞穴奇案》，陈福勇等译，三联书店2009年版，第1~6页。但毫无疑问，它可作为人们面对紧急状态时自救的"个案"——尽管以牺牲个别生命来保全更多生命的救济方式绝非笔者所能接受。这里引证之，仅为说明紧急且无他法救济时，人们自力救济的必要和可能。

在价值上具有正当性。

自力救济的条件和场域是什么？笔者将会在下文做较为系统的探讨，这里只想简略地论及。紧急状态中，一方面，在外力救济不能时，自力救济就是必要和必需的，即便如传染病这种往往只能外力救济才更加靠谱的紧急状态，当没有可资救济的"外力"时，人们总得去想方设法，寻求自力救济，总得寻求通过自我的努力而解决所面临的困境，哪怕这一过程一定会面临诸多挫折，甚至面临无数生命的罹难和无常。另一方面，在外力救济不当或不及时，在紧急状态中为人们的生命健康和财产安全减损止损的情形下，自力救济更形必要和重要。如在2021年"郑州特大暴雨事件"中，当地政府或有关管理者的决策不当。如果管理者把公民自力救济作为其一项权利看待，一定会产生自力救济的良好效果。可事实上，一些管理者在紧急状态中，常常墨守成规，机械颟顸，不许公民或其他主体自救，结果造成令人遗憾的悲剧！①

不难发现，在紧急状态中，当公民等社会主体实施自力救济时，无论是有组织、有谋划的自力救济，还是临时起意、随机应变的自力救济，都意味着对其行为的权利化肯定。尽管在法律中，这些行为或许并不是权利的范畴，甚至还是义务的范畴，例如停车收费，一杆一车，在平时理所当然是车主等被管理方的义务，但在遇到洪水正往车库下涌，可能严重危害车库里排队等待过杆的车主们的财产人身安全时，车主冲撞栏杆、让出通道、避免更大危险和实际危害，就理应被推定为其权利。或以为，此种情形，已经通过法定的紧急避险原则予以解决。但众所周知，紧急避险在我国法律上，目前还主要是一个刑法上的概念，表明在现实的危急情形下，人们以牺牲他人较小的利益而保障集体、公众、他人或自己更大的利益，这种行为可以免受刑事追

---

① 其中最典型的一例，是根据有关报道，虽然暴雨如注，有些小区的地下车库水位暴涨，但车库出口处有人值守的电子杆杆仍依然故我地一车一杆、排队收费。这种情形，不但使车主的车辆被淹，造成严重的财产损失，而且给等待出车库的排队者更是造成严重的生命威胁。参见 https://www.douyin.com/video/6987691742309059853，2021年8月5日访问。试想，如果在如此危机情势下，允许车主撞断收费栏杆，让车辆迅速出库，逃离危险之境，并默认这种行为为公民面对紧急状态时的自力救济权，这对车主生命和财产之安全而言，多么必要、重要和关键！

究。从而使公民或其他社会主体获得了一定的"紧急避险权"。在民事法律上，虽然我国《民法典》第245条也规定了"紧急避险"的内容，但其所规定的事实上是公权主体的"权力扩张",[①] 而不是私权主体的"权利扩展"。可见，在类似"紧急状态法"之类的应急法中，明确规定在公权救济无力、不当、不及时，私权主体展开的自力救济，哪怕其行为违反日常或紧急状态法律，违反公权主体制定的紧急状态举措，但只要被救助的法益大于所占用或损耗的法益，就应当将其扩展为权利。

(三) 混合救济的紧急状态及权力和权利的平衡

顾名思义，混合救济的紧急状态，乃是他力救济和自力救济结合以应急的紧急状态。如前所述，前文他力救济的紧急状态和自力救济的紧急状态之分类，仅是为了分析权利扩展这一话题的方便而故意所作的"类型拟制"。在紧急状态的现实世界，这种分类恐怕并不存在——尽管可以肯定地说，在紧急状态发生之初，由于政府预知、预见能力所限，对可能发生的危害或没有准备，或准备完全不足，因此，仓促之间应对不及、手忙脚乱、左支右绌，反倒使社会陷于某种有政府的失序状态，完全可能。而在战争等紧急状态中，政府每每自顾不暇，更遑论对公民和其他社会主体的保护和救济了。在这种无政府状态下，既然公权主体的救济无望，就只能留待公民等社会主体自救了。此种情况，在当今国际或国内战乱中不断发生的林林总总的难民事件以及难民自救的相关报道中人们不难发现。又尽管可以肯定地说，有些紧急状态，特别是那些普通民众根本不知道如何救济，从而需要专业知识出面救济的紧急状态，基本可以排除公民和其他主体的自力救济。但即使如此，在上述两种情形下，也不排除政府或其他接受授权的社会主体之他力救济与公民或其他社会主体自力救济兼而有之的努力和可能。在此意义上，紧急状态中的混合救济是普遍的。

但笔者在此要讲的混合救济的紧急状态，更倾向于一种紧急状态发生后，

---

① 《中华人民共和国民法典》第245条规定："因抢险救灾、疫情防控等紧急需要，依照法律规定的权限和程序可以征用组织、个人的不动产或者动产。被征用的不动产或者动产使用后，应当返还被征用人。组织、个人的不动产或者动产被征用或者征用后毁损、灭失的，应当给予补偿。"

他力救济和自力救济相对而言处于均衡状态的那种。此种紧急状态，无论对公主体还是私主体而言，都有条件、有能力、也有可能出面予以救济。因此他力救济并不能否定自力救济，自力救济也不能排斥他力救济。特别在地震、水患、泥石流、风沙这类两种主体都可能出面，在不同环境、条件或场合予以施救的紧急状态中，混合救济的特点尤为明显。之所以在此拟制性地专门列出混合救济的紧急状态，是为了在面对紧急状态时，能尽最大可能而发挥公主体救济和私主体救济的两个积极性。毕竟纯粹靠公主体的他力救济，在智慧、财政、及时性、适地性等方面都会受到掣肘。而纯粹依靠私主体的自力救济，则无论在智慧、经费、经验、统筹等方面也会存在明显局限。因此，如何在可能展开混合救济的紧急状态中，协调和统筹两个积极性——公主体的他力救济积极性和私主体的自力救济积极性，就是应对紧急状态不可或缺的一体两面。事实上，这种情形人们在救济紧急状态的策略中不时可见。其中每每为国家所倡导的政府或社会团体（特别是专业救援队）的救助和受灾地区公民紧急展开的"群众抗灾自救"，就是典型。

需进一步论述的是，在此种混合救济的紧急状态中，如何看待公主体权力和私主体权利之间的关系？两类主体的权力和权利能否同时扩展？这又涉及一个重要的法理学问题。常以为，在利益总量限定前提下，权力和权利两者的关系是：权力增加一份，权利就限缩一份；反之权力减少一份，权利就增加一份。因此权力和权利之间是一种反比关系。[①] 就一般情形言，这一说法并非没有道理，但在事实上，权力和权利之间的消长，并非总是此种反比关系。在紧急状态中，它们之间存在如下诸种组合关系：其一是互助关系，即权力在宏观层面展开对紧急状态的他力救济，而权利则在微观层面展开对紧急状态的自力救济或社会救济。它意味着权力和权利之间在量上不但不构成反比，反而是正比例的。[②] 在不少情形下，权力本来是为增进和促动权利而生产的。权力不能促进权利，则其存在的合法性就颇值质疑。其二是分离

[①] 参见徐显明主编：《公民权利义务通论》，群众出版社1991年版，第65~85页。
[②] 例如，网络社会的出现，在产生了无数网民、网络公共主体的权利的同时，也产生了网络管理的公共权力。这是权利和权力成长中一种典型的正比例关系。

关系，即权力的他力救济和权利的自力救济各行其是，只要不相互排斥、减损对方的救济即可。两种救济之间不存在直接的关联，也不存在互助的效果。权力的存在并不能明显地增进并保障权利，同样，权利的实施也没有明显地影响或消耗权力。其三是反对关系，就是前述所谓反比例关系。在资源恒定的前提下，权力之扩展，必然意味着权利之限缩；反之亦然。紧急状态从总体上看，是人类资源的集约性消耗，因此，它一般不像人们交往的新型领域那样，能够生长出有利于人类的新资源，反之，紧急状态令资源在整体上被明显限缩。从而在此种情形下，强化他力救济的后果，必然是对自力救济的限缩。①

可见，混合救济的紧急状态，需要根据权力和权利实际着附的客观社会事实予以调节。其中最佳的方式，当然是权力和权利之间的平衡。权力扩张和权利限缩，其客观目的不是权力单向度的永恒管制，而是经由权力的统筹、安排，最终退一步、进两步地创造人们自力救济的空间。所以，在权利克减、权力扩张的任务完成后，"还权于民"，是"后紧急状态"的必要和必须之举。这些问题不再展开，下文笔者将集中围绕紧急状态中权利扩展的三个较为具体的问题——场域、内容和形式而展开论述。

二、紧急状态中权利扩展的场域

紧急状态中针对权利的一般情形是权利克减，因之，紧急状态中的权利扩展，乃是紧急状态中有关权利的一种例外性安排。如果说紧急状态是日常状态之例外，那么，紧急状态中的权利扩展则是紧急状态之例外。这看似很绕口的一种说法，但不如此表达，就很难说清楚紧急状态中权利扩展的"身份"和定位。之所以如此，是因为权利扩展在紧急状态中，有其独特的适用场域。这些适用场域，笔者总结为如下三个方面：

---

① 实践中并不尽然是这种反比情形。例如，在疫情紧急状态中，由于公权救济及其需要，催生抗疫知识和物资的研究与生产，并在相关主体间形成权利和权力的正比关系。

(一) 因紧急状态中的政府失灵——救济不能

紧急状态，常常会带来强有力的政府控制，但揆诸事实，并非每每如此。特别在紧急状态初起，而无论普通民众，还是政府机构对此预料不足，从而也预案不明时，它的乍然来临，不但会令普通民众惊慌失措，也会令政府左右失据、无所适从，甚至处于政府失灵——无政府状态。此种状态，并非指不存在管理者，不存在政府，而是指"有政府的无政府状态"，是政府在应对紧急状态时丧失或者部分丧失应急能力。其又表现为两种具体类型：

第一，主观因素的无政府现象。它是指由于政府应急能力欠缺导致的无政府状态。这在习惯了按照日常状态而按部就班的工作环境下，面对乍然来临的紧急事务，是政府及其首长很易犯的错误。只要天下承平日久，管理者就容易出现麻痹大意心理，以为日常状态代表了管理工作的全部，对紧急状态既没有心理准备，更没有工作盘算，因此，就不存在所谓应急能力，或者面对紧急事实就手忙脚乱、自乱阵脚。这显然是管理者缺乏对紧急状态就是管理的典型状态的认知。此种情形，在此次国内外应对突发新冠疫情的过程中，都有存在。在我国，应对此种情形的一般措施是通过非常态手法，免除主要责任人的职务，使得紧急状态的应对无力或不力有人担责。但这也意味着其职务免除之前，在应急无力或不力期间给公民自救留下了空间。

第二，客观因素的无政府现象。它是指遭遇紧急事项的毁灭性打击，而导致的无政府状态。例如，一场地震或一场洪水淹没了政府工作人员、政府机构以及相关设施；再如一场战争，直接摧毁了政府的应急指挥系统等。显然，这种无政府状态的出现，导致政府全盘瘫痪，无人接盘。所有应急事务，也就无从展开。因此，它需要重新建立政府，组织政府机构和人员。但这一过程，又不是一蹴而就的，往往要经过一个较长的过渡期。对于紧急状态的应对而言，过渡期无论长短，都是令所有置身其中的人深感焦灼的事。因为无政府状态，也必然意味着无秩序。对于人们的日常交往和生活而言，毫无疑问，"有秩序胜于不自由"。因为没有秩序，意味着任何自由都是奢侈，无从谈起。① 但是，即便处于无政府状态，人作为能动的主体，面对极度困厄和威胁，不但不能坐以待毙，而且必须奋力自救。

这就意味着当紧急状态导致政府失灵，人们无法依赖政府出面救济时，必须自己出面迎战威胁，克服困厄，走出困境。在法律上，当公民和其他社会主体面临困顿，政府又因处于无政府状态而难以施救时，赋予人民政府不能、失灵时的社会自救权，不但必要，而且必须。即便现行法律上没规定相关权利，也应当承认这种权利作为"推定权利"的法律效力。所谓"推定权利"，就是"权利推定"② 的法律后果。

所以，认识权利推定，可以进一步领会当紧急状态遭遇无政府情形时，所有其他社会中主体——无论是以自然人身份存在的社会主体，还是以经济与社会组织身份存在的社会主体，既有单独地，也有合作地予以行动，走出困厄、克服时艰的权利。这种权利推定，不一定等到起诉至法庭上去，经过法官严谨地在法定权利和实有权利之间目光流盼、严丝合缝、合乎逻辑地裁决出具体的推定权利，才能认定。即便不经过这样的逻辑推定，仅仅靠人们日常交往和生活的常识，就可以对此作出权利的考量，从而对人们的相关行为予以权利之定性和包容。可见，在紧急状态遭遇无政府情形时，主体起而自救，乃是一种天经地义的权利。即便法律上对此没有明文规定，在实践中必须以权利对待之。这也预示着，相关权利，既具有应有权利、自然权利的特征，也具有现实权利、习惯权利的意味。

当然，这些权利，针对既有的法定权利，它毫无疑问是法定权利的扩展，从而也说明，紧急状态一旦遭遇无政府情形，事实上为权利扩展创造着场域。无政府状态必需主体的自救，也必然为主体行使现实的自救权提供场域。这些权利一旦进入实在法考量的视域，特别是进入司法视域，理应经由权利推

---

① 对此，笔者赞同张恒山的如下观点："……在自由与秩序两种基本价值中，法律追求的首要目标不是自由，而是秩序"；"秩序之所以是人类社会的首要价值，是因为这种生活状态满足着社会成员的基本需要，从而对社会成员有益"。张恒山：《义务重心论》，山东人民出版社1999年版，第20页。

② 有关"权利推定"，请详见本篇第四部分对"推定扩展"的论述。

定,转化为推定权利。

(二) 因紧急状态中的权力失当——救济不当

毫无疑问,一旦紧急状态出现,不论是什么原因引起的,政府都肩负着带领人民共克时艰的更大责任。这是因为政府拥有其他任何主体都不具备的集约性权力。即便一个国家基于市场决定的原则而在制度设置上倾向于"小政府、大社会"的原则,但力量聚集性的政府与任何力量分散的社会主体相较,在面对紧急状态时,都有无可比拟的优势。它能够借助权力的集约力量和权威效力,发布、动员、组织各分散的社会主体,为克服紧急状态,救济相关损失,保障社会秩序,维护公民生命财产的健康和安全而发挥其他任何社会主体都无权替代,也无法替代的功能。但智者千虑,必有一失,政府作为由人所控制的主体,既不可能完全克服人所固有的认知能力和认知条件——即使制度规定在逻辑上无纰漏,也无法保障决策者顾此失彼的决策错误,也不能保障决策者没有主观偏好和偏见。

值得一提的是,一个国家的权力,在横向上是分工的,在纵向上是分层的。面对此种分工和分层,虽然人们基于某种理想,强调要分工(层)协作一盘棋的设想。但在现实中,一方面,不论分层主体,还是分工主体,都不可避免地会存在分层或分工范围内的本位意识,因此,对溢出其范围的事物关注不够或无暇关注,必然导致本应是上下(分层)左右(分工)有机关联、有效合作的权力关系,会变成或者权力主体间各扫门前雪,互不相扰,或者权力主体间过度作为,相互越权。无论哪种情形,都是权力行使的混乱,易导致决策的失误——权力本来为社会有序而设置,但在紧急状态遭遇权力决策失误、失当时,不但无法救济因紧急状态导致的主体权益受损,而且进而因之放大秩序混乱,扩大权利受损。

类似情形,在这次全球性疫情导致的公共卫生危机中屡见不鲜。人们既能发现在疫情防治的模范国家,存在的过度防疫之决策所导致的公民权益受损情况;也能发现那些疫情防控严重不力的国家,尤其疫情危害最严重的美国,在抗疫政策上,联邦与地方分庭抗礼,地方与地方南辕北辙,从而因政府决策的顾此失彼、互不衔接、严重失误,导致重大疫情传播和人员罹难。

可以说，在当今世界上几乎所有国家，面对突如其来的新冠病毒，几乎所有国家的应对措施都存在着严重的决策失误、错误、失当。即便后来进入"常规化"的抗疫，也不时可见决策失误或错误导致疫情蔓延、人员大量罹难的报道。那么，面对权力主体在紧急状态中的决策失当，其他主体是逆来顺受呢，还是有权对权力决策的失当说不？换言之，是以扩展的权利来对抗失当的权力，从而规避来自决策的风险，还是甘愿承受决策失当带来的更大损失？自然，在此种情形下，公民和其他主体对权力决策拥有不合作和不服从的权利。[①] 在一定意义上，这也是一种对决策失当的避险权。面对公权力应急决策之失当，公民和其他主体选择对之抗辩、对抗、不服从、不接受，应被良心和道德确认为紧急状态中的权利扩展。也表明，当紧急状态遭遇权力应对紧急状态的决策失当时，其实提供了其他主体不服从，甚至抗辩、反对决策，扩展权利，以克服困难的必要场域。

（三）因紧急状态中的权力不及——救助无力

尽管在紧急状态中，公权主体出面对全社会负责，进行公力救济，既是其使命所在，也是其能力所及。但这并不意味着面对所有的紧急状态，公权主体都能够做到胜任愉快、毫无死角的救济。事实上，面对或者突发的，或者影响巨大的紧急状态，有时公权主体积极作为，但智者千虑，必有一失，既有预案不可能不存在疏漏；有时虽有预案，但预案难以覆盖紧急状态造成的全方位影响，对有些紧急状态，甚至实在难以作出预案。在种种情形下，都会出现紧急状态中公权力救助不力的现象。即使各地的公权力主体为防治疫情，殚精竭虑，预案充分，也仍会百密一疏，顾此失彼，从而导致种种令人不无遗憾的悲剧甚至灾难发生。

在此种情形下，社会主体是不是只能死守预案的规定，不能越雷池一步？

---

① 按照罗尔斯的观点，不合作、不服从的权利是"一种公开的、非暴力的、既是按照良心的、又是政治性的违反法律的行为，其目的通常是为了使政府的法律或政策发生一种改变。通过这种方式的行动，一个人诉诸共同体多数人的正义感，宣称按照他们经过深思熟虑的观点，自由和平等的人们之间的社会合作原则此刻没有受到尊重"。[美] 约翰·罗尔斯：《正义论》，何怀宏等译，中国社会科学出版社1988年版，第353页。

对此，可以预设两个不同的选项：假设被纳入疫情防控工作统一管理的私立医院，或者严守预案规定，否则必须受罚；或者按照基本医道，对到医院寻求救治的其他危重病人，循例接收，不受疫情防控工作所限。显然，前者的选择尽管符合一些地方公权力的预案和"布道"，从而和日常医院应肩负的使命和应拥有的权利相比较，是紧急状态及其预案的大局，也限缩或克减了医院公道地、无差别地救死扶伤、治病救人的责任及相关权利。但按照后种选择，则医院冲破了紧急状态及其预案的藩篱，而是抛开预案，自我扩展权利，同时也履行了社会责任，体现出在面对更加现实的危难（紧急中的紧急）时，通过权利扩展，实现医疗救助。

我们知道，在日常状态下，为了保障社会秩序，助力人权实现，公权力不像紧急状态中那么无所不在地发挥其伟力，总会留给社会足够的自治空间，从而人们的日常生活世界，主要是靠社会自主、自治和互助的力量维系的。没有这种维系力量，则即便公权力再强大，也不可能事无巨细地管好、管住人们的日常交往。但在紧急状态中，如果公权力所拥有的强制力及其背后的财力不予直接救助，社会往往会因此成为一盘散沙，人们的权利也因此而更受伤害。所以，紧急事态必须紧急处理，紧急状态是公权治理的典型状态。

但这是否意味着在公权力力所不逮之处、疏忽大意之处，就不能允许扩大私权利，由私权主体出面进行私力救济？回答是否定的，因为这无论在事实上，还是价值上，都是难以成立的。只要公权力不能全方位地、无所遗漏地覆盖社会治理的各个领域、各个方面、各种事项时，就必须允许被紧急状态制约的私权利的扩展。这无论在古代，还是现代，都可谓是不言自明之理；同时，无论私权利以个人名义出面扩展，还是以社会组织名义出面扩展，都应被纳入权利扩展的范畴。

在我国古代的灾害救济中，一方面，官方有时会制定一套行之有效的办法，让民众直接参与其中，以实现自救。尽管这仍然是在官方预案中的民众参与，但其主旨，是调动民众自救的积极性，扩展民众自救的权利和通道。

例如范仲淹任职江南时，面对江南严重旱情，推出著名的以工代赈等举措。①另一方面，社会主体，特别是那些乡绅商贾，或响应官府号召，或自觉自愿、想方设法予以救济。例如在近代中国影响巨大的"丁戊荒灾"中，尽管不乏人情冷漠，社会关系中的男/女、长/幼、生/熟、富/穷、官/民和人/物之间关系畸变之情形，②但也存在除了官赈之外的商赈、教赈现象③——一些乡绅、富人、教职人员和教会，纷纷伸出援手，予以接济，颇为感人。这表明，古代社会在面对紧急状态时，也明显存在与社会主体自救需要相适应的权利扩展。

至于在当代紧急状态的社会救助中，社会主体（个体志愿者，集体的社会公益组织和其他组织等）的积极参与、实际扩权就更为常见。以我国为例，在2008年的汶川大地震中，志愿者④、社会组织（特别是社会公益组织）⑤冲破重重阻力予以救济的情形，至今还让人记忆犹新。在新冠防控期间，一位在武汉无家可归的大连青年，主动参与医院救灾的情形，也感人

---

① "皇祐二年，吴中大饥，殍殣枕路。是时范文正领浙西，发粟及募民存饷，为术甚备。吴人喜竞渡，好为佛事。希文乃纵民竞渡，太守日出宴于湖上，自春至夏，居民空巷出游。又召诸佛寺主首谕之曰：'饥岁工价至贱，可以大兴土木之役。'于是诸寺工作鼎兴。又新敖仓吏舍，日役千夫。监司奏劾杭州不恤荒政，嬉游不节，及公私兴造，伤耗民力。文正乃自条叙所以宴游及兴造，皆欲以发有余之财以惠贫者。贸易、饮食、工技、服力之人，仰食于公私者，日无虑数万人，荒政之施，莫此为大。是岁，两浙唯杭州晏然，民不流徙，皆公之惠也。岁饥，发司农之粟，募民兴利，近岁遂著为令。既已恤饥，因之以成就民利，此先王之美泽也。"（北宋）沈括：《梦溪笔谈·官政一》，张富祥译注，中华书局2009年版，第138~139页。

② 参见郭俊红：《身体叙事视野中的"丁戊灾荒"——以山西省阳城县为考察中心》，载《民俗研究》2016年第2期。

③ 参见谢忠强等：《"丁戊奇荒"中山西的灾荒与救济》，载《西南交通大学学报·社会科学版》2010年第2期。另，尽管这场灾难波及大半个中国，但山西一带祸害尤烈。相关研究，参见郝平：《丁戊奇荒：光绪初年山西灾荒与救济研究》，北京大学出版社2012年版，第109~253页。

④ 参见香港中文大学公民社会研究中心、中山大学公民与社会发展研究中心：《关于民间公益组织参与汶川大地震紧急救灾的简报》，载https://www.renrendoc.com/paper/176144993.html，2022年3月29日访问；张雪梅等主编：《志愿者团队在行动：在汶川地震灾区的公益服务案例》，四川人民出版社2011年版，第1页以下。略须一提的是，彼时笔者的一位外甥（目前在其业界小有成就）正在电子科技大学求学，其正好参与了志愿者救灾行动。他称这是到目前为止，其人生中感触最深、最受锻炼的一次行动。

⑤ 参见任大林：《和众泽益：应对重大自然灾害对社会组织发展的促进作用——以5·12汶川地震及2008年以来重大自然灾害为例》，载https://www.takefoto.cn/viewnews-1492429.html，2022年3月29日访问。

至深。①

以上事实皆说明，当紧急状态中公权力救济不及时，通过权利扩展，激励私力救济，是补救权力救济不及时的必要的、不可或缺的方式。从权利扩展的主体看，它可二分为公民个人（特别是志愿者）的权利扩展和集体（公益组织、企事业单位等）的权利扩展。无论哪种权利扩展，都表明，紧急状态中，不仅存在权利克减，而且存在权利扩展。

三、紧急状态中权利扩展的内容

紧急状态中权利扩展之内容，只有较为普遍地落实到具体公民和其他社会主体的实际行动及享有上时，才真正配称权利。即便在实在法上，并未见明确规定，也成为事实权利和习惯权利，② 也具有民间规范、社会道德和人类良心的支持。当然，这是另外的话题。这里要论述的是，在紧急状态中，公民和社会权利扩展的几个主要方向或者几类主要权利。

（一）紧急自救权——积极自救与消极自救

所谓紧急自救权，是指社会主体在面对紧急状态时，在公权救济不能、不当、不力时，以其自力方式，展开自我救助的扩展权利。例如乞讨权、流浪权等。③ 应首先强调的是，在紧急状态中，无论公权主体应对的能力强弱、

---

① 参见《大连小伙重回武汉！疫情期间滞留44天当志愿者》，载http://www.hbwmw.gov.cn/wmywtj/202009/t20200914_165637.shtml，2022年3月29日访问。

② 习惯权利与事实权利虽有紧密勾连，形成种属关系，即前者是后者的种，后者是前者的属，从而习惯权利是事实权利，但事实权利未必是习惯权利。有关习惯权利的论述，参见韦志明：《习惯权利论》，中国政法大学出版社2011年版，第17~99页；谢晖：《民间规范与习惯权利》，载《现代法学》2005年第2期。

③ "乞讨权"曾经在我国法学界有较多讨论，为此，"知网"还专门编辑了相关专辑而推出。参见《乞讨权》，载https://wiki.cnki.com.cn/HotWord/1127809.htm，2022年3月29日访问。对于"流浪权"，笔者曾较为系统地探讨过。参见谢晖：《流浪权初探——几类不同文明视角下的比较》，载《学术交流》2015年第7期；《流浪权再探——一份学理上的检讨》，载《苏州大学学报》2015年第3期；《流浪权三探——立足于流浪权及其相关义务的探讨》，载《苏州大学学报》2016年第3期。虽然上述有关乞讨权、流浪权的论述，不只针对紧急状态，但在紧急状态中，这一类型的行为更常见，更应被推定为扩展权利。

情形好坏，都离不开公民和其他社会主体的参与。在此意义上，紧急状态的克服过程，也一定是社会主体的自救过程。例如，面对即将实施的封控管理措施，公民事先准备好封控期间必要的食品和其他消费品，法人事先准备好应对危机、克服时艰的具体措施等。所以，没有离开社会主体自救的纯粹权力救助。故自救权始终参与紧急状态的应对这一判断，并不难理解。

但本篇所谓与权利扩展相关的紧急自救权，显然不是紧急状态中这种具有"日常状态"的自救行为，而是按照日常交往行为的一般要求，人们对必须遵守的义务，在紧急状态中放弃遵守，或者对理应履行的义务，在紧急状态中放弃履行，并被视为理所当然的权利。例如，某人有遵守保护他人财物的义务，但当紧急状态发生，物资极度匮乏，因之威胁其生命权和健康权时，设法取得他人的财物以自救，不但应当被法律所宽容，而且应当认可其是一种权利扩展。再如按照合同约定，某人对他人负有一项义务。但紧急状态发生后，即使该义务人有能力、有条件履行这一义务，但履行它又可能，甚至必然面对极大的风险时，义务人可以通过暂不履行来自救自保。

如上预设的例证首先说明：紧急自救权所应对的，不是，或主要不是社会主体对公共权力及其规定的抗拒，而是在紧急状态对社会主体的基本生存和健康造成明显的、必然的威胁时，社会主体对法定的私人权利神圣性的一时打破。面对此种行为，权利受损的主体，应当予以包容，公权主体也不应断定其是非法。等危机过去，时过境迁，行为人有赔偿或补偿条件时，再对受损人做一定补偿不迟。但无论如何，在性质上，其不应被界定为非法行为，而是紧急状态中社会主体应当拥有的紧急自救的权利扩展行为。

其次，在类型上，紧急自救权可以一分为二，即积极的紧急自救权和消极的紧急自救权。

前者指行为人本来负有一项禁止性的不作为义务，但因为紧急状态的发生，其突破禁止性义务的规定，把它扩展为积极作为的自救权利。对此，不能因为行为人肩负有禁止性义务而施加法律制裁。例如人们不得擅自闯入私人住宅，但在洪水来临，某私人住宅成为人们唯一躲避洪水的所在时，即使未征得主人同意而进入，也不但是情有可原的，而且应视为一次积极的权利扩展行为。这种普遍可以理解、情有可原的情形，即积极的紧急自救权。

后者则指行为人本来来负有法定的或约定的义务，但因为紧急状态的发生，其或未履行法定义务，或爽约而未履行约定义务，从而以消极的不作为方式，对待本应积极的作为义务，将其扩展为消极的自救权利。例如教师有给学生授课的义务，但因紧急状态，学校存在足以影响教师生命和健康的风险时，即使教师有能力讲课，而学校没明令学生停课，教师也可以选择不授课。这也是情有可原的行为，应被视为是教师在行使消极的自救权。

紧急自救权的享有和行使者，不仅有公民，也有法人和其他社会组织，即当法人等社会组织因为紧急状态可能严重影响其经营和利益时，采取违背禁止性规定的积极行为或违反必为性法定义务或约定义务的消极行为，以避免其经营和利益遭受更大损失。

显然，紧急自救权是在公权力对紧急状态没有预案、预案不力、无力救济等情形下，社会主体参与应对紧急状态的基本保障机制。尽管按照日常的法律，甚至按照紧急状态法，紧急自救行为都具有违法性。但当人们面对"紧急的紧急""例外的例外"这种情形时，这是社会主体得以自保的基本机制和方式，也是在紧急状态中，最常见的权利扩展内容。

（二）紧急避难权——个体避难与集体避难

所谓紧急避难权，是指当紧急状态发生后，社会主体面对严重的财产危险、人身危险，甚至生命危险时，在公权主体不能救济或救济不当、不力时，以自力方式，寻求通过运用他人的财产（包括住宅、场地、食物、防护设施等）避免灾难实际发生的事实和习惯权利。尽管这种权利在法律上也是无据可循的，但在实践中却是情有可原，应被人们同情理解和包容的。因为在紧急状态中，当公权主体救济不能、不当或不力时，任何人都可能面对此种危及财产、健康乃至生命的风险，因之，任何人都可能存在行使避难权的内在需求和行为。

值得一提的是，紧急避难现象在现代风险社会中越来越常见，特别在战争类紧急状态发生时，更是时有所闻。如因俄乌战事，已经产生数百万难民，他们纷纷逃离家园,在欧洲或其他地区寻求避难。[①]而持续十多年的伊拉克战事和叙利亚战事,更是因为难民寻求避难,在欧洲形成影响十分深远的"难民危机"事件。[②]我们知道,一般情形下,没有合法手续,一国公民是不能跨越其他国家国界的,但公民的财产、健康和生命在其国内根本无法保障时,选择突破国边界的日常限制而在国外寻求避难,不但可以理解,而且应是社会主体在紧急状态中——无论战争紧急状态,事故紧急状态(如核事故),还是自然灾害紧急状态(如地震、海啸、水患、旱灾)——可以扩展的一类权利。[③]

当然,紧急避难不仅是指紧急状态发生后,人们通过跨越国、边界,在他国寻求避难这种情形。即使在同一国家,当其一个地方发生紧急状态,而在本地没有更好的救济手段时,人们逃离家园,在其他地方进行避难,都十分常见。甚至在邻居之间,一家因为紧急状态而发生诸多灾难,也可以寻求到受灾较轻或没有受灾的邻家和其他地方避难,即使其避难行为没经过邻家或其他场地主人的同意。当然,对于有些紧急状态而言,这种积极的、流动性的紧急避难,不应被认可为是一项权利。例如,为防止严重传染病的蔓延,即使一地发生了疫情紧急状态,也不能认可其积极主动的避难行为。因此,封国令、封城令,封控区、管控区、防范区等,就成为合理的、必须被人们接受并遵守的应急举措和边界。因之,明知要封控、管控,却借机逃离封锁区域的行为,就必然是应受制裁的行为。

---

① 参见《俄乌局势进展:俄乌冲突引发严重难民危机 多方就乌生物安全问题表态》,载https://baijiahao.baidu.com/s?id=1727100021577854369&wfr=spider&for=pc,2022年3月30日访问。

② 参见[法]Dominique Vidal:《难民危机对欧盟和成员国间关系的影响分析》,载《欧洲移民蓝皮书:欧洲移民发展报告(2018)》,社会科学文献出版社2018年版,第40页;王刚:《欧洲难民危机的成因及影响》,载《形势与政策》2017年第5期。

③ 截至2020年年底,全球已经有8000万难民,参见《"全球近8千万人流离失所,这是历史记录",对话联合国难民署驻华代表》,载https://m2.allhistory.com/ah/article/5f33e25bd47fa2000162ba88,2022年3月30日访问。应说明的是,难民在国际法上有一套完整保护体系,从而形成国际法的一个重要领域——"国际难民法",参见梁淑英:《国际难民法》,知识产权出版社2009年版,第1~60页;刘国福:《国际难民法》,世界知识出版社2014年版,第1~32页。但这仍然不能完全保护国际难民,因此,有学者提出对难民的"国际软法"保护,参见何志鹏等:《难民权利保护的国际软法之治》,载《浙江大学学报(人文社会科学版)》,2021年第3期。

在主体视角，紧急避难权可二分为个体避难和集体避难。个体避难纯粹是公民个人的私人行为，集体避难则既可能是被拟制为个体的企事业单位所组织的避难，也可能是众多的个人被组织起来，所进行的避难。有时候，在国际难民署对难民的合法救济不足时，国际非政府组织也会就难民避难的权益保护问题行动或发声，特别是国际红十字会组织——这可以视为一种特殊的集体避难行为。[①] 无论个体避难还是集体避难，只要是社会主体所进行或从事的，目的是消除紧急状态对人们财产、健康和生命的现实威胁，且这种避难行为在法律上根据不充分，那么，其都可以被推定为紧急状态中权利扩展的一种内容——紧急避难权。

紧急避难权的内容，只能是人身健康、生命安全吗？它能否涉及财产的紧急避难？笔者的回答是肯定的。故在内容上，紧急避难权又可二分为人身避难和财产避难。前者更多地体现为公民个人的避难行为，对公民个人而言，最重要的，莫过于身体健康和生命安全。但与此同时，对与公民身体健康和生命安全息息相关的公民财产安全，自然可在避难权之列。后者则更多地体现为集体避难的行为，特别对法人而言，其在本质上是一个财产共同体（所谓"财团法人"），当紧急状态威胁到其财产安全时，事实上就是对其"生命"的威胁。因此，在没征得其他主体同意的情况下，企业借用其空闲场地转移财产、储存设备等，都属于紧急避难权的范畴。当然，这不是说集体避难就不涉及人身健康、生命安全。前述组织化的集体避难就是。一所大学因为战争或自然灾害而未经批准或同意集体搬迁、转移到别人的场地，既是财产避难，更是人身避难。即使是企业的避难，在财产避难之外，总是不可或缺地存在着人身避难——毕竟劳动者是企业生产的第一要素。就此而言，紧

[①] 参见黄慧娟：《论非政府组织在国际政治中的作用》，载《亚太论坛》2002年第4期，以及《伊拉克战争中国际人道主义救援活动——以国际红十字会为中心》，载 https://www.163.com/dy/article/F6IB0H5L0543B0KQ.html，2022年3月30日访问；丁泽丽：《抗战时期上海国际红十字会与难民收容所环境卫生治理》，载《日本侵华南京大屠杀研究》2020年第1期；王莉兰：《非政府组织敦促英法安置难民不得推卸责任》，载 https://world.huanqiu.com/article/9CaKrnJUioi，2022年3月30日访问；《非政府组织谴责黎虐待叙难民》，载 http://www.aqzyzx.com/system/2013/11/30/006431139.shtml，2022年3月30日访问。

急避难权在内容上一定是以人身避难为主,财产避难为辅的。

(三) 紧急救助权——紧急助他与紧急互助

前文已经述及,在紧急状态中,最有资格和能力对社会进行救助的是公权主体,这除了是其职责所在之外,还因为其是社会信息的最大、最权威的拥有者,也是聚合性财产和能力的拥有者,更有法律赋予的权力之加持。可以说,只要存在政府,那么,任何时候,公权主体的作用理应是最强大的,任何私权,在紧急救助能力上都不能、也难以和公权相比肩。对此,人们从一直强调大社会、小政府的美国在此次新冠疫情发生后,对社会主体——企业的发号施令中,特别是时任总统特朗普通过启动《国防生产法》来应对危机的举措中,[1] 体会尤深。

但公权主体不是,也不可能成为真正的无所不能、无所不在的"利维坦",即使皇权控制空前强大的古代中国,也存在明显的社会空间,除了"皇权不下县"[2] 这种事实上的基层—社会空间,还有行会组织、村社组织、宗族组织、宗教组织等。这些组织虽然在其内部规则规范下,在社会日常生活和交往中就已经发挥着重大作用,[3] 但如前所述,在遇到紧急状态时,其所发挥的作用更大。[4]

因此,在紧急状态中,作为社会主体的社会救助组织,其他组织以及公民个人,也不是全然被动的。在公权主体敷衍塞责、疏忽大意或力所不逮时,社会主体或者公民个人的救助,就是应急行为的重要力量。因此,这理应是人们的法定权利。然而,并不是在所有国家、任何时候的法律上,都会赋予公民和社会主体这样的权利,反之,在不少国家、不少时期,法律还抑制或

---

[1] 《特朗普计划启动〈国防生产法案〉以应对新冠疫情》,载 https://baijiahao.baidu.com/s?id=1661552010531886824&wfr=spider&for=pc,2022 年 3 月 31 日访问。

[2] 对所谓"皇权不下县",也有学者通过对清代地方治理的严谨研究,提出了质疑。参见胡恒:《皇权不下县?清代县辖政区与基层社会治理》,北京师范大学出版社 2015 年版,第 27~323 页。

[3] 参见李学兰:《商人团体习惯法研究》,中国社会科学出版社 2010 年版,第 28~163 页;谈萧:《中国商会治理规则变迁研究》,中国政法大学出版社 2011 年版,第 27~128 页;陈云:《中国古代社会救助事业中的民间力量》,载《三峡大学学报》2014 年第 6 期。

[4] 参见邓云特:《中国救荒史》,商务印书馆 2011 年版,第 338~393 页。

至少不鼓励公民以及社会组织对这种事实权利的拥有与发挥。不过即使如此，这也不能阻止在紧急状态发生时，公民和社会组织（哪怕其处于非法状态）实际上所展开的自主的紧急救助。对这种紧急救助行为，于情于理，只能视为有助于紧急法益的积极行为，而不能相反，视为有悖于紧急法益的消极行为。

总之，鉴于公共权力不可能、也不应当全过程、全方位、无死角地作用于社会生活的方方面面，因此，现代社会更是在制度上或出自补救公共权力之不足，或出自制约公共权力可能的恶，预设了公共权力之外的社会空间，这就是社会自治空间。在这个空间范围内，社会主体、特别是那些社会公益组织，自然可以自主地选择和践履其所认可的价值观。特别在紧急状态发生时，遵循应急的需要，实施紧急救助，是其重要的可扩展的紧急权利。需要稍加说明的是，紧急救助权在很大程度上，是一种社会救助，尽管其不否定私人救助，如一些企业家、慈善家所实施的救助，但即便是这样的救助，在现代社会，也每每是企业家、慈善家以其企业的名义做的。这应当是紧急救助权的一个重要特征。

在类型上，紧急救助权可二分为紧急助他和紧急互助。顾名思义，所谓紧急助他，就是在紧急状态中，当权力救济不能、救济不当或救济不力时，有能力的社会主体对财产、健康和生命面临危险的他人所施加的救助行为。[①]孟子云："恻隐之心，人皆有之。"[②] 人类各种的教化和规范，不论是宗教性的，还是世俗性的，都毫无例外地教人向善。其中向善的一个重要标准是：在他人面临危难时，能否伸出援手，为他人做对得起良心的事。尤其在紧急状态中，当某人面临财产、健康和生命的严重威胁时，出手予以帮助和救济，更能彰显一个人、一个组织的恻隐之心。对此，即便在法律以及紧急状态的一些公共政策上不予支持、不受待见，也不能拒绝，更不能否定。特别是在

[①] 应强调的是，紧急助他行为看上去属于前文有关"外力救济"的范畴，但如果以权力和权利为界划分"外部"和"内部"，显然，它属于权利主体内部"自力救济"的形式，因此，不可混同、更不可等同以待。除非这种救助的主体获得了法定的或者意定的（权力主体）公权性质的授权。

[②] 《孟子·告子章句上》，载杨伯峻：《孟子译注》（上册），中华书局1960年版，第259页。

现代社会的紧急状态中，对来自社会组织的慈善之行，助他之举，尤应重视——因为这种社会力量的作用，既利于紧急救助，又利于公共团结，还利于激励社会主体的普遍人文—人权关怀。

而所谓互助，则指在紧急状态中，当权力救济不能、救济不当或救济不力时，社会主体相互之间互帮互助、抱团取暖、取长补短的救助行为。我们知道，闻道有先后，术业有专攻，这是分工社会的基本特征。在平时，人们用以克服分工缺陷的手段是商品交易，但在紧急状态中，交易原则往往并不适用于应急行为，反之，把交易行为转换为相互无偿的互助行为，于克服紧急状态、着眼当下救急更为有利。因为它能避免交易中高昂的时间费用和谈判成本，直入事情本身，解决燃眉之急。这正是在紧急救助权中除了应肯定利他原则的紧急他助之外，还应肯定互利原则的紧急互助之缘由所在。

无论紧急他助，还是紧急互助，都是在紧急状态中社会主体在公权力救助不能、不当或不力时，社会主体扩展其社会救助的权利方式。它不但是公权力救助的拾遗补阙，更具有在社会良心基础上人们交往信任、扶危济困、相互扶助的道德理由。

（四）紧急抗辩权——紧急请求与紧急抗拒

前文已经提到抵抗权理论。在紧急状态中，面对公权应急行为的不当，私权主体对应急举措提出异议以抗辩，或者直接以实际行动来抵抗，都属于紧急抗辩权的范畴。我们知道，在紧急状态中，服从公权力的合理安排，是公民的紧急义务。但并不是公权力的所有举措都是合理的、都是社会主体应无条件服从的。对此，社会主体究竟应采取宽容态度，勉强接受，还是采取抗辩态度，紧急请求，甚至抗拒？笔者更赞同后者。因为这是社会主体在紧急状态中应当承担的社会责任，也是其可以扩展的权利范畴。这样界定，既可以保障社会主体在公权举措不当时予以自救，也可以及时纠正或阻止公权主体行为的不当，更好地改进和改善公权主体的应急救助行为。

毫无疑问，按照公权主体（有时甚至是一些具体单位和组织）有关应对紧急状态的一般规定与措施，上述行为是不被允许的，尽管如此，当其举措严重不当，既不能发挥公权主体的救助，也妨碍社会主体的自救时，私权主体自然可以冲破这些规定和措施，并实施、享有、扩展相关权利。例如，前文提及的眼看大水涌向地下车库，情形十分危急，但车库管理方的电子控制系统依然故我，一车一杆，收费后放行的事例，① 给准备从车库开车出行的公民带来极大风险，也使车库所停车的车主财产面临极大威胁。

发生在上海的一例令人痛心的事件，可以作为分析此问题的个例。面对一例病情危急，呼吸已经严重困难的紧急患者，家属再三请求路过的120车施救，但120急救医生以其肩负紧急任务，不急救其他病人为由，拒绝施救。② 在笔者看来，这种情形，如同前文提到的几例个例一样，作为负有特定紧急救助义务的主体，对特定紧急救助义务之外的紧急救助事项，应以抗辩或抗拒的方式，自作主张，扩展权利，实施紧急救助，而不能推诿拒绝，除非其正在实施另一项紧急救助任务。这样做，可谓一举三得：既可能解当下求助者面临的危难，也可能给公权主体的应急举措提出可反思和补救的问题，还可能收获社会公众对救助主体的道德信任。但一些救助主体的机械、僵化从事，以令人不可理喻的方式，生冷地拒绝了这一举三得的好事，最终酿成一桩生命因此停止跳动的悲剧！

由于紧急抗辩权主要针对的是紧急状态中公权主体（或因接受授权行使一定公权的社会主体）的行为，因此，在现代民治国家，它被视为天经地义、稀松平常的一件事情。但在公权力量强大的一些国家，这是一个多少有些"前卫的"话题。不过尽管如此，只要问题存在，就必须认真面对。不能为了维护公权主体的权威，就无原则地否定社会主体对公权主体不当举措的合理抗辩和抗拒。

紧急抗辩权照例可以两分为请求和抗拒两种情形。紧急请求是一种温柔的抗拒，是社会主体认为公权主体的应急举措不当时，以言语拒绝的方式对抗公权举措。

---

① 参见《水灾时开车堵住车库出口，致全小区车辆被淹！车主：去告我吧!》，载 https://xw.qq.com/cmsid/20210731A09HOZ00?f=newdc，2022年4月1日访问。

② 参见《上海120急救医生未施救致患者死亡，官方最新通报》，载 https://new.qq.com/omn/20220331/20220331A07HH700.html，2022年4月1日访问。

紧急抗拒，则是当公权主体的应急行为严重不当，并给人们的生产生活带来比紧急状态本身更大的威胁时，社会主体所采取的以行动抗拒不当的行为。广义上说，前述紧急请求也属于抗拒的范畴，因为言辞本身是行动，是"以言行事"，从而说话和做事难以二分。[1] 但毕竟言词抗拒是温柔的，而这里所讲的抗拒，却是更为激烈的行为抗拒。这在公权主体看来，可能有点犯上作乱、作奸犯科，但对于克服公权力在应急举措中所存在的盲目颠顸现象，自是一种有烈度、有担当的救济方式，是社会主体监督权力运行的必要举措，因此，即使在紧急状态中，也应被允许，应被作为扩展权利而对待。

四、紧急状态中权利扩展的方式

在紧急状态中，如何实现权利扩展，使一种在日常法律，甚至在紧急状态法律看来都有悖之的行为，成为人们可以理解并接受的扩展的权利、事实的权利、习惯的权利？这涉及紧急状态中权利扩展的方式。所谓权利扩展的方式，就是提供权利扩展的理由说明，或者阐明权利扩展的"合法性"——它不仅指向，甚至主要指向合法律性的理由，更指向价值合法性的理由。笔者认为，这些理由或权利扩展方式主要有如下三种。

(一) 依法扩展——法律授权

紧急状态中的权利扩展，如前所述，它总是和日常状态，乃至紧急状态中一般法律规定有所冲突的情形。但这并不意味着其都是现行法律的反叛者，有时，权利扩展也能在日常状态，乃至紧急状态的法律中也找到根据。其中最典型的是法律对紧急避险、正当防卫以及不可抗力的豁免性规定，它们都为权利扩展提供了实在法上的合法性基础。

或以为，这种法律规定，即使在日常状态下，也会导致权利扩展，它本

---

[1] 参见 [英] J. L. 奥斯汀：《如何以言行事》，赵玉成等译，商务印书馆2017年版，第90~153页。

身就是法定的权利扩展方式。因此，在平时，也是理所当然的，在紧急状态中，就更是如此，何须在此专门论述？如果有这种疑问，笔者认为很好。但毕竟紧急状态中的权利扩展，无论其频度、范围，还是烈度，都比平时的权利扩展要多、要大、要强，因此，也有论述的必要。

紧急状态中权利的依法扩展，首先是基于法律的明确授权。这些授权本身是法律针对常态事实的一种例外规定。在本质上，法律主张对这种"违法行为"做合法化处理；在权利上，它赋予了私权主体在特殊情形下，或者行使一部分公权行为（如对正在犯罪的行为实施正当防卫），或者把理应肩负的义务确认为权利（包括把消极的不作为义务转换为积极的作为权利——紧急避险；把积极的作为义务转换为消极的不作为权利——不可抗力下的义务免除）；在价值上，它肯定了在特殊情形下人们自救的社会正当性、价值合法性与道义合理性。如果不对其以权利扩展，则意味着把行为人置于进退维谷的危机之地，反倒或者助长并肯定了非法或犯罪行为，或者以物的价值埋没了人的价值，或者强人所难，让人做难以作为之事。显然，凡此种种，都是对法律调整目的的悖反，是对人类价值的漠视。

法律的这种事实考量和价值规定，是在紧急状态中人们扩展权利的基本根据，是借助法律明确授权的权利扩展。在此意义上，前述紧急状态中的紧急自救权，特别是其中消极自救权，在一定程度上都是有法律根据的，这就是一般法律规定对不可抗力背景下的义务免除。既然是义务免除，就意味着在不可抗力来临时，法定的或者约定的义务，就转换为选择不履行的消极权利。紧急状态，无论是人为的战争、事故，还是自然的天灾、疫灾等，对受其严重影响的主体而言，毫无疑问都属于不可抗力。面对这种不可抗力，法律上采取义务免除，更有利于解除紧急状态对人们的可能危害，也更有利于保障社会主体的权利免受灾难侵害。

而前述紧急避难权——无论个体避难还是集体避难，更属于法律上紧急避险的范畴，只是紧急避难的范围更大，众所周知，很多时候它是个涉及跨国界的概念，因此，不仅有内国法调整之，还有国际法对此予以特别的关注和调整[①]。但无论内国法的调整,还是国际法的调整,在相关行为的使用上,都符合紧急避险的法律规定和一般法理。即以牺牲一个属于他人的小法益,来维护、保全一个自我的大法益。在国际法上,紧急避难是以牺牲部分国、边境的管理法益,来保障正在遭受危难的难民之生命和其他重要权利。因此,这是一种基本人道的要求,和部分国边境的管理法益相较,是更大的法益。而在内国法上,有关紧急状态中的所有避难行为,事实上就是紧急避险行为。只是紧急避险每每是个体化的,而紧急避难作为紧急避险在紧急状态中的一种表现,既有个体的避难,也有集体的避难。紧急状态中的实际情况,往往是集体避难比个体避难更常见。这是因为集体避难更有胜算,更容易实现人多力量大、抱团取暖的集约效果。但无论哪种避难,都以牺牲小法益而保全大法益这种紧急避险的基本原理为根据,并且都是在法律上有明确授权和根据的行为,从而属于依法扩展权利。

权利的依法扩展,理应是一种合法状态。但一方面,紧急状态中公权主体所采取的强控措施,每每把这种合法的权利扩展视为克减的内容,强行阻止社会主体的自我救护以及紧急避难行为,这种情形,凸显了在此强调依法扩展权利的意义。另一方面,依法扩展权利时,特别是在前述紧急避难时,虽然是以牺牲较小法益来保全较大法益,但毕竟因此牺牲了较小法益。对此,要不要事后对行为人追究责任?要不要紧急避难的受益人对受损人在事后进行民事赔偿?这都可能在实践中产生纠纷。强调其作为权利扩展,显然为相关纠纷的解决提供了考量依据。这也凸显了在此论述依法扩展权利的意义。

(二)推定扩展——法律默许

依法进行的权利扩展,毕竟从根本上讲,仍是一种法定权利,故相对而言,容易理解,也好处理。但前述紧急状态中的有些权利扩展内容,却并非

[①] 在联合国,自从1946年联合国大会通过了《国际难民组织章程》之后,1954年制定了《关于难民地位的公约》,1967年又制定了《关于难民地位的议定书》;在非洲,1969年制定有《关于非洲难民问题某些特定方面的公约》;在拉丁美洲,1984年制定有《卡塔赫纳难民宣言》;在欧洲,2004年制定有《欧盟难民保护指令》,由此足见国际法对调整难民问题的高度重视。参见刘国福:《国际难民法》,世界知识出版社2014年版,第39~49页。

法定权利。例如前文已经提及的紧急状态中的乞讨权、流浪权，以及紧急自助、他助和互助权等。对此，法律上往往并没有明令，那么，又如何在实践中观察和看待其是权利的扩展呢？这里有必要引入权利推定理论及由这一理论所决定的权利的推定扩展。

我们知道，凡法律未禁止者，皆可推定为权利，这既是民治社会人们推崇权利的一种观念表达，也是法律无力明列，也不需要事无巨细地明列人们交往行为中所有权利时的一种理论上的、理想型的应对措施。日常生活中，在法律未加禁止的权利和义务的"灰色地带"，尽管可能在道德上有高标准的禁止性要求，但在日常行为中，人们还是努力使其呈现为一种权利，并作权利推定。例如一对恋人之间的未婚性行为或者试婚行为，在我国法律上并不被禁止，但在传统道德上却不被认可。不过经由现代观念的深刻洗礼，这种道德上的不被认可渐渐消退，我国年轻人的未婚性行为、未婚同居行为、试婚行为等，无论在城乡，都可谓屡见不鲜，反倒是没有过相关经历的年轻人，成为凤毛麟角了。这已然显示在实践中，人们将之理所当然地推定为事实权利或者习惯权利对待了。

但究竟什么是权利推定？我们知道，一旦法律根据不足时，人们总需一种理性推论方式。对此，早在两千多年前，荀况就指出："有法者以法行，无法者以类举。"① 可对于何谓权利推定，在我国学术界和法律实务界，都是言者虽众，但论者不多。揆诸我国法学界，只有郭道晖、夏勇、程燎原、王人博、葛洪义、郭春镇、张薇薇、霍红霞等为数不多的学者在相关论著中对此有较为深入的阐述。这里分别就前四位学者的相关观点，略作引述②。

郭道晖在《论权利推定》疑问中，首先对其下了一个简略的定义："……从既有权利出发，对应有权利所进行的确认和认可，就是权利推定"，

---

① 《荀子·王制》，载（清）王先谦撰：《荀子集解》（上），中华书局1988年版，第151页。
② 其中郭春镇和张薇薇的观点，参见郭春镇、张薇薇：《转型时期权利的法律保护研究——以未列举权利及其推定为例》，厦门大学出版社2013年版，第88~89页；霍红霞的观点，参见霍红霞：《权利推定概念的解析》，载《河北工业大学学报（社会科学版）》2009年第3期；《权利推定——概念梳理与概念重塑》，载《燕山大学学报（哲学社会科学版）》2011年第2期。

具体是指"……以法律上已明示的某个或某些权利或法律原则以及法律的基本精神与立法宗旨为依据，推定与之相关的其他应有权利的合法性。它大多表现为法律解释上的推论或推拟"。

在此基础上，作者又把该概念类型化为"确认法定权利归属的推定"和"确认应有权利的法律地位的推定"[1]。

夏勇给权利推定一个更加明确的、较为严谨的定义："权利推定，指根据某种经验的或超验的判断、确然的或或然的事实，推断出某人或一切人享有或应该享有某种权利。"[2]

程燎原、王人博在权利三分——现实权利、法定权利和应有权利的基础上，强调了三者各自在权利推定中的作用和意义：前者是权利推定的事实基础，中者是权利推定的实际目的，后者是权利推定的价值取向。因此"现实权利构成了权利推定的事实；法定权利构成其目的；应有权利构成其价值基础。权利推定使三种权利之间多了一层实际联系"。[3]

而葛洪义虽没有给权利推定下什么定义，但指出了其问题域："第一，应该受到法律保护的权利是否仅限于法律规范所明确规定的权利？换言之，法律未明确规定的权利是否可能受到法律保护？第二，法律没有明文规定的权利，在何种意义上应该受到法律保护？第三，也是最重要的问题是，应该受到法律保护的法律规范规定之外的权利是通过何种方式被推定的？"[4]

如上学者们在不同视角上对权利推定的研究，无疑，是深化权利推定研究的基础。这也是笔者不厌其烦地引证之的原因。

笔者在思考权利推定问题时，曾得出过权利推定的如下概念："所谓权利推定，是国家或社会对于国家法定权利之外的权利事实（非正式制度事实），通过法定的正当程序或一般的社会经验、常理予以确认的活动。据此，权利推定可分为两个方面，其一是权利的社会推定；其二是权利的国家推定。

---

[1] 郭道晖：《论权利推定》，载《中国社会科学》1991年第4期。
[2] 夏勇：《人权概念起源》，中国政法大学出版社1992年版，第147页。
[3] 程燎原、王人博：《权利及其救济》，山东人民出版社1998年版，第344页。
[4] 葛洪义：《法理学导论》，法律出版社1996年版，第260页。

权利的社会推定一般生成习惯权利，但也会生成新型权利；权利的国家推定则生成新型权利乃至法定权利。两种权利推定在本质上都是新型权利生成过程中人们对权利的习惯救济方式。"[1]

权利推定中的社会推定和国家推定之二分，既指向权利推定的主体，又指向权利推定的根据。其中在涉及权利推定的根据时，自然，实在法的规定也往往是其根据之一。这种根据的权利推定，不论是社会推定，还是国家推定，在适用于紧急状态中的权利扩展时，与前述依法扩展没什么两样，因为其推论的大前提都是国家实在法。所以，这里所讲的权利推定，无论是社会推定，还是国家推定，其根据都在法律之外。

如上对权利推定的稍加展开，目的是为进一步说明在紧急状态中，人们不得已而采取的种种行为，当被视为权利扩展，且无法律依据时，其理论的重要根据之一，就是权利推定，并由此路径，产生了紧急状态中权利的推定扩展。推定扩展，首先表现为权利的社会推定，它表明，即使在法律上未规定相关权利，但因其权利扩展行为被社会主体所普遍接受和理解，并且所有的人遇到紧急状态时，都会或者可能会（即有资格）作出相关的权利扩展行为，因此，具有普遍示范意义。紧急状态中的这种扩展权利，就是经由社会推定的习惯权利和事实权利。同时，由于面对此情此景，人们相关的行为选择具有普遍性，所以也明显地是主体的应然权利——尽管法律上并未明列。

权利的推定扩展，和前述权利的依法扩展一样，无疑可能会妨害既有的公权管理秩序，也可能会影响其他社会主体权利的正当行使，因而产生相关的冲突就难以避免，问题是如何对待或解决这种冲突。对此，可能的走向是：有时候当事人间会选择协商解决，有时候也会选择诉讼解决。无论哪种选择，在处理中应秉持的基本理念是以权利推定的原理，对紧急状态中寻求自助、他助和互助的行为，视为权利扩展，进行权利推定。其中由司法机关或其他公权主体出面的权利推定，就是国家推定，具有正式法上的效力。而社会主体间相互认可，或者相互默认的权利推定，则是社会推定，具有社会实践的

---

[1] 谢晖：《民间法的视野》，法律出版社2016年版，第306页。

事实效力。在功能上，无论哪种权利的推定扩展，都经由权利推定而实现，故权利推定既为紧急状态中的权利扩展提供着技术性的合法性保障，也为其提供着价值性的合理性保障。换言之，权利推定既是紧急状态中权利扩展的形式要求，也是其理念保障。

还须论及的是，如果说依法扩展意味着在法律上有授权的话，那么，推定扩展则意味着法律对相关行为的一种默许。它意味着法律虽然没有就紧急状态中的权利扩展明确授权，但也未对其明确反对，从而保持了一种两可的、宽容的和默许的态度。

（三）责任扩展——道义迫使

无论上述依法扩展还是推定扩展，都不能说明在紧急状态中紧急抗辩权的行使。依前文所述，紧急抗辩权总是针对公权主体（包括接受授权，行使公权的社会主体）的管理行为。无论按照社会契约论还是君权神授论，服从公权力的安排和管理，总是人们应尽的义务。然而，这并不意味着社会主体对公权力的服从，是纯然接受意义上的。在很大程度上，它更是参与意义上的。

我们知道，在近代以来的社会契约论看来，公共权力乃是人民权利让渡的结果，因此，权力的行使本身应受监督。除国家机关内部以权力制约权力外，作为管理对象的社会主体对权力的监督并非多此一举，反而是社会契约论的题中应有之义。一部《社会契约论》，其主旨就是阐述公民和政府、权利和权力在契约内的相互制约关系。因之，权力合法地、适当地、有益地行使，乃是公民服从权力的前提。反之，权力非法地、不当地或者无益地行使，社会主体自然有权监督之，反对之——这是社会契约理论所确立的社会主体的一种道义责任，它也是紧急状态下权利扩展的理论来源。

即使在君权神授或其他形形色色的专权体制下，权力的行使也并非不受制约。以我国古代为例，除了权力及其意识形态内部的一套制约机制，如上天惩罚论、祖宗之法论、朝堂议事制、宰相制约制、御史监督制、史官忠记制之类的事实上的制约理论和方式之外，我国自古以来就有"君者，舟也；

庶人者，水也。水则载舟，水则覆舟"①的著名论述，并且这种论述被后世一些雄才大略的帝王奉为金科玉律。这足以表明君主对支撑权力的社会力量之重视。在另一些记载中，君王们甚至有求谏若渴，并被后世尊为为政典型的故事。②这说明，民间或社会对权力行使的监督，并非社会契约论下民治体制的独有特征。

而在现代社会契约论下，则更是如此。它意味着监督权力的行使，是公民及其他社会主体应有的社会责任和政治道德义务。即便权力的行使从实在法上看在合法范围内，也应对其在实际运行中是否恰当、合理，是否有利于特定事实的处置和特殊权利的保障及安排等进行监督。紧急状态中社会主体对权力行使的紧急抗辩权，其理论基础就是社会主体负有监督国家权力，维护并实现自己和社会其他主体正当权利要求的伦理责任。所以，相关的权利扩展可以命名为责任扩展。可见，所谓权利的责任扩展，就是在紧急状态中，公民或其他社会主体根据肩负的监督权力运行的公共责任和政治道义，对权力应急行为进行抗辩和抗拒的权利扩展方式。

这样，也就不难明白，责任扩展，既是紧急状态下社会主体扩展权利的根据和方式，也是其所肩负的政治道义责任。这一责任虽然不具有强制性，但它具有良心和道德压制性。它表明，当公权力在紧急状态中行使不当和无益的举措时，人们对之听之任之、逆来顺受，是要遭受道德和良心谴责的。我们都很熟悉德国神学家马丁·尼莫拉的那首被刻在波士顿犹太人大屠杀纪念碑上的言简意赅、发人深省的诗歌：

纳粹屠杀共产党时，
我没有出声

---

① 《荀子·王制》，载（清）王先谦撰：《荀子集解》（上），中华书局1988年版，第152~153页。按照荀况原文，这句名言，不是荀况自创，而是荀况引用在彼时看来古籍中的论述。
② 最典型的记载是在邹忌的建议下，齐威王那则著名的"求谏令"："群臣吏民，能面刺寡人之过者，受上赏；上书谏寡人者，受中赏；能谤议于市朝，闻寡人之耳者，受下赏。"（西汉）刘向：《战国策》，于元译评，吉林文史出版社2014年版，第104页。

——因为我不是共产党员

接着他们迫害犹太人，

我没有出声

——因为我不是犹太人

然后他们残杀工会成员，

我没有出声

——因为我不是工会成员

后来他们迫害天主教徒，

我没有出声

——因为我是新教徒

最后当他们开始对付我的时候

可已经

没人能站出来为我发声了①

这首诗表面描述的，是面对权力恣肆、暴虐或不当的行为时，人们或事不关己，高高挂起，或麻木不仁，听之任之，但最终灾祸落到自己身上的情形。但本质上，它是一种道德诘问和良心谴责——这正吻合了笔者在此论述的对这种行为的良心谴责和道德压制。那么，怎么办呢？妥帖的做法就是对公权力的相关行为予以良心拒绝、道义抗辩和行为的非暴力抗拒。② 这就是所谓公民不服从的义务。③

从法律上讲，由于紧急状态中权利扩展的责任根据，每每抗辩或者对抗的是公权力及其行为，有时甚至对抗的还是法律的规定，因此，法律对这种行为的态度也是抗拒的。但之所以人们还要站在责任立场上，或者通过责任

---

① [德]马丁·尼莫拉：《我没有说话》，载 http://www.360doc.com/content/19/0315/09/36705993_821612764.shtml，2022 年 4 月 3 日访问。

② 参见杜钢建：《非暴力反抗与良心拒绝——当代国外兵役制面临的新问题》，载《兰州学刊》1993 年第 2 期。

③ 参见何怀宏编：《西方公民不服从的传统》，吉林人民出版社 2010 年版，第 1~36 页。

扩展权利，缘由就在于这种行为是道义默许的。不能因为救护车肩负了一项普遍意义的，但不是立马执行的应急任务，在面对生命垂危的病人求救时就拒绝抢救，反之，纵然冒着违反当下应急规定的风险，也要解决眼前"紧急中的紧急"事项。为什么？这是一种道义力量的迫使，而道义力量的迫使，一言以蔽之，就是良心的迫使，就是良心的不能拒绝。在这种二难选择面前，理应秉持道义与良心的法益更胜于命令的法益。

如上笔者的论述说明，在紧急状态中，不仅存在权利克减问题，而且存在权利扩展问题。关注紧急状态中对公民和其他社会主体的权利克减，固然不错，且非常必要，因为这是古今中外紧急状态中所呈现的一种重要的社会事实。① 但仅仅关注权利克减，而不关注照例存在于紧急状态中的权利扩展，则是远远不够的，因为它忽略，甚至无视古今中外紧急状态中所呈现的另一种重要的社会事实。

---

① 或许有读者会说，古代社会没有权利，何来权利克减或者权利扩展？笔者以为，说古代社会没有权利，不过是种人云亦云的陋见。古代社会广泛地存在的契书现象，以及不少判词中的财产分配裁判，足以表明古代权利存在的事实，即便这些权利并不是法律明令的，但也是法律所隐含的或默认的。而所谓"定分止争"的前提，就是权利的内容和界限出现了纷争不明的情形；又所谓"分已定也""分未定也""各安其位""各守其责""各得其所"等，都在一定意义上是有关权利的学理或实践表述。

论权利推定的类型和方法[*]

一、"剩余事实"与权利推定的方法之维

法治的雄心，原本是要把人类交往行为中的一切社会事实，皆纳入法律彀中，从而实现没有法律能够遗漏的社会事实那种理想状态。富勒那个人们耳熟能详的结论强调：法治"是使人类行为服从于规则之治的事业……这种观点将法律视为一项活动，并且把一套法律体系看成一种有目的的持续努力的产物"[①]，它较为典型地表达了法治的这一追求——不过他所谓"持续努力"的论述，已然表明法律对事实的调整，不是毕其功于一役的事，因为毕竟法律是人类在特定时空中推进的，从而受特定时空的文化传统、价值观念牵绊的产品；不仅如此，它是人类智虑权衡的结果，又不免受人类认知能力有限的羁绊。如此一来，法律上既有肯定的，就必有否定和遗漏的；既要面向当下，就难以尽悉未来；既要坚持本国国情，就不可避免会忽略外来因素……所以，人们在交往行为中所身临其境的社会事实，不是，也不可能全然是被法律所淘滤过，反之，法律之外，总会存在尚未被其所调整的社会事实。

这样的事实，一言以蔽之，即"剩余事实"——尚未被法律所规范和调整的社会事实。如何处理这种社会事实？这是个和法治及权利不无关联的话题。伴随着我国社会经济的迅速发展对权利的特别要求，目下我们正在日益

---

[*] 本文原载于《政法论坛》2023年第4期。
[①] ［美］富勒：《法律的道德性》，郑戈译，商务印书馆2005年版，第124~125页。

全面地、深入地走向一个"权利的时代"。这一方面体现在法定权利的日渐广泛及其深入人心、表于人行上；另一方面也体现在人们对法律尚未升华为权利，从而也未加保护的社会事实之权利要求上。如最近十余年在我国兴起的"新兴权利"的研究，① 就典型地说明了这种要求。

这是因为，在一定意义上，我国的现代化过程，与世界各国的现代化一样，是一个公民权利的要求不断呈现，并同时要求在法律上予以保障的过程。无论经济的市场化、政治的民主化，还是社会的多元化，都要求人们以自主、自治和自决的主体身份，参与社会交往活动。没有规范化的，且具有明显可选择性的权利之保障，这些要求就殊难实现。所以，"权利本位论""权利神圣论""法不禁止即自由论""权利推定论"等，既作为观念影响着人们的精神面貌，也作为口号性"规范"影响着人们的行为选择。

不过，"新兴权利"问题及其研究，事实上只是一种学术归纳，它只是一种事实，以及建立在这种事实基础上的权利要求，或者最多只是在实践中人们对相关问题的理解，以及基于这种理解而落实为实际的权利，② 它尚不构成规范的权利。要使其从这种事实和要求状态转化为规范的权利，只能通过两种方法，其一是国家通过立法赋予相关事实和要求为权利；其二是在人们日常生活和交往实践中，特别是在纠纷解决的实践中把相关事实和要求推定为权利——这便是权利推定，同时也是人们处理"剩余事实"时的重要需

---

① 新兴权利的研究和关注，在20年前我国法学界就已经开始。近十余年来，随着由《学习与探索》《求是学刊》《法学论坛》《河南大学学报》《苏州大学学报》《北京行政学院学报》等十余家学术刊物联袂发起和举办的"新兴权利与法治中国"系列学术研讨会（已经召开了九届，第十届会议也正在筹备中）的召开，以及相关刊物联袂连载的以"新兴权利"为选题的研究论文的不断发表，使得这一问题的研究，在我国法学界形成了一个学术热点——当然，这一学术热点的形成，乃是权利观念，包括把法律尚未规范的社会事实作为权利处理，即权利推定观念日渐深入人心的学术表达。所以，它照例是社会需要的产物，并反过来积极影响着社会需求及相关观念的不断深化和强化。

② 如"网名权"（在已经消失的"法天下"——"雅典学园"网站上，曾经比较热烈地讨论过"网名权"能否成立，能否被侵权，侵权后如何保护等问题）、"风水权"（笔者调查得知，陇省某村兄弟几人，其母去世后，起初大家商量把其母亲安葬在老大的承包地。后来，老大听阴阳先生说那块地风水很好，且他家再没有风水好的地方，便和其兄弟们商量，能否把其母的坟墓迁走，以便该地块留作为他百年后的坟墓。经过再三商量，其他兄弟几人拗不过老大的意志，只好同意。于是其母遗体又被迁到了老二的承包地里安葬。显然，老大的行为令人不齿，且兄弟几人都受陋俗的支配，不过，这虽然是种陋俗，但不得不承认的是，这类事实背后所可观察存在的"风水权"需要问题）等。

求——"法不禁止即自由"这个舶来观念的深入人心,就是其典型表达。这种情形,也进而促使权利推定这一话题日渐被我国法律学术界所关注并研究。其中有些学者,对权利推定的一般问题已经做了较为深入和仔细的探讨、阐释。①

尽管如此,我国学界对权利推定问题的关注和讨论,仍然集中在法学本体论和价值论方面的阐述上,在法学认识论和方法论领域,关注很是不够。特别是在权利推定的逻辑和方法上,人们并未深入展开。我们知道,"工欲善其事,必先利其器"。权利推定不仅意味着我们正在走向权利时代,而且意味着这个权利时代并非完全以法律的样貌而建构。除法律的建构作用外,对法律未规定的社会事实,以及新涌现的社会事实等"剩余事实",人们不断需要对其作权利推定,并且事实上也在作权利推定,从而以这个"权利的时代",以日益扩展的方式存在于我们的生活和交往中。从中可见,"权利时代"的扩展方式,除了立法不断扩大法定权利内容与范围之外,就是把法律尚未规定的"剩余事实"尽量推定为权利。

这种权利推定的需要和事实,在实践中已然广泛存在。但如何在逻辑方法上认识权利推定?根据什么进行权利推定?权利推定有哪些具体的类型?权利推定的逻辑方法是什么——即它在逻辑方法上当如何展开?这些问题,是权利推定研究的深化必须直面的。可以说权利推定,既非言之为易的问题,也非行之简单的问题。反而是认识难,实践也不易的问题。普通人即使认为权利推定很有必要,但未必特别关注这些问题;但法律学术界如果认为权利推定必要时,就不能仅仅停留在必要性的结论上,还必须在总结其现实基础

---

① 在我国法学界,郭道晖、夏勇、程燎原与王人博、葛洪义、郭春镇和张薇薇、霍宏霞等都在其相关论著中,对此做过较为深入的阐述。分别见郭道晖:《论权利推定》,载《中国社会科学》1991年第4期;夏勇:《人权概念起源》,中国政法大学出版社1992年版,第146~167页;程燎原、王人博:《权利及其救济》,山东人民出版社1998年版,第229~236页;葛洪义:《探索与对话:法理学导论》,山东人民出版社2000年版,第225~228页;郭春镇、张薇薇:《转型时期权利的法律保护研究——以未列举权利及其推定为例》,厦门大学出版社2013年版,第88~89页;霍宏霞:《权利推定概念的解析》,载《河北工业大学学报》(社会科学版)2009年第3期;《权利推定——概念梳理与概念重塑》,载《燕山大学学报》(哲学社会科学版)2011年第2期。

上,寻求其具体的推定方法。

如上这些问题,正是引发笔者思考并行文论述权利推定方法的原因。在下文中,笔者拟就如上问题进一步展开,作为权利推定方法这一命题的初步研究。

二、权利推定:不仅是理念

"法未禁止即自由"这句这些年格外引人关注的格言,意味着凡法律未规定者,皆可推定为权利。后者作为一种有关权利的格言,不但被我国法学界所普遍接受,而且被越来越多的国人所接受。这既是我国社会经济发展进步的必然,也标明我国国民社会观念和法律理念的明显成长。这一格言所蕴含的,其实是权利推定。既然权利推定已经被格言化,表明它已不仅是种理念、主张、见解或需要,而且已经在实践中所呈现。不过,它的可靠有效的实践呈现,需要一套可操作性的逻辑技术和运用方法,才能推进为可普遍化的社会实践;才能使作为理念的权利推定,进一步升华为可靠的、普遍的、规范化的、一般性的可实践命题。如何理解这一判断?对此,可具体从如下几个方面入手。

(一)面对事实的行动

这里有必要再次提及古人留给我们的那条寓意深刻的格言:"工欲善其事,必先利其器。"这一格言具体到权利推定领域,则是如何按照权利推定的理念和要求,把法律的冲突地带、模糊地带以及空白地带[①]带入权利语境中,转化为人们交往行为的自主领域、自治领域和自由领域?要完成这一任务,毫无疑问"必先利其器"——寻找并把握相关方法。否则,权利推定空有理想、理念,在实践中难以化为人们交往行为的自由领域和权利选择领域。

---

① 笔者把法律的这三个地带,统称为法律病灶。这些病灶导致法律的意义冲突、意义模糊和意义空缺。如同人有病需要通过医疗技术治疗一样,对法治而言,法律有病当然也需要治疗。这种治疗技术就是法律方法,参见谢晖:《法律哲学——司法方法的体系》,法律出版社2017年版,第27~377页。

权利推定意味着，在法律的冲突地带、模糊地带和空白地带，人们应当有权选择其行为方式，并且公权不能因为人们的这种选择而给行为人科以义务，追加责任。之所以如此，是由于人们交往行为中的这种选择，乃因法律自身的病因所致。倘若法律对同一种事实规定了两种或两种以上的冲突的、完全不同的处理方案，是否意味着人们面对此种规定时就应束手无策、无所作为或袖手旁观？非也。绝不能因有这种无法适从的法定而阻止人们面对这种规定时，超越克服之的自由行为选择——因为这是面对不良法律时人们对自己的义务。同理，倘若法律对一种事实，用了模棱两可的文字加以"规范"，自身就背反了法律必须以肯定、明确的语言处理事实的规范要求。因此面对法律的模棱两可，社会主体也不能因之在这种规范事实面前止步不前，无所作为，反之，应按照自己的理解或者参照其他社会规范的理解选择其行为。显然，是法律模糊本身提供给行为人选择的机会，这是行为人的权利和自由。试想，如果对此一概推定为义务，不是把法律所导致的失误和责任，转嫁给了社会主体承担吗？法律不法的后果，不能转嫁由社会主体承担。至于当一种社会事实客观存在，而法律未对其赋予任何意义，即法律未加规范，法律意义空缺，成为"剩余事实"时，是不是人们就无须面对相关事实？无须做事实面前的"禁足者"？当然不是。法律不是社会事实的创生者，自然，也不是社会事实成长的终结者，它只是，也只能是既有社会事实的规范者和促进者。[①] 这诚如马克思的如下精辟判断："……社会不是以法律为基础的。那是法学家们的幻想。相反地，法律应该以社会为基础。法律应该是社会共同的、由一定物质生产方式所产生的利益和需要的表现，而不是单个的个人恣意横行。"[②] 既然如此，无论一种社会事实是既有的，还是新生的，只要法律对之没有明确的规范，只要它是"剩余事实"，社会主体就应按照相关事实的规定性和自身对相关事实的需要自由选择，从而对"剩余事实"，作权利推定的处理。

[①] See Mark Greenberg, "How Facts Make Law," *Legal Theory*, 2004, 10, pp. 170–198.
[②] 《马克思恩格斯全集》（第六卷），人民出版社1961年版，第291~292页。

如上这种情形，我们不妨称之为面对事实的行动。即当法律对社会事实的规范存在冲突、模糊和空缺时，人们面对相关事实，不一定寻求法律上的根据，而应当根据实施性规定和自己对事实的诚实理解和需要作出自由选择，从而纳入人们自由交往行为的范畴，并视同为权利领域——尽管它不是法定权利，但它是一种事实权利和习惯权利。例如无人驾驶是一种因科技发展而导致的新兴社会事实，不能因为法律对之尚未明确规范而禁止人们去做相关活动。除非一种事实的兴起，按照常识明显违背人类的一般利益，或一个地方的人们所认可的公共利益。变性技术业已是一项不太复杂的技术，并且社会主体对此具有一定的需要。但即使法律上对此没有明确规定，掌握这门技术的医院和医生，不能因此把实施变性手术推定为一项权利；即使具体的公民个人，也不能因此推定选择变性就是一项一般权利。如果允许这种推定，会影响一个国家和民族的性别结构，任由所为，其对社会的危害自不待言——当然，如果一位公民在纯粹个人层面选择了变性，那也只能是其个人权利，不能作权利的一般推定。

当然，如何确定一种事实的兴起明显违背人类或一个地方人们的一般常识与公共利益，这又是一个难题。从历史的纵向之流和现实的横向区隔中，人们总是会面对对同一或同类事物是非标准的多变和多样。如何在这多变和多样的标准中，抽取出一般意义的常识和公益，从而当法律意义冲突、模糊或空缺（尤其出现后者，产生"剩余事实"）时，作为权利推定的理由，这确实是需要专门考量的话题。对此，笔者将在下一问题中予以阐述。这里想继续说的是，即使对一种"剩余事实"作权利推定时，可能存在与人类的或一个地方的一般常识和公共利益的对立的情形，那也只是权利推定的例外，而不是常态。即面对法律意义的冲突、模糊，特别是面对法律意义空缺——"剩余事实"，作权利推定是常态，否定权利推定是例外。行文至此，也应直面人们可能面对的问题：面对"剩余事实"，能不能作义务推定呢？

（二）义务推定的不能

那么，对于法律不当或未尽之事宜（"剩余事实"），能否按照法定的义务要求，进行义务推定呢？确实，在法律发达史上，义务这一概念的独创性，或许比权利更重要。所以，有学者公开主张"义务重心论""义务先定论"——就法律是用来构造人们自由交往的秩序的这一更为基本的使命而言，这种主张确实更为深刻，值得关注。论者指出："'义务重心说'是指，法作为社会控制、规范手段，主要通过义务性规范来实现自己试图达到的目的。也就是说，当法的价值目标确定之后……立法者应将侧重点、注意力放在法的义务规范以及违反这些义务规范所要导致的不利后果的精心设定上，以便使法具有可操作性。这里的可操作性是指，当法律意图保护的社会关系受到妨碍、侵害时，司法机关可以根据法律的规定追究妨碍者或侵害行为者的责任，使该社会关系得到保护。法律作为一种实用性很强的社会控制工具，就在于它的可操作性。这正是它和道德、习惯规范相区别的根本点之一。离开这种可操作性，将使其价值下降到和道德习惯规范几乎无区别的地步。"①

但正是义务在法律世界的如此重要，所以，有关义务的创设，只能由立法者从事，而不能由任何立法者之外的主体从事。曾几何时，人权保障明显薄弱，任何公权组织以及接受公权组织授权的社会组织，似乎都可以给公民甚至法人随意科加义务。甚至连犯罪这种严重危害社会的行为，都可以在法律之外随意界定，任意科刑，在一些国家，曾导致了人们至今不堪回首的严重违反人权、人道情形的出现。② 在我国，在1979年《刑法》中，仍然存在类推适用原则③和三大"口袋罪"④。为避免这种情形对公民权利的严重侵害和对法律严肃性的人为损害，1997年修订的《刑法》，接踵清末和民国时期一些刑事法律的规定，⑤ 在第3条明令："法律明文规定为犯罪行为的，依照

---

① 张恒山：《义务先定论》，山东人民出版社1999年版，第11页。
② See Victor Tadros and Stephen Tierney, "The Presumption of Innocence and the Human Rights Act," *Modern Law Review*, 2004, 67, pp. 410–434.
③ 1979年《刑法》第79条规定："本法分则没有明文规定的犯罪，可以比照本法分则最相类似的条文定罪判刑，但是应当报请最高人民法院核准。"
④ "口袋罪"，是我国法学界对1979年《刑法》规定的一些罪名，在内涵上过于笼统、开放，在外延上过于宽泛、包容的一个比喻性总结。1979年《刑法》的"三大口袋罪"，分别是投机倒把罪（第117条）、流氓罪（第160条）和玩忽职守罪（第187条）。
⑤ 1908年起草，1911年公布的《大清新刑律》第10条规定："法律无正条者，不论何种行为，不为罪。"1912年颁布的《中华民国新刑律》接踵《大清新刑律》，照例作了罪刑法定的类似规定。

法律定罪处刑；法律没有明文规定为犯罪行为的，不得定罪处刑。"显然，这是对在西方世界已经通行数百年的"法无明文规定不为罪""法无明文规定不为刑"[①]的立法肯定。

对刑法领域的罪刑法定——"法无明文规定不为罪"，完全可以扩展到所有法律义务领域。因为犯罪也罢、受刑也罢，都是和法定义务相关的领域。犯罪意味着对法律禁止性义务的违反；受刑意味着犯罪后必须承担的法定后果（义务）。尽管人们不得犯罪和犯罪应受罚，乃是法律规定的最严格的禁令（禁止性义务）和最严厉之惩罚（追责性义务），似乎和法律的其他义务规定没有可比性，但即使法定的其他日常性的义务，无论是禁为的，还是必为的，都意味着法律对主体预设了一种负担，进而也意味着法律通过义务限制主体权利。所以，至少在现代法律上，对人们义务的创设，乃是作为主体的国家或地方立法者通过法律才能决定的。任何其他主体不能在法律之外推定义务——即使在法律上，对某类社会事实的规范还存在表意模糊、冲突，甚至空缺（"剩余事实"）的情形，也不能由任何主体，包括司法主体将该事实推定为人们的义务（尤其在成文法国家）。一言以蔽之，在法律上确定一项义务，乃是由立法者代表国家所行使的"国家事权"或"地方事权"，而不是"私人事权"。这就导致了义务推定的不能——在现代国家，义务只能是法定的，而不能是推定的。

行文至此，可能又会面临如下的追问：对法定模糊、冲突及空缺的地带，作法律上的义务推定，诚然存在理念和事实上的难题。那么，能否在遇到相关情形，特别是"剩余事实"时，作出道德义务的推定？

（三）推定道德义务：自设义务即权利

对法律规定模糊、冲突或空缺时能否作出道德义务的推定？笔者的回答

[①] 罪刑法定原则在西方国家的起源，一般追溯到1215年英国约翰王所颁布的《自由大宪章》。在该文献第39节中有这样的规定："凡自由民非依适法裁判或国家法律之规定，不得加以扣留、监禁、没收其财产、褫夺其法律保护权，或加以放逐、伤害、搜索或逮捕。"具体论述，参见陈兴良：《罪刑法定主义》，中国法制出版社2011年版，第173～199页；刘雪梅：《罪刑法定论》，中国方正出版社2005年版，第247～253页。

是肯定的。但是，应当界定清楚道德义务推定的基本要求和界限。

1. 道德义务推定只能对己不能对他

在现代法律上，道德义务的实质，是人们选择行使一项权利。不过这一权利的行使，不是使自己因此获得任何物质上的权利和利益，反而往往是主体在物质和利益上的付出。此种情形，每每表现为如下两方面：

其一是主体放弃了一项权利，选择了一种高尚道德，从而自我追加了一种道德义务。捐赠行为就是典型。本来属于自己的钱财，所有人都可不拔一毛而利他人——只要其行为在法定的权利范围；也可以倾囊而出，捐献钱财给更加需要的人——只要其行为不妨害他人的权利行使。这种选择，本身意味着行为人对相关事务作了权利化处理，并自我加设一种道德义务，乃是其权利的表达。当然，其财产和利益的义务付出，所获取的是其内心极大的满足（内在的精神自由和权利）。这在另一个方面说明了其道德义务选择的权利性质。倘若公权主体或他人强制性地将其推定为义务，所导致的结果反而是对"义务法定论"的违反。

其二是主体面对法律意义的模糊、冲突和空缺，推定选择了一项义务，放弃了一项权利。当笔者采取这样的表述时，业已表明对相关行为的基本观点：这是主体行使权利的一种方式。它表明，当主体面对"剩余事实"等法律上存在的问题时，不是首先作权利推定，而是主动作义务选择——无论是选择作为还是不作为，都是主体行使其权利的方式。因为他在这里以一位主体者的身份，对相关事实申明了自己的意见，作出了自我的选择。这意味着面对此种情形，主体也可以作权利推定。但究竟是要作权利推定，还是要作义务推定，都是主体的自由、任意。因而是一种"权利内的道德义务推定"。对此，笔者将在后文稍加展开论述。或问，难道在法律规定模糊、冲突和空缺的情形下，面对相关事实，公权主体不能作普遍性的道德义务推定吗？这正是下文笔者准备要回答的。

2. 任何公权主体无权作道德义务推定

公权主体在法律上对公民的一般要求，是以中人的道德标准来要求之。

如果按照我国古人有关"性三品说"[①]，把人性三分为圣人之性、中民之性和斗筲之性的话，那么，现代公权主体能要求公民的，只能是且仅仅是要求其做到中民之性——既不是圣人之性，如果是那样，则只能导致公权主体把美好的理想当作现实，强加于社会主体，形成所谓道德的专横，而公权主体自身，未必一定能够做到圣人之性所要求的那种德性；也不是斗筲之性，如果是那样，则意味着公权主体公然倡导人们做小人，做恶事，做远离道德要求的事。显然，那不但非公权主体的宗旨所在，而且是其要坚决反对并依法制裁的。只有中民之性的道德要求，才是其理应要求于公民，公民在事实上也能普遍做到的，并且只有这种道德，才是利己利他的。

这里涉及公权主体所要求的道德的普遍性问题。这种普遍性，其工具理性的表达，就是法律上对人们普遍的权利义务规定，就是可普遍化的权利义务。公权主体只能按照法律上普遍性的权利义务规定来要求社会主体。[②] 那么，这是不是法律否定高尚道德？当然不是。笔者认为，任何高尚道德的选择，其实是主体按照权利的一般要求，自治地选择了一种道德义务。这种高尚的道德义务，在本质上是人们权利的自我选择，是个别化、个性化的，因此，它不可被一般化、普遍化。所以，面对"剩余事实"，道德义务不能在公权主体视角予以推定。即公权主体不但不能在法律意义上给公民推定义务，也不能在道德意义上给公民推定义务。就可能性而言，道德义务之推定，只能是社会主体自己的事，是推定者——社会主体在行使自我权利，因之，是权利内的推定，是根据权利，推定者自我选择了一种义务，而不是所谓"义务推定"。

[①] "性三品说"，这是一个自从荀况以来，在中国哲学史上多有论述的话题，其中董仲舒和韩愈的论述最具代表性。前者强调："圣人之性不可以名性，斗筲之性又不可以名性，名性者，中民之性。"（汉）董仲舒：《春秋繁露·实性》，阎丽：《董子〈春秋繁露〉译注》，黑龙江人民出版社2003年版，第182页。后者主张："性之品有上中下三。上焉者，善焉而已矣；中焉者，可导而上下也；下焉者，恶焉而已矣。"（唐）韩愈：《原性》，马其昶校注、马茂元整理：《韩昌黎文集校注》，上海古籍出版社1986年版，第20页。

[②] See Franita Tolson, "Parchment Rights," *Harvard Law Review Forum*, 2022, 135, pp. 527-536.

(四)"剩余事实"的权利推定

前文已经述及,大致可以把法律尚未规范的社会事实——包括法律遗漏的社会事实和新生的社会事实,统称为"剩余事实"。这样的事实领域,是不是就应当游离于法治之外?对此,前文的论述已经作了否定。权利推定,就是要使其纳入法律之中,因此,它是权利推定得以展开的最主要的场域。

之所以要对之展开权利推定,看似是对法律面对事实不甚完美的一种揭示,是对法律之"疮疤"的披露,但实质上仍是为了满足社会对法律完美性的追求,是通过推定这种补救措施,尽量把"剩余事实"纳入到法律能够调整的事实体系中,避免法律调整的实践尴尬。它至少表明,法律除了义务的硬约束和权利的明确赋予之外,还存在其面对"剩余事实"时的包容能力。这种包容能力,看似比较"软"[①],但实则让游离于法律之外的"剩余事实"尽归法律能够包容并进入的领域——使法律根据其"硬"的一手难以涉足的事实,借助这种"软"的手段,可以轻松进入。显然,这不但是对法律调整缺漏的一种简单补救,而且事实上扩展了法治的视野,增进了法治实现的方法,使法治在动态实践中保持"天网恢恢,疏而不漏"的那种完美状态,因此,权利推定不是法治的例外,反而是法治的题中应有之义。

那么,究竟根据什么对"剩余事实"进行权利推定?一言以蔽之,要根据事实的规定性。法律是与人类交往相关的事实之规范表达。与人类相关的事实,既有天人关系之事实,也有群己关系之事实,还有身心关系之事实。这三个方面,都应被置于法律的调整范围之列。而法律调整这些事实的具体根据,却来自事实的规定性。事物的规定在天人关系领域,表现为规律,大

[①] 近20年来,我国法学界在罗豪才先生带领下,对"软法"的研究颇有进展,强调软法的内容包括法定的原则性、精神性条款;规范性文件中具有一般规范性的内容;政治——社会共同体的自组织规范以及民间规范等,相关研究的主要成果有罗豪才等编:《软法与公共治理》,北京大学出版社2006年版;《软法与协商民主》,北京大学出版社2007年版;《软法亦法——公共治理呼唤软法之治》,法律出版社2009年版;《软法的理论与实践》,北京大学出版社2010年版;《软法的挑战》,商务印书馆2011年版;梁剑兵等:《软法的一般原理》,法律出版社2012年版。笔者认为,在法律意义空缺而出现"剩余事实"时,用来补充漏洞的法律方法,以及对事实的权利推定,更是软法应涉足的重要领域。

体上是人类服从自然的规律和根据自然规律来利用、改造自然的规律。在群己关系领域，是自治以及自治的合作，从而是自治的秩序。违背自治，便难以合作。在身心关系领域，是自由，身心关系的协调，是精神自由与行为自主之间的协调。法律调整，自然需要深入到上述不同事物的规定性中，并将这种规定性外在化为人们交往行为的规范性。[①]

这样，面对"剩余事实"的权利推定，就是法治不可或缺的组成部分。在此意义上，富勒所谓法治是一个"持续努力"的过程，包含了三个方面，一是通过立法机关的立、改、废活动，强化对"剩余事实"的法律摄入；二是通过司法机关运用法律解释以及其他法律方法，特别是事实替代、类推适用、法律发现和法律续造的方法，把法律的原则、精神以及作为法律守护神的理解代入到"剩余事实"中，使其获得法律的属性；三是通过更为广泛的权利推定，把普通人（日常生活中的权利推定）以及专业人士（仲裁、行政调解，特别是司法活动中的权利推定）对法律原则和法律精神的理解代入到"剩余事实"中，使"剩余事实"即使"剩余"于法律规范之外，但并未"剩余"于法律精神和原则之外，也并未"剩余"于法治之外。

对权利推定的如上阐述，预示着权利推定行为，并不仅仅是公权主体所主导的权力行为，它有时候，甚至更多时候表现为公民和其他社会主体的自我行为、相互行为或者公共行为。这就涉及对权利推定的类型化归纳问题。下文将接着围绕此问题而展开。

三、权利推定的两大类型

权利推定的基本类型，可在权利推定的主体、对象、内容等不同的标准或视角上展开。笔者在此主要以权利推定的主体为根据，结合权利推定的对象和内容，把权利推定的类型两分为日常生活中的权利推定——实质上是私主体的权利推定，纠纷解决中的权利推定——即在一定程度上公权主体参与其中并主导的权利推定。兹分析如下：

[①] 参见谢士衍：《法理的生成之道》，载《浙江社会科学》2019年第11期。

(一) 日常生活中的权利推定

在人们感觉中,日常生活似乎只是那些人们与鸡毛蒜皮、锅碗瓢盆、家长里短、洒扫应对、交往行止、吟和酬唱相关的活动,但深入思考下来,它无不关涉着人作为精神存在的根本面向,因此,这也是一个定义起来,有相当难度的问题。有学者在研究此问题时写道:"为了对日常生活领域作出界定,我们必须引入另一个重要范畴——非日常活动。换言之,为建构日常生活世界的理论范式,必须同时建构起非日常生活世界或非日常世界的理论范式,只有在日常生活与非日常生活的相互关联和相互对比之中,才能对日常生活作出合理的界定。""一般说来,所谓日常生活,总是同个体生命的延续,即个体生存直接相关,它是旨在维持个体生存和再生的各种活动的总称……非日常活动总是同社会整体或人的类存在相关,它是旨在维持社会再生产或类的再生产的各种活动的总称。"[①]

论者所谓日常生活和非日常生活,颇类习常所谓私人领域和公共领域。笔者如下从两方面的展开,既涉及纯粹私人领域,也涉及私人的民事交往领域——笔者皆将其归类为日常生活。

1. 私人生活中的自主推定

这里的私人生活,是最典型、最纯粹的日常生活和私人领域。它大致存在于一个人孤居寡行、无拘无束、我行我素的状态下。一旦有人与其伴行,就是对这种私人生活的打断,纯粹的私人就进入某种交往合作的领域。从表面看去,这种私人领域和法律调整并无关联,但实际上,一方面,他是社会关系建立的主体基础;另一方面,他自身以法律主体身份存在,没有他的存在,所谓主体间的私人交往或公共交往,都将成为空谈。这样一来,能彰显每位主体之精神需要和行为个性的那些事实,就有在法律上审视的需要——它们能否被推定为权利?笔者以为,这取决于私人生活本身能否普遍化(可普遍性)。因为归根结底,法律的调整是普遍调整,而非个别调整。如果把法律调整降格为个别调整,那么,其一,法律将因为缺乏普适的标准而变成

[①] 衣俊卿:《现代化与日常生活批判》,人民出版社2005年版,第9~13页。

恣意和任性，法律不成为法律；其二，个案的实质合理替代了普遍的程序正义，也替代了类案类判的公正原则，程序不存、公正不再，法律不成为法律；其三，过繁的事实和过高的成本，在根上挖断了法律运行的逻辑和事实基础，法律不成为法律。

所以，当笔者把私人生活以及每个人的个性需求、个性行为也纳入权利推定的范畴时，基于这样的一般性预设：虽然每个人的习性、爱好、行为方式各有不同，但世界恰恰是由习性、爱好和行为方式不同的一个个具体的人所构成的。在总体上，这反映着笔者一直强调的"个体性的普遍性"（"地方性的普适性"）[1]，因此，对一个人习性、爱好和行为方式的权利推定，意味着任何一个自我，对其所秉有的习性、爱好和行为方式，都能够作出的权利推定。这既建立在私人生活的可普遍性基础上，又标明它是私人主体的自主推定。在此意义上，每个私人的习性、爱好和行为方式，大都能被自我自主地推定为权利。即便一个人喜欢在其私人空间里裸体行为，也应享自主推定的裸体权。[2]当然，这并不意味着所有的私人生活都可自主推定为权利，特别当某种行为在法律上被绝对禁止时。如一个人有吸毒嗜好，就不但不能推定为权利，而且必须接受法律制裁；再如自杀行为，因为牵涉广泛的社会公共利益，因此，即使法律不禁止，也不能轻易推定为权利。

2. 民事交往中的合意推定

民事交往是私人生活在民事主体之间的延伸，是两个或两个以上的民事主体相互间容纳、理解、接受、同意对方独特的习性、爱好、行为方式以及

---

[1] 参见谢晖：《大国法治与地方性的普适性》，载《原生态民族文化学刊》2015年第2期。

[2] 笔者在此所讲的"裸体权"，是指一个人处于纯粹私人状态下的权利。当两个或两个以上的人在一起能接受各自对方的裸体时，已经属于后文将阐述的民事交往了。在前文提到的我国业已消失的一个网站——"雅典学园"（初名"法天下"）上，针对有女士在自家阳台上裸体行走，曾展开过热烈的讨论。在西方一些国家，因为追求裸体权而上街的事不时耳闻，甚至还有因此而裸体上法庭的事。参见《为争"裸体权"，美一女子光身子上法庭》，http://health.enorth.com.cn/system/2001/11/13/000189375.shtml，2023年2月10日访问。还有些国家，法院甚至支持"裸体主义"者上街裸奔，参见《西班牙高等法院作出判决，支持一男子"上街裸奔权利"》，https://m.gmw.cn/baijia/2023-02/05/1303272890.html，2023年2月10日访问。而我国的文化特质，决定了在绝大多数民事交往或公共场合，人们很难接受一个人的裸体。为此还引发过相关案件，参见《侵犯人格权（裸体权益）经典判例》，https://lawyers.66law.cn/s2d08346160c14_i180928.aspx，2023年2月10日访问。

特殊需求的合作关系。众所周知，在近、现代民事法律制度上，对这样的民事交往，如买卖、租赁、仓储、运输等，都尽可能全面地作了规定。但即使如此，法律也不可能无所遗漏地调整所有的民事交往，仍然会有大量的民事交往行为处在法律调整的空间之外。对这样的情形，只要民事交往中的主体都认为需要，就可以根据其合意，推定为权利。

例如，仅就婚姻这种民事现象言，在我国大陆的民事法律上，就没有对订婚、婚前协议以及婚姻仪式进行规定。但是现实生活中绝大多数的婚姻缔结，存在着订婚和婚姻仪式问题。只有订婚的婚姻，在普罗大众看来，才更加正式，并由此形成了一种"订婚习惯法";[1] 只有举行了婚姻仪式——无论这种婚姻仪式是民事仪式、宗教仪式还是双方旅游结婚仪式，才算正式的、能被各方所接受的婚姻。再如婚前财产和抚养协议，尽管其是新近才出现的现象，但对现今我国年轻一代的实际影响比较明显，在多年前就引起学术界的关注。但在法律上至今仍付阙如。显然，这些法律没有规定，也没有专门保护的民事行为，在民事交往主体看来，已经构成当事人之间的权利义务。签订婚约订婚或口头约定婚约，[2] 在人们心目中，已然被推定为婚姻当事方以及其家庭的一项权利。类似这种情形，绝不仅存在于婚姻领域，在诸如亲权，特别是舅权，相邻权——尤其是风水权等民事交往的相关领域，至今都没有法律规范进行保护，故皆存在可能被推定为权利的情形。

一言以蔽之，民事交往中的权利推定，就是私人主体在民事交往中，对法律没有明令的领域，把和其价值取向、内在需要、行事方式相关的"剩余事实"，通过相互磋商、认可、接受并取得合意的基础上的一种权利推定。显然，这种权利推定的基本特征是合意，即参与相关民事交往的双方或多方

---

[1] 参见于晶：《订婚习惯法与国家制定法冲突的实证研究——我国西北农村地区订婚习惯法透视》，载《黑龙江社会科学》2006年第1期；吕延君、王月峰：《关于民间订婚习惯法的调查报告》，载梁慧星主编：《民商法论丛》第35卷，法律出版社2006年版。

[2] 在我国有些地方，订婚及签订婚约，不仅对当事人是人生中最重要的一次经历，而且对双方家庭都是严肃且隆重的事项。毕竟如古人所言，"昏礼者，将合两姓之好，上以事宗庙，而下以继后世也，故君子重之"的大事。《礼记·昏义》，载杨天宇：《礼记译注》（下），上海古籍出版社204年版，第815页。笔者于2023年年初，在广东亲见友人的儿子订婚仪式的正式、严肃、隆重和热烈。

主体面对法律未定之事项，共同习惯地或专门地表达了推定为权利的意向或行为，因此，它的本质是一种合意推定。

3. 公共生活中的包容推定

如前所述，日常生活和非日常生活的划分，与私人领域和公共领域的划分颇多类似。所以，公共生活（领域）——非日常生活，是日常生活的对称。这样一来，笔者在"日常生活中的权利推定项下"，把公共生活中的包容推定纳入其中，显得与逻辑明显不合。诚然如此，但为区别两种公共领域——私人自治的公共领域和权力（包括社会权力和国家公权力）加持的公共领域，笔者在此做了个有点投机性的分类，以避免把此推定纳入下节中的不恰当。

什么是公共生活？简言之，它是建立在公共领域基础上的人们自由参与的、具有一定社会—政治功能的生活，因此，它不仅指"非日常生活领域"——即不仅是有公权主体在场的人们的生活世界，而且包含了公权主体不在场的和日常生活领域息息相关的公共领域。公认为公共领域指位于市民社会和政治国家之间的第三领域，特别指资产阶级公共领域。具体来说，它是指公民可以自由参与其中，言说讽议不受干预的介乎国家与社会一种交往机制和交往空间。

从广义上讲，公共领域可以两分为前述私人自治的和权力参与的。其中权力参与的公共领域，事实上经常与私人生活、民事交往时所生成的以私人自治为基础的公共领域之纠纷相关。只要相关纠纷出现，且私人主体不能自治地解决时，就需要有权力的第三方出面予以解决，因此，与此相关的权利推定，笔者将在下文中专门论述。这里只就私人自治的公共领域权利推定的话题稍加展开。在展开这一问题之前，不妨再回顾一下哈贝马斯对公共领域的论述：

"……公共领域首先可以理解为一个由私人集合而成的公众的领域；但私人随即就要求这一受上层控制的公共领域反对公共权力机关自身，以便就基本上已经属于私人，但仍然具有公共性质的商品交换和社会劳动领域中的一般交换规则等问题同公共权力机关展开讨论。"①

不难看出，自治的私人是公共领域存在的前提，私人的参与是公共领域形成的动力。公共领域所涉及的事项，或许为法律所规定，或许为法律所排斥，或许为法律所不及。不论如何，这些都在参与公共领域的私人之自由讨论、论辩和批判之列。所以，公共领域是一个在平等原则下所有参与者能相互宽容的存在。就其中所涉事实及主体行为的权利推定而言，是一种包容基础上的推定，简称包容推定。它包含两方面的内容：一方面，公共领域中人们的自由参与、自由论辩以及自由批判本身是包容推定的重要事项，是自由参与者的权利，只要每个参与者的言论内容、议事方式以及批判手段为参与其中的人们所包容，就构成包容性权利推定。即参与到公共领域的私人主体，相互包容其价值取向、内在需要、行事方式，并在相互认可、接受、包容的前提下，推定为公共参与的权利。② 另一方面，对于法律尚未保障的公共事项——"剩余事实"，只要参与公共领域的人们能够包容并认可，那么，它就被包容地推定为权利。如性取向选择权，即使国家实在法未对其赋权规定，但在相关公共领域，可以作包容性权利推定。随着现代社会公共领域分工和分层的日益发展，这种包容性推定的事项亦将日益增多。

（二）纠纷解决中的权利推定

如前所述，公权参与其中的社会事务，无疑属于公共事务，因此也是广义上的公共领域——可以径称为公权公共领域。在市民社会和政治国家两分的时代，公共领域就是指国家权力参与其中，并主导的社会领域，但随着市场经济的深入展开，"国家和社会的两极化过程在社会内部又重演了一遍"③，在这一演变过程中，出现了相对于国家和社会的第三领域，即狭义的公共领域。这个领域，不仅是种场合，它每每还以组织的形式呈现，因此，对国家而言，它倾向于私人性质和权利领域，对国家权力进行纠偏，是社会权利；对私人而言，它又倾向于公共性质和权力领域，对私人权利予以约束，是权

---

① [德]哈贝马斯：《公共领域的结构转型》，曹卫东等译，学林出版社1999年版，第32页。
② See Jud Campbell, *General Citizenship Rights*, 132 Yale Law Journal 611, 2023, pp. 691–700.
③ [德]哈贝马斯：《公共领域的结构转型》，曹卫东等译，学林出版社1999年版，第33页。

力领域。这样，在市场经济中，除了传统的国家权力，还出现了社会权力。[①]所以，市场经济的迅速发展，对个人而言，出现了双重权力：社会权力和国家权力。两种权力作用于权利推定的场域，皆主要在人们的日常交往出现了纠纷（这种纠纷当然也存在于非日常生活世界，特别是纯粹的私人和社会组织间，以及各类私主体——自然人和法人与行政机关间）之时，这是因为：其一，纠纷导致权利规范性程度降低；其二，法律未定的"剩余事实"，更易产生纠纷。因此，如下论述的内容在广义上，都属于公共领域；在场域上，都以具有权利推定典型性的纠纷解决为对象。

1. 社会裁定中的协商推定

社会纠纷是社会关系的紊乱状态，是对正常生活——无论日常生活还是非日常生活秩序的打乱，因之，可以称其为非正常社会关系。一旦出现社会纠纷，即可通过纠纷主体之间的自主协商予以解决，这时，如果涉及权利推定，仍属前述民事交往中的合意推定。[②] 但当私人之间面对纠纷不能自主协商地解决时，经常会求助于第三人出面解决。第三人可能是纠纷主体双方的好友，可能是村寨或家族的长老、头人，可能是社会组织中专门用以解决纠纷的组织，当然，也可能是有纠纷解决权的国家公权机关，等等。

这里要着重阐述的，是由专门的社会纠纷解决组织在纠纷解决中——社会裁判中的权利推定问题。至于纠纷当事人的好友、地方（村寨长老）、家族头人等出面的纠纷解决及其权利推定，大体上仍把纠纷及其解决置于私人的日常生活领域，属于前文已论述过的问题；而交由有纠纷解决权的国家机关出面的纠纷解决及其权利推定，笔者将在后文专门论述。

我国的社会裁判，可大致三分为法定性的社会调解——人民调解、劳动

[①] 参见郭道晖：《权力的多元化与社会化》，载《法学研究》2001年第1期；《论社会权力——社会体制改革的核心》，载《中国政法大学学报》2008年第3期；《论社会权力的存在形态》，载《河南政法管理干部学院学报》2009年第4期。

[②] 这种推定包括了纯粹的私人之间在纠纷处理中通过谈判，相互对"剩余事实"的权利化处理，也包括了当事人在第三人、特别是律师见证下通过谈判，相互对"剩余事实"的权利化处理。参见[美]斯蒂芬·B. 戈尔德堡：《纠纷解决——谈判、调解和其他机制》，蔡彦敏等译，中国政法大学出版社2004年版，第10~124页。

人事仲裁和非法定化的其他社会调解。作为解决纠纷、化解矛盾的日常方式，这些纠纷解决机制，其裁处纠纷的结果虽然不是权威的，程序虽然不是正式的，但在我国纠纷解决的实践中是不可替代的。甚至在纠纷解决中的实际地位，从数量上要超过国家机关出面的纠纷解决。尽管严格说，它对纠纷解决的结果，还算不上什么裁判，但只要纠纷双方当事人接受，其效力类似于裁判。这取决于在社会解决纠纷中，两造的自愿的、平等的、交涉的参与。自愿意味着拒绝强制，平等意味着拒绝特权，交涉意味着拒绝以势压人的命令。这样的纠纷解决环境，自然既能较好地明辨是非，也能尽量地制造宽容，并营造出协商性的裁判环境，创造协商性的裁判结论。这或许就是棚濑孝雄所谓"合意的"（区别于"决定的"）纠纷解决方式。[①] 所以，一位德国学者针对当代中国的调解，曾得出过这样的结论："而今的调解体制不能再被当成是国家对诉讼权利排挤的表现，而应被看成是一种与民事诉讼同时存在的纠纷解决手段……调解从来没有取代诉讼法。相反，调解与否完全听凭自愿……"[②]

纠纷解决中调解的合意、自愿特征，尤其适用于社会调解（法律授权的人民调解、劳动人事仲裁和非法定化的其他社会调解），因此，在社会调解及其裁判的规范适用中，面对法律"剩余事实"所作的权利推定，乃是两造参与其中的协商推定，而不是调解者径行其意志的强制推定。这种协商推定，显然与前述民事交往中的合意推定有内在的关联。这是因为社会调解在本质上是把民事纠纷交由没有强制权，而只是建立在一定信任基础上才获得了一定权力（社会权力）的第三方。在这里，纠纷虽然改变了民事交往中的日常社会关系状态，但并没有改变其性质，因此，相关权利推定也秉持协商—合意的精神。

2. 行政调解中的权衡推定

在我国，行政机关也具有民事和轻微刑事纠纷解决的职能。这一般被称为行政调解。简言之，行政调解是在有纠纷调解权的行政机关主持下，经当

---

① 参见［日］棚濑孝雄：《纠纷的解决与审判制度》，王亚新译，中国政法大学出版社1994年版，第7~10页。

② ［德］何意志：《法治的东方经验》，李中华译，北京大学出版社2010年版，第391页。

事人同意，对民事纠纷或轻微的刑事纠纷所做的调解活动。它与人民调解、仲裁调解和法院（诉讼）调解一起，构成我国调解的四种正式制度。就调解主体而言，行政调解的主体虽然相当多元、普遍，但大致上可主要四分为：第一，基层人民政府——乡、镇人民政府的调解，其调解对象是辖区内的民事纠纷和轻微刑事纠纷；第二，婚姻登记机关的调解，其调解对象是有关自愿离婚的申请；第三，合同管理机关——即国家工商管理机关的调解，其调解对象是公民之间、公民与法人之间和法人之间所发生的与合同相关的民事纠纷；第四，公安机关，其调解对象是有关情节轻微的治安纠纷和道路交通事故责任赔偿方面的纠纷。除此之外，在我国各类纵向的行政机关和横向的行政机关中，事实上普遍存在着信访问题。[①] 由专门的信访机关或其他机关所处理的信访案件，既有涉及行政纠纷的，也有涉及民事纠纷的，还有涉及刑事纠纷的。其中其对民事纠纷的调处，明显属于这里有关行政调解的范畴。

　　实践中行政调解活动，毫无疑问，要遵循国家法律，不得违背法律中相关专门的、具体的规定。但一方面，由于一些行政调解主体，特别是基层人民政府，存在严重的法律意识淡薄之情形；另一方面，身处与民事交往及纠纷密切相关的核心地带，不少民事纠纷在法律上依据不足，如丧葬问题、具体的侵权关系问题、相邻关系中的风水问题、族人之间有关崇先祭祖的纠纷问题等，既是鸡毛蒜皮的事，也是于法无据的"剩余事实"；再一方面，不少民事纠纷，即使在法律上有明确的规定，但在行政调解中只要依法裁处，双方当事人反倒接受不了，从而"原告"不服，"被告"反对。上述种种，都在一定程度上迫使或诱使行政调解主体把纠纷解决的主要根据投向民间规范领域，以寻求"案结事了"，化解矛盾冲突，求得一方安宁。在一定程度上，这是一种较为典型的"平息矛盾"、而非"判断是非"的纠纷解决方式。[②] 在此过程中，对相关的纠纷事实，调解主体或者依法处理（在合同调解、交通责任事故赔偿纠纷调解中居多）；或者"据实"处理——及寻求两

---

① 对我国信访问题的一份实证研究，参见张永和等：《临潼信访：中国基层信访问题研究报告》，人民出版社2009年版，第39~397页。

② 相关区分，参见谢晖：《判断是非与平息矛盾》，载《法学家茶座》2002年第2辑。

造都能接受的方式权衡处理，进行所谓实质合理的"权利推定"——缺乏规范依据（无论实在法还是民间规范）的权利推定（在离婚纠纷调解、轻微刑事纠纷调解中居多）；或者依据民间规范进行权利推定（在日常民事纠纷的调解中居多）。上述行政调解中的权利推定，明显具有权衡性特征。其权衡的根据有二：一是追求特定性的"案结事了"；二是维持普遍性的"一方安宁"。

3. 司法裁判中的规范推定

近、现代国家公认为，司法是纠纷解决的正式方式，也是权威方式，其他一切纠纷解决方式，都是替代性纠纷解决，所以，在一定意义上，司法在纠纷解决中成了一种"排他性"的存在："随着法治的确立及其至上权威的形成，司法与诉讼作为正统的纠纷解决机制占据了近乎排他性的地位，正式的国家和法的权威不容任何自治性或民间性、地域性的组织及其规范分享其权力。"[1] 尽管法治的这种纠纷解决机制，确立了司法和法院在纠纷解决中至上性、"标准性"的存在，但事实上，即使在法治再发达，从而蔑视调解一类纠纷解决方案的国家，照例存在替代性纠纷解决机制，甚至这个概念，原本就来自法治发达的西方国家[2]——而对像我国这样向来重视调解解决纠纷的国家而言，"替代性纠纷解决方式"这个说法，显得有些名不副实和多余。调解解决与司法裁判，至少在我国的纠纷解决中是平分秋色的。不过这种情形，在我国法治进程中日渐被打破，司法正式性、权威性正在确立过程中，在有些学者看来，寻求司法裁判，成为国家法治成就和权利意识的重要表现。[3]

即使如此，我国的司法尤为重视调解，甚至司法可以二分为低级司法

---

[1] 范愉：《非诉讼纠纷解决机制研究》，中国人民大学出版社2000年版，第328页。

[2] "在过去20年中。有这样一种广泛的呼声——增加对调解、仲裁和其他相关纠纷解决方法的使用——通常被称为'替代性纠纷解决运动'……即使在ADR运动开展之前，非诉讼的方法就已经被用于纠纷解决。"[美] 斯蒂芬·B. 戈尔德堡等：《纠纷解决——谈判、调解和其他机制》，蔡彦敏等译，中国政法大学出版社2004年版，第6页。

[3] "法院诉讼案件的大幅度增加，调解组织调解纠纷的变化不大，反映出人们解决纠纷愿望的强度加大。这从一个侧面反映出公民权利意识的增强。"高鸿钧：《中国公民权利意识的演进》，载夏勇主编：《走向权利的时代》，中国政法大学出版社2000年版，第73页。在笔者看来，这种观点很可疑。调解虽然侧重于平息矛盾，但绝不忽忽纠纷主体的权利要求及其保障，这在前文调解解决纠纷中权利推定的论述中可见一斑；同样在司法调解中人们权利的争辩、协商和妥协中也能窥其豹斑。

（调解）和高级司法（裁判）两种。但不论哪种司法，一方面，其面对法律空白和"剩余事实"的权利推定，总要围绕法律寻求裁判理由，并由此产生诸多的法律方法。如用来救济法律规定与社会事实背道而驰的法律方法——事实替代；用来解决法律意义空缺的法律方法——类推适用、法律发现以及法律续造等。[1] 这些法律方法，要么直接根据法律展开（如类推适用），要么依据法律的原则和精神展开（如事实替代、法律发现和法律续造）。另一方面，即使在法律上有明确规定的，当依法而为的裁判结果难以获得两造及两造所在地公民的一般接受，从而影响司法效果时，司法也要寻求在法律原则和精神下，变通对法律具体规定（规则）的适用，以权利推定替代既有的法定权利。著名的"姜堰经验"[2]，正是这后一情形的生动司法表达。这一表达显然在一定程度上矫正了法律规定与社会事实的不符，并使习惯及习惯权利从日常生活升华为司法，成为卡多佐意义上的习惯，[3] 成为重新分配人们权利和义务的习惯。所以，司法中的权利推定，其基本特征是规范性推定，这种推定方式，更强调理由、说理和论证。

透过上述对权利推定类型的划分和处理，已然预示着权利推定——无论日常生活中的权利推定，还是纠纷解决中的权利推定，都不是一种可以随便为之的事情，相反，它必须有逻辑方法的保障，特别是演绎逻辑方法和归纳逻辑方法的加持。

四、权利推定的逻辑方法

权利推定，乃是根据一定的逻辑原理，对法律未明确或被法律所漏列的

---

[1] 参见谢晖：《法律哲学——司法方法的体系》，法律出版社2017年版，第232~281页。

[2] 参见汤建国等主编：《习惯在民事审判中的运用——江苏省姜堰市人民法院的实践》，人民法院出版社2008年版，第1页以下。

[3] "习惯就是司法决定的某个习惯，而不是民众活动的某个习惯。"［美］本杰明·卡多佐：《司法过程的性质》，苏力译，商务印书馆2000年版，第35~36页。更准确些说，司法中的习惯，是司法对民众活动中习惯的权利推定。因此，司法不会、也不可能创造习惯，而只是在程序中认可或确认了某种习惯。

"剩余事实"，直接推定为权利的思维和技术过程。这一界定说明，首先，权利推定是种符合逻辑的推定。我们知道，形式逻辑的推理方式，一般可三分为演绎推理、归纳推理和类比推理。对权利推定而言，这三种推理方式，都会用到。例如，当权利推定以既有的道义、法律和习惯规范为前提，即以已知权利为前提时，势必会用到以这些规范化的已知权利作为大前提，以"剩余事实"作为小前提进行推论的演绎推理。当一种事实在日常交往行为中出现不久，但在不同地方、不同国度皆有表现，可它并未上升为法定权利时，人们在不断出现的事实中总结、提炼，甚至直接享有权利，从而运用了归纳方式作权利推定。① 此外，人们还可以对"剩余事实"，寻求与法律最相类似的条文进行类推，以确定其权利属性。因之，这三种形式推理的方式，都可能构成权利推理的逻辑基础。不过由于类比的权利推定，在演绎的权利推定中经常会用到，并且是演绎的权利推定能够展开的前提条件，所以，下文仅就演绎的权利推定和归纳的权利推定稍加展开。

（一）通过演绎的权利推定

可以认为，演绎推理是逻辑之王，在所有推理形式中最具有方法论意义。它是指根据已知的大前提以及与大前提相勾连、能被大前提所包含和定义的事实——小前提，来推定未知事项的思维方式和逻辑技巧。由于大前提、小前提和结论是这一形式逻辑的三个必要要件，故被称为逻辑三段论。笔者据权利推定的逻辑大前提之不同，把通过演绎的权利推定三分为以法律为前提的权利推定、以道义为前提的权利推定和以习惯为前提的权利推定。

1. 以法律规定为前提的权利推定

顾名思义，它是把法律上既有的权利规定，作为在事实上展开权利推定的逻辑大前提。它表明，拟推定的权利，虽然在法律上不存在专门的、明确的规范，但至少有近似的、类似的规范，因此，这里不可避免地会运用到类比推理。或许有人会以为，它不应被视为演绎推理，而应被视为类比推理。

---

① 如变性行为的选择既无法律上的规定和技术标准，也无道义和习惯上的制约性规定。但变性行为已是现实生活中多有存在的事实，且被不同地方的人们所默许。对这种较为普遍地存在的"剩余事实"，不妨经由归纳，通过"变性权"来命名，以升华其规范性。

但在笔者看来，它仍应被视为演绎推理。这是因为据以推理的根据，不是在大前提和事实间平行的比较，而是大前提对事实（小前提）的可定义和可包容——尽管这种可定义和可包容，并不意味着作为大前提的规范所涉及的事实和作为小前提的事实之间是种属关系，实际上，它们之间往往是交叉关系。之所以对此要按照演绎推理的方式作权利推定，是因为这样更有利于维系面对一项包含权利的"剩余事实"，在进行权利推定时尽量做到"于法有据"，以便使权利推定也遵循法治的一般原则、标准和要求。当然，类比推理也可能收到这一效果，但最典型的类比推理，应当是规范比规范，事实比事实。而这里的推理，却是以规范要求并"裁判"事实，因此，说其是演绎推理更为恰当。依法律规定为前提的权利推定，要求作为推理大前提的法律规范，一般是授权性（权利）法律规范，因为只有以之作为推理大前提，才能把事实代入权利之中。否则，如果以义务规范作为逻辑大前提，势必意味着把作为小前提的事实代入到义务大前提中。那样，推理的结果就不是权利推定，而变成了义务推定。

2. 以道义原则为前提的权利推定

如果一样事实的出现，既没有法律上的禁止、必行性规定，也没有对之予以赋权，那么，对相关的事实只能按照前述权利推定的原则予以处理，无论在私人交往中，还是在公权处理或判定中，都应如此。但在没有法律权利的规定可资为权利推定大前提的情形下，究竟如何选择其大前提？笔者认为，在此情形下，寻求与类似事实相关的公共道义（这里又涉及必要的类比问题），并以之作为权利推定的逻辑大前提，是大体可行的。[①] 这种公共道义究竟是什么？可以说，它就是存在于人心中的法理或道理。归根结底，人是价值性的存在，他区别于其他一切动物的特质就是能够基于理性对良心予以辨识，也经由这种辨识进行良心的理性沟通。同时，也只有把法律置于人们的

---

① 在法哲学上，正是在道义逻辑范围内，权利及其相关和对立概念之间的复杂关系才得以展开，对此更多分析可参见 Andrew Halpin, *No-Right and its Correlative*, 65 American Journal of Jurisprudence 147, 2020, pp. 150-166。

价值需要中，才容易得到理解。

"法律只有在涉及价值的立场框架中才可能被理解。法律是一种文化现象，也就是说，是一种涉及价值的事物。法律的概念也只有在有意识地去实现法律理念的现实情况下才能够被确定。法律可能是不正义的'最高的公正和最大的不公正'……但是就因为它志在正义，所以它才是法律。"①

所以，遵循道义原则作为权利推定的大前提，事实上与法律自身的道义—价值追求是逻辑同构的。或以为，既如此，道义原则就应规定在法律之中，为什么还在法律之外寻求作为大前提的道义原则？其实，借用前引拉德勃鲁赫的话，可以说法律志在道义，但法律未必穷尽道义。道义的有些内容，每每在法律之外，存乎人心，存乎社会交往中的常识。例如敬先祭祖，这在现代法律上既不是一个强制性规定，也不存在法律上的放任（赋予权利），但它自来是存乎人心深处的一种深厚情感，是人类生生不息的生存价值之重要方面。所以，在涉及有关法律并未规定的祭奠事实的纠纷中，以良心道义为前提推定和肯定祭奠权，显然符合人们一般的情感和价值追求，也能够使相关事实经由这一推定被结构在推定权利的框架中。

3. 以习惯规则为前提的权利推定

习惯作为"前法律时代"人类交往行为的主要规范，也作为"法律时代"人类交往行为的最重要的辅助性规范，来自人们在长久的交往中所积累的经验，是经验积累的规范表达。所以，习惯的本质就是经验规则——它不是经验本身，而是经由经验的长期积累而形成的规范。这种规范的特点是人们对类似的事实，采取类似的行为以践履之。如此陈陈相因，形成人们判断行为的是非曲直时，只要符合古训或人们既往的做法，就被视为合理。因为"老辈子就是这么做的"②。这就为根据习惯规则来推理一切未知事务的规定

---

① ［德］G. 拉德勃鲁赫：《法哲学》，王朴译，法律出版社2005年版，第4页。
② 这句话在山东省胶东一带，几乎是评价日常生活中人们的行为是否具有合理性的一句口头禅。但其实际的规范意义，却不仅在胶东一带。在遵从古训的经验主义文化体系中，其规范意义具有相当普遍性。

性提供了逻辑前提。

习惯之所以作为权利推定的大前提，取决于作为人们交往事实规定性的权利要求，不仅可被规定在国家法律中，而且能被规定在社会习惯中。事实上，在国家法律未曾产生的时代，所谓权利也罢、义务也罢，但凡人们交往行为中的这些规范要求，主要的表达载体就是习惯，正如穗积陈重所言："原始状态的人类，乃习惯之奴隶。""近世的人类学者、社会学家已经齐齐论证，未开化的民族在日常生活中的一切细微举止皆要受制于繁文缛节，起居、饮食、步行、睡眠悉数依惯例而行……"[1] 尽管这种情形在强调法律主治的时代有了明显限缩，但即使如此，所谓法治，也需"观俗而治""以俗正法"——"圣人之为国也，观俗立法则治，察国事本则宜。不观时俗，不察国本，则其法立而民乱，事剧而功寡。"[2]

可见，以习惯规则为大前提的权利推定，是在法律尚未把久已载于人们交往习惯中的权利要求和权利内容，规定为法律权利（"剩余事实"）时，人们按照法律的一般精神和现实生活中习惯及其权利（习惯权利）的一般需要，而做的推定赋权活动。这种推定赋权，未必意味着它一定就对，但一定意味着它能被"习惯辖区"内的人们所接受。

（二）通过归纳的权利推定

众所周知，在逻辑学发展史上，归纳推理虽然晚出，但它奠定了现代科学发现的方法基础。尽管在一位纯正的逻辑史家看来，归纳推理的首倡者培根"……并未对逻辑（在使我们感兴趣的逻辑一词的意义上）作出任何发

---

[1] ［日］穗积陈重：《法律进化论：习惯与法律》，曾玉婷译，中国法制出版社2003年版，第1页。另外，在该书中，作者因之称"世间再无人比这些人更不自由"，从而把无处不在的依从习惯作为彼时人们不自由的典型。笔者认为，这是值得认真反思的问题。事实上，这种无处不在的习惯，在另一视角上又何尝不是明确、方便，甚至在一定意义上简化了人们的交往方式？

[2] 《商君书·算地》，高亨注译：《商君书注译》，中华书局1974年版，第170页。类似的观点，在英国思想家柏克的笔下也不时呈现，例如他说："如果公民社会是惯例的产物，那么惯例就必须是公民社会的法律。这一惯例必须限制和修正依照它所制定的宪法中的所有描述。所有关于立法、司法和执行的权力都经由这一惯例创造而成。"［英］埃德蒙·柏克：《反思法国大革命》，张雅楠译，上海社会科学院出版社2014年版，第68页。这说明中西方思想史上，因俗立法、以俗正法观念的可沟通性。

展,我们无须考察他的归纳理论,或者他的后继者所提出的任何理论"①,但这种略显绝对的观点,并未影响归纳推理在现代经验化的科学和社会认识中的工具地位与作用。在权利推定上,其照样是最重要的逻辑方法。归纳推理的权利推定,大体上是针对法律未尽之事宜("剩余事实"),在事实归纳的基础上,得出一个和权利相关的规范性结论。所以,如果说经由演绎推理的权利推定,是把规范性结论投射、适用于具体事实的话,那么,通过归纳推理的权利推定,却是透过一件件事实,总结出相关的规范性结论。这种权利推定,也可一分为三:

1. 普遍事实的当然推定

普遍事实,是由人类普遍需要决定的事实。当然推定,是对这类事实,只要法律未作出规范而成为"剩余事实",就可通过权利推定而规范化。人类的交往行为,既有放之四海而皆准的,也有置诸情境才生效的。一般来说,法律对于前者应当规定——无论是升华为权利规范,还是义务规范。但这并不意味着这些社会事实,一定能够在法律上得到回应。特别当法律仍然主要以内国法的实在形式存在时,即使面对普遍的社会交往事实,各个国家也会基于国情而作选择性规定。譬如,在我国,强烈的祖先信仰和祭祖行为,几乎是各民族成员的自觉行为,但在相关法律法令上,并未明确规定它是人们的一项法定权利。② 因此,一直以习惯权利、事实权利的形式存在着。再如在购物、资格获取以及出行时常见的排队现象,表面上它只是一种事实,但其背后蕴含着先到者先得的习惯权利,进一步,则蕴含着更重要的一项权利,即公平权(先来后到,就是公平)。不过在各国的制定法上,罕

---

① [英]威廉·涅尔等:《逻辑学的发展》,张家龙、洪汉鼎译,商务印书馆1985年版,第399页。

② 2007年,国务院修订的《全国年节及纪念日放假办法》,将清明节这一我国传统上作为尊先祭祖、缅怀故人的节日作为国家法定假日(2013年、2024年修订后,依然保留之),在形式上赋予公民在当天享有休息权,其背后更隐含着对祭奠权的肯定。尽管如此,其毕竟并未明确规范并保护人们的祭奠权。

见有把其规定为权利的情形。① 对这些不以法律权利形式存在，而以事实形式存在的习惯权利或事实权利，因为它们具有全人类交往行为的普遍性，人们对它们采取的是普遍的遵循。这种普遍的遵循行为本身，已然在事实上完成了归纳，因此，无须人们专门去归纳，就可径直在归纳意义上推定为权利。

2. 区域（族群）事实的斟酌推定

区域（族群）事实，是由区域（族群）文化需要所决定的地方性事实。斟酌推定，是指对这类地方性事实，法律未作规范化处理时可斟酌法律原则和精神予以处理。不符合者，不能推定，符合者，可以作权利推定并使其规范化。一种事实，如果在某一区域、某一族群或某一组织体系中被视为理所当然的事实，则意味着其也蕴含了相关的规范——无论权利还是义务。尽管由于科学技术和全球化所导致的思维模式趋同、操作标准趋同、行为方式趋同，甚至生活选择趋同等，是越来越明显的事实，但它从来没有，也永远不会湮没人类文化的丰富多样性。因此，即便一个小小的插座，也有所谓中标、美标、欧标、日标等标准的差异，从而在同样的技术下，因为标准的不同，形成多元的相关文化。如果把这种情形代入到更为丰富的时空和族群中，则会发现完全不同的文化事实。在多元文化的世界和国度里，法律上对这些文化事实要全然规范，常常会捉襟见肘，但对不同时空中生活的不同族群的成员而言，却事关重大，这既是他们的权利，也是他们必须履行的义务。

如我国西南地区的苗族，是个几乎天天都能找到节日和节庆活动的民族。这些节庆活动，对于一个国家，或许无关紧要，也没必要专门通过法律去规范之，但对于当地不同村寨的村民而言，却是至关重要的大事，每遇节日，他们不但得隆重地举行活动，而且举办得相当认真。② 一位外人，即使事先

---

① 在某些国家的物权法上，有所谓先占取得制度。（我国《民法典》未规定这项制度）这里的先占取得，虽然能指向因排队导致的"先到先得"的权利，但不能囊括所有因排队获得的相关权利及资格。

② 对苗族节日的研究，参见曾丽蓉：《苗族民俗民间文化研究》，中国商务出版社2021年版。

根本不了解其节庆文化的内容，但只要置身其中，便会被其节日的热闹、气氛的隆重、仪式的庄敬、手段的多元、人们参与其中的兴奋所深深感染。因此，对于不同区域和不同族群中通行的相关事实，在权利推定时无须再劳师动众，专门寻求、归纳其事实表达，再从这种事实表达中汲取规则，予以升华。人们普遍参与其中的事实，足以表明它作为习惯权利、事实权利而存在。固然，这些习惯权利或事实权利未必完全符合法律的原则和精神，对此，在权利推定时需要认真甄别，并对明显违背法律原则和精神的相关习惯权利，至少不能在公权主体——行政调解和司法中作权利推定，[1]但在私人的权利推定中，又未尝不可。总之，只要一种在一定时空和族群内被公认的事实无违国家法律的原则和精神，就可径直归纳推定为权利。那些在一定意义上并不符合法律原则和精神的区域（族群）事实，在私人活动中也可推定为权利。

3. 个别事实的接受推定

所谓个别事实，是指由个别主体需要决定的事实；所谓接受推定，是指只要一种个别事实在人们的交往行为中能够被其他主体接受，并被法律宽容，就可作权利推定，并使其规范化。在社会交往中人们不难发现，每个社会主体有其明显的个体性、私人性特征，即每个主体有其私人习惯和独特嗜好。当这种习惯纯粹以个人化的情形存在时，固然是个人的权利，但构不成规范意义上的习惯权利和事实权利。不过，一旦某一个体把自己具有个人特征的权利需求和行事方式代入到民事行为或其他公共活动中时，应如何看待？换

---

[1] 例如受到人们广泛关注的、令人难以接受的江西高彩礼现象，导致严重的结婚难，参见《江西的高彩礼现象，源于江西经济塌陷》，https://www.163.com/dy/article/HR7VOR590556171D.html，2023年2月11日访问；《为什么江西的彩礼那么高？》，https://www.huxiu.com/article/499666.html，2023年2月11日访问。这种情况，在当地开始受到抵制，参见《这地集体签"抵制高彩礼"承诺书，江西农村彩礼高不高？》，https://news.hangzhou.com.cn/gnxw/content/2023-02/11/content_8468366_0.htm，2023年2月1日访问。毫无疑问，不能在行政和司法活动中被推定为权利，即使其再具有普遍性。另外，相关话题，也受到学者们的广泛关注，对其以多方面的调研和论述，参见王敏等：《农村婚嫁高价彩礼现状、治理逻辑与矫正路径》，载《河南农业》（教育版）2018年第7期；赵安：《新时期"天价彩礼"的形成原因与应对之策——以陇东地区田野调查为例》，载《陇东学院学报》2020年第1期。

言之，对此能否进行权利推定？这是个在探究权利推定问题时饶有兴味的话题。

事实上，作为主体的个体，都以其独特的需要和行为方式而显示其主体性。所谓主体性，在一般意义上"……是主体的本质特性，是主体在对象活动中的特性。具体地说，主体性是主体在对象行为活动中本质力量的外化能动地改造客体、影响客体、控制客体，使客体为主体服务的特性"①。主体性又取决于人的意识本质、能动需要和区别于动物性的独特的人性："人是试图认识自己的独特性的一个独特的存在。他试图认识的不是他的动物性，而是其人性。②"人的这种主体性，固然是针对全体人类而言的，但其具体落实，只能指向具体的每个个体，是每个个体自我独特性的加总，或者每个主体自我权利要求、行事方式以及合作交往的独特性的加总。这就决定了只要一个人的个体精神特质或权利表达能被他人所接受，那么，就可以在归纳逻辑上推定其是权利；否则，只要一个人的个体精神特质及权利表达，不能为交往中的其他主体所接受，那么，就不能推定为其交往中的权利——尽管在其纯粹的个人的、不涉及公共性的行为中，它仍然构成一种权利。

可见，对个别主体需要所决定的事实，能否推定为人们交往行为中的权利——自由，关键在于这种事实一旦代入到民事交往或公共交往中，人们能够接受、包容的状况。不能接受并包容，就不能作权利推定；可以接受并包容，就能够作权利推定——当然，即便能被交往行为中的人们所接纳，还存在这种独特性的事实是否符合法律精神和原则这一标准，符合者，能作一般的权利推定，不符合者，最多只能在纯粹私人生活上作权利推定。

上述三个方面，在权利的归纳推理上可谓是层层递进的：对全人类共享的"剩余事实"，可以当然地作权利的归纳推定；对特定时空中特定族群共

---

① 王玉：《论主体性的基本内涵和特性》，载《天府新论》1995年第6期。
② [美] A. J. 赫舍尔：《人是谁？》，隗仁莲译，贵州人民出版社1994年版，第21页。

享的"剩余事实",在符合法律原则和精神的情形下作权利的归纳推定;而对主体个性化的"剩余事实",只能根据把其代入民事或公共交往中时人们的接受、包容程度,并同时以是否符合法律精神和原则决定其能否作权利的归纳推定。

五、权利推定对法治之法的补救

随着我国法治实践和法学教育的发展,人们已经认识到,所谓理想的法治,并不完全是由法律所缔造的——尽管毫无疑问,法律是缔造法治的前提,无论法律是什么类型的。[①] 这取决于一方面,法律不可能是完善的,在法治实践中从来没有出现过所谓包罗万象、完备无遗的法律。另一方面,即使一种法律或一个法律体系,制定当时看上去是完善的,对当下既有的关乎人类生活交往的事实,似乎都"一网打尽",但因法律自身的"时滞性",它很难对未来发生的事实作毫厘不差的预见性规定。再一方面,法律的规范化表达,都是在一定价值基础上有所取(肯定)舍(否定)的,但人们的价值总是会变化。曾经法律所采取的,在价值变迁中会为法律所否定,如曾盛极一时的"流氓罪",随着情势及价值观的变化,被后来的法律所否定;曾经法律所舍弃的,也可能会被后来的法律所肯定,如同性婚姻,曾是一个世界各国法律上都不予承认的事实,如今却被不少国家或地区所承认。

上述种种,表明即使在法治状态中,其法律也是一个不断完善的开放过程。这种开放性,在本质上是对法律规定不足,"剩余事实"存在或不断再现的一种补救机制。它表现在,首先,法律开放立法机关对它的立、改、废

[①] 人类法治及其法律进化到今天,大致可三分为习惯法体系、成文法体系和判例法体系。三种法律体系之间并不是完全分裂的。习惯法体系有时候就从曾经的成文法和判例法体系中脱胎而来,如我国台湾、香港法律上有关婚姻仪式的规定,明显有古老的中华法系相关规则的影子;成文法体系无疑会吸收习惯和判例的精华,制定为法律或者法典;而判例法体系,又本身是遵循先例、习惯和成文法的产物。

活动，即通过立法手段，不断补救和完善既有法律，使其在动态的立法实践中形成"动态完善"——所谓"动态完善"，是指法律在基本完善前提下，与时共进，开放立法对它的补救，力争实现法律和社会事实及价值选择的齐头并进。① 其次，通过司法主体运用具体的法律方法填补法律漏洞，寻求"剩余事实"的规定性。其结果是在判例法国家，形成动态的、通过判例表现的法律；在制定法国家，通过司法以补救法律规定之不足。最后，就是通过权利推定。这种看似由日常生活和纠纷解决中的主体们根据法律的原则和精神，寻求"剩余事实"的内在规定性，并将其推定为权利的行为，有点主体自行其是的意味，但事实上，它表现着有人已经深入研究过的"敬畏法律"和"利用法律"的关系问题："'敬畏法律'和'利用法律'共同建构了既具有理想特征又有实践性质的法律性。"② 人们尽量寻求符合法律精神与原则地进行推定，这是权利推定的理想性；通过这种推定使日常生活因为法律的庇护而更加顺畅、和谐、有效、有利，这是权利推定的实践性。

这两个方面，还可以进一步展开：一方面，通过权利推定使得因为"剩余事实"的存在而受损的法律的理想性得以补救，使法律看起来虽有缺陷，但因为开放了补救措施而仍然完美、理想；另一方面，也通过权利推定，使得那些看上去在法律上无所适从的"剩余事实"，被重新纳入法律彀中，获得法律的实践效果，增益于人们的交往行为。如上两种情形，可以共称为法律补救的双重性——完善法律和法律运作。这种双重性，固然对权利推定而言，更为恰当，但之于法律的其他补救措施，也是一样。当然，在另一层意义上，人们也能发现权利推定的过程，同时也是人们对法律霸权式秩序破绽的发现、怀疑和反抗活动。但是，这种行为并未消解法律的霸权性，反而在进一步微调着和巩固着这种霸权："地方性的和特殊的事物与一般社会关系

---

① 众所周知，在这方面，美国宪法及其修正案最具典型性。参见赵宇哲：《美国宪法修正案概说》，载《决策与信息》2018 年第 8 期。
② [美] 帕特里夏·尤伊克等：《法律的公共空间——日常生活中的故事》，陆益龙译，商务印书馆 2005 年版，第 308 页。

之间的联系不是一种简单的概念性的或方法论的问题,在社会关系或法律中确认一般性不是简单地建立典型或简单地对相似的案件进行分类。相反,特殊与一般的关系是社会组织的特征之一,更明确地说,是各种特殊的事物组织和联系起来的方式。对一般与特殊之间关系的认识之所以成为可能,是因为在它们之间有相互建构的关系;而它之所以成为反霸权的和反抗的,是因为这种关系经常是被遮蔽的和被认为是理所当然的。由于人们认识到霸权式法律意识的双重特征,并在这一认识基础上采取了行动,所以,他们挑战的不仅是特殊与一般之间的虚幻对立,而且也是维持这种对立的霸权式权力。"①

这正是笔者在大体上论述了权利推定的上述诸问题之后,强调要关注权利推定对法治之法的补救问题之缘由。具体来说:一方面,学界对相关的有些补救方法,如在立法上的法律制定、法律修改、法律废除问题,在司法中的法律解释、法律推理、法律论证等法律方法问题,已经展开了相当广泛和深入的研究,但对权利推定这种照例作为法律补救的措施,甚至是更为重要的措施,虽有研究,并能重视,但尚不深入。权利推定这个围绕法律展开的广泛又复杂的社会实践话题,显然不是几篇文章就可以交代的,而是法治社会所应普遍面对的一种现象,一个研究领域。另一方面,法治是在法律基础上建构其理想性和实践性的,但它只提供了相关的可能和应然,而不是必然和实然。法律理想性和实践性的必然与实然,体现在法律的具体运行中。这应是众所周知的事实。

需要更进一步申论的是:法律理想性和实践性——法律实然化的典型形式,不是按部就班、亦步亦趋地遵循法律的既有规定,而是在法律规定存在缺漏,存在"剩余事实"时,人们依然真诚地相信法律,并按照(或者至少自以为按照)法律的要求补救法律之种种不足,譬如司法的法律解释、法律推理、法律论证、事实替代、类推适用、法律发现以及法律续造,等等;再

---

① [美]帕特里夏·尤伊克等:《法律的公共空间——日常生活中的故事》,陆益龙译,商务印书馆2005年版,第313页。

如面对"剩余事实"时,人们在日常生活或纠纷处理中对相关事实的权利推定。包括权利推定在内的这些具体的方法及其运用皆表明:法律不但在文字上建构一种权威又现实的秩序,而且它的这种建构,已然深入人心、运于人行,并因此形成法律建构的社会事实和文明体系。